AI 시대의 노 워크 혁명

Copyright © 2024 by Filip Drimalka.
Title of English-language original: The Future of No Work: Master AI, Gain Superpowers,
Earn More and Live by Your Own Rules, ISBN 9788011050528.
Korean-language edition copyright © 2025 by ACORN-ON Co., Ltd All rights reserved.

이 책은 ㈜에이콘온이 정식 계약하여 번역한 책이므로
이 책의 일부나 전체 내용을 무단으로 복사, 복제, 전재하는 것은 저작권법에 저촉됩니다.

크리에이티브하고 **혁신적**으로 돈 버는 방법

AI 시대의
노 워크 혁명

필립 드리말카 지음　이병욱 옮김

에이콘

 에이콘출판의 기틀을 마련하신 故 정완재 선생님 (1935-2004)

다르게 생각하는 이들에게 바친다.
창조자, 혁신가, 그리고 기업의 반항가들에게.

변화를 받아들이는 모든 이들에게.
변화를 두려워하면서도
자신의 미래를 개척하기 위해
주저하지 않기로 선택한 이들에게.

AI 혁명의 힘을 믿고,
자신만의 규칙으로 살 수 있는 힘을 줄 수 있는 잠재력을 믿는 이들에게.
미래를 위해.

노 워크 No Work

(명사 및 동사)

1. 노동처럼 느껴지지 않을 만큼 즐겁고 의미 있는 일을 하는 것
2. 스마트 기술이 나를 대신해 수행하는 일

| 지은이 소개 |

필립 드리말카^{FILIP DRIMALKA*}

디지털 혁신 전문가이자 유럽에서 인기있는 기술 도입 컨설턴트이다. Digiskills, Digitask, Digi Challenge의 창립자로, 이 프로젝트들은 수백 개의 기업과 수만 명의 사람이 디지털 시대에 기술을 향상시키고 성공할 수 있도록 돕고 있다. 아내와 두 자녀와 함께 '중앙 유럽의 핫스팟'인 브르노^{Brno}에 거주하고 있다. 디지털 변혁을 이끌지 않을 때는 스키, 서핑, 산악자전거를 탄다. 단순히 "노 워크"에 대해 글을 쓰는 것이 아니라, 실제로 이를 실천하고 있다.

---

* "필 드림"으로 발음

| 감사의 글 |

우선, 훌륭한 프로젝트에서 함께 일할 수 있는 행운을 얻은 모든 동료와 고객에게 감사의 말을 전하고 싶다. 여러분 덕분에 이 책은 지루한 이론이 아닌 실제 이야기로 가득 차게 됐다.

이 책을 만드는 데 도움을 주신 모든 분께 진심으로 큰 감사를 드린다. 힘든 여정이었지만 우리는 해냈다.

아델라 체르빈코바Adela Cervinkova, 알란 파빅Alan Fabik, 케이티 퍼킨스Katie Perkins, 하나 피알코바Hana Fialkova, 알레나 레베르니코바Alena Rebernik Holubcova, 스콧 허드슨Scott Hudson, 지리 칼라첵Jiri Kalacek, 미할 카스파렉Michal Kasparek, 마르틴 마세크Martin Masek, 헬레나 미칼코바Helena Michalkova, 톰 뮐러Tom Muller, 페트르 노박Petr Novak, 토마스 파탁Tomas Patak, 자네타 파블리코바Zaneta Pavlickova, 에릭 피퍼Erik Piper, 욘 풀크라베크Yon Pulkrabek 그리고 지리 비체렉Jiri Vicherek에게 감사의 말씀을 전한다.

특별히 감사드리고 싶은 분은 이 책을 현실로 만들기 위해 끊임없이 노력해 주신 블랑카 바수토바Blanka Vasutova이다. 그리고 글쓰기 기간 동안 나와 함께하며 변함없는 지원을 해준 내 아이들 엘리Eli와 미키Miki에게도 감사의 마음을 전한다. 여러분이 위대한 아이디어조차 헌신과 노력이 필요하다는 것을 배웠기를 바란다.

특히 세상에서 가장 멋진 여성, 항상 나를 지지해 주고 필요할 때마다 작업하고 창작할 수 있도록 해준 아내 안드레아 보불로바 드리말코바Andrea Bobulova Drimalkova에게 감사의 말을 전한다.

그리고 첫 번째 책에서처럼, 이 책이 훨씬 더 빨리 완성됐을 것이라고 믿는 가까운 친구들에게도 감사의 말씀을 전하고 싶다.

또한, 이 책의 원래 체코어 버전에 기여한 모든 사람도 언급하고 싶다.

미할 카스파렉Michal Kasparek(편집 이상의 도움을 줬다), 한카 자다반Hanka Jadavan(때때로 나를 짜증 나게 했지만, 솔직한 피드백 덕분에 책이 훨씬 더 좋아졌다), 카렐 노보트니Karel Novotny(환상적인 브레인스토밍 세션), 하나 피알코바Hana Fialkova(글을 쓰는 동안과 후에 나를 지지해 줬다), 오토 보후스Otto Bohus(수많은 글쓰기 팁을 줬다), 지리 비체렉Jiri Vicherek(그가 나에게 준 모든 에너지에 대해), 치보르 마칼라Ctibor Machala(밤낮으로 항상 곁에 있어 준 것에 대해), 그리고 AI(항상 곁에 있어 좋은 조언을 주고 함께 브레인스토밍해 준 것에 대해)에게도 감사의 말을 전한다.

또한 원고 첫 번째 버전에 시간을 할애해 준 모든 리뷰어에게도 감사드린다. 필립 하이젝Filip Hajek, 카트카 스비드르노초바Katka Svidrnochova, 미할 드보르스키Michal Dvorsky, 소냐 슈바르초바Sona Schwarzova, 마르틴 후데첵Martin Hudecek, 혼자 도레이스Honza Dolejs.

모두와 함께 노 워크No Work를 할 수 있는 기회를 가지게 돼 믿을 수 없을 정도로 행운이라고 느낀다.

| 옮긴이 소개 |

이병욱/경영학 박사 Ph.D & DBA (byunguk@gmail.com)

카이스트 전산학 학사, 석사
스위스플랭크린대학 경영학 박사

서울과학종합대학원 AI첨단대학원 주임교수
카이스트(KAIST) 겸직교수
인공지능연구원(AIRI) 부사장
금융위원회 금융규제혁신회의 위원
금융위원회 법령해석심의위원회 위원
금융위원회 적극행정위원회 위원
금융위원회 디지털자산 자문위원
한국핀테크 지원센터 혁신금융 전문위원
AI경영학회 부회장
전) BNP 파리바 카디프 전무
전) 삼성생명 마케팅 개발 수석
전) 보험넷 Founder & CEO
2021년 혁신금융 부문 대통령 표창

서울과학종합대학원 AI첨단대학원 주임교수와 카이스트 겸직교수 그리고 한국금융연수원 겸임교수를 맡고 있으며, 인공지능연구원 AIRI의 부사장으로도 재직 중이다. 카이스트 KAIST 전산학과 계산 이론 연구실에서 학사 석사를 취득했고, 스위스플랭클린 대학에서 경영학 박사 학위를 받았다. 현재 기업을 대상으로 인공지능 기술 컨설팅과 교육을 제공하며, 성공적인 AI 기술 도입을 통한 디지털 전환 DT, Digital Transformation 컨설팅도 진행하고 있다.

공학을 전공한 금융 전문가로, 세계 최초의 핸드헬드-PC$^{Handheld-PC}$ 개발에 참여해 한글 윈도우 CE 1.0과 2.0을 미국 마이크로소프트 본사에서 공동 개발했으며, 1999년에는 모든 보험사의 보험료를 실시간으로 비교 분석하는 서비스를 제공하는 핀테크 전문회사 ㈜보험넷을 창업했고, 이후 삼성생명을 비롯한 생명보험사 및 손해보험사에서 CMO(마케팅 총괄 상무), CSMO(영업 및 마케팅 총괄 전무) 등을 역임하면서 혁신적인 상품과 서비스를 개발, 총괄했다.

인공지능연구원에서 머신러닝 기반의 금융 솔루션 개발과 관련된 다양한 활동을 하고, 금융위원회, 금융정보분석원 등에 다양한 자문을 하고 있다. 2021년 혁신금융부문 대통령 표창을 수상한 바 있다.

저서로는 『비트코인과 블록체인, 탐욕이 삼켜버린 기술』(에이콘, 2018)과 대한민국학술원이 2019 교육부 우수학술도서로 선정한 『블록체인 해설서』(에이콘, 2019)와 2022년 문체부의 세종도서로 선정된 『돈의 정체』(에이콘, 2019) 그리고 한국금융연수원의 핀테크 전문 교재인 『헬로, 핀테크!』(공저, 2020), 『헬로핀테크-인공지능편』(2021)이 있다.

| 옮긴이의 말 |

인공지능으로 인해 빠르게 변하고 있는 '우리의 일하는 방식'을 설명하고 있는 책이다.

그러나 단순히 변화하는 모습을 묘사하는 것이 아니라, 빠르게 인공지능을 활용하는 구체적인 방법을 같이 제시하고 있다. IT에 문외한들도 쉽게 이용할 수 있도록 인공지능이란 어떤 것인지, 어떤 식으로 우리의 일하는 방식을 도와주는지 친절하게 알려 준다.

수많은 인공지능 툴을 소개하며, 이러한 툴을 통해 자신의 업무를 어떻게 향상시키고 생산성을 어떻게 높일 수 있을지 매우 섬세하게 설명한다. 이 책에서는 인공지능을 적극적으로 활용해 반복적이고 지엽적인 잡무는 기계에 할당하고 자신이 하고 싶은 일에 집중할 수 있는 환경을 노 워크No Work라고 설명하는데, 구체적으로는 노동처럼 느껴지지 않을 만큼 즐겁고 의미 있는 일을 하는 것, 스마트 기술이 나를 대신해 수행하는 것을 노 워크라고 정의한다.

저자는 미래의 동료, 미래의 부하, 미래의 직원들을 컴퓨터에서 찾기를 조언한다. 그리고 컴퓨터와 친해지고 컴퓨터를 잘 활용하면 컴퓨터는 곧 훌륭한 동료이자 부하이며 수백 명의 직원에 맞먹는다고 설명한다. 인공지능의 발달로 인해 이러한 이야기는 더 이상 어렵거나 허구가 아닌 누구에게나 가능한 현실로 다가왔다.

직원을 전혀 뽑지 않는 1인 기업이 인공지능으로 구성된 팀을 통해 수백만 달러의 수익을 낼 수 있고, 몇 번의 클릭으로 과거 수십 시간이 소요되던 일들이 단 몇 초 만에 해결된다. 늘어난 여유는 우리가 정말 하고 싶었던 일에 집중할 수 있게 해 준다.

이 책은 그냥 인공지능이 대단하다고 설명하는 것이 아니라, 구체적으로 어느 분야에서 어떤 식으로 활용해야 하는지 실제 앱의 사용 사례를 통해 자세히 알려 준다.

인공지능을 적극적으로 활용해 삶의 질을 높이고, 더 많은 보수를 얻는 노 워크의 시대가 무엇인지 제대로 이해하고 그에 동참하고자 하는 사람은 반드시 이 책을 읽기를 권한다.

| 차례 |

지은이 소개 · 9
감사의 글 · 10
옮긴이 소개 · 12
옮긴이의 말 · 14
모든 것이 변할 것이다 · 19

I. 새로운 현실
인공지능이 우리가 일하는 방식을 바꾸는 법

1. AI 시대의 일 · 37
2. 내일의 혁신, 오늘에 · 48
3. 목적지: 노 워크 · 72

II. 새로운 사고방식
기회를 포착하고 잡는 방법

4. 기회가 넘치는 세상 · 85
5. 디지털 사고방식의 기초 · 100
6. 잠재력을 향상시키는 방법 · 113

III. 새로운 초능력
기술의 힘을 부리는 법

7. 새로운 시대를 위한 역량 · 135
8. 창작자의 황금시대에 오신 것을 환영합니다 · · · · · · · · · · · 148

9. 기술을 당신의 이점으로 활용하라 165
10. AI를 잘 다루는 법 199
11. 주도권을 잡아라 221
12. (거의) 모든 것을 배우는 방법 255

IV. 새로운 작업 방식
자신의 방식으로 일하고 살기 위한 방법

13. 회의 없음. 마감일 없음. 직원 없음 273
14. 당신의 일이 일하게 하라 299
15. 이상적인 직업 찾기 창출하기 333

16. 미래의 도전 과제 359

링크, 앱 그리고 기타 자료 374
찾아보기 386

모든 것이 변할 것이다

AI가 나조차 대체할 수 있다는 사실을 깨달은 날을 결코 잊지 못할 것이다. 내 직업만은 가장 마지막 순간까지 AI가 대체하지 못할 것이라 늘 생각했다. 나는 가르치고, 상담하며, 이끌어 주고, 글도 쓴다. 이 모든 것은 오랜 경험, 웅변력, 그리고 공감 능력이 필요한 일이다. 이러한 비기술적 능력soft skill은 그동안 가장 똑똑한 알고리듬조차 수행하지 못했던 영역이다.

그러던 중 2022년 어느 날, OpenAI가 ChatGPT를 출시한 직후였다.

그날, 주요 고객을 위한 발표 자료를 준비하던 중, 한 물류 회사 매니저에게서 상담 요청 메시지를 받았다. 당시 크리스마스가 다가오고 있었기에 새롭게 무언가를 시작하고 싶지 않았고, 새해가 돼야 본격적으로 진행할 수 있을 것이라고 답장을 작성하고 있었다. 하지만 이때 문득 다른 방식을 시도해 보고 싶었고, 그에게 정확히 어떤 도움이 필요한지 물어봤다.

"저희 경쟁사 서비스를 이용 중인 온라인 상점들을 찾아야 합니다."

이런 종류의 요청은 대개 동료에게 넘기곤 했다. 그러나 이번에는 그 질문을 단순히 ChatGPT에 입력하고 결과를 지켜봤다. 그러자 몇 초 만에 답변이 화면에 나타나기 시작했다. 단어 하나하나, 문장 하나하나가 차례로 생성됐다. 놀라웠다. 모든 추천이 논리적이었고, 무엇보다도 그 내용이 정말 훌륭했다.

그러나 그게 끝이 아니었다. 몇 가지 질문과 답변을 더 주고받은 후, 나는 이러한 추천 사항을 자동화된 프로세스로 구현할 수 있는 방법에 대해 앱에게 물어봤다. 그러자 AI는 마치 컨설턴트에서 프로그래머로 역할을 전환한 것처럼 자동화 코드를 생성해 냈다. 나는 추가 작업들을 입력했고,

AI가 도출한 결과를 바로 고객에게 전달했다.

"정말 감사합니다. 큰 도움이 됐어요!"

그때 깨달았다. 이런 애플리케이션들이 곧 내 일자리도 대체할 수 있겠구나. 내가 항상 매우 정교하고 특별하다고 생각했던 일들, 그리고 나에게 큰 보람과 만족스러운 보수를 줘 평생 할 것이라고 믿었던 일들이었다. 결국 이런 일이 일어나리라는 것을 알고는 있었지만, 이렇게 빨리 현실이 될 줄은 전혀 예상하지 못했다.

기술의 위력

그 순간은 진정한 지능형 AI와 처음으로 맞닥뜨렸던 경험 중 하나로, 과거 15년 동안 눈앞에서 맞춰지고 있던 퍼즐의 마지막 조각이 완성된 느낌이었다. 그동안 나는 여러 조직에서 디지털 생산성 도구를 도입하고 활용할 수 있도록 돕는 일을 해왔다. 매년 수천 명이 내 강연을 듣고 있으며, 그들은 최고 경영진부터 정부 관계자들까지 다양했다. 내가 설립한 회사들은 규모를 막론하고 수백 개의 기업이 디지털화를 실현하도록 도왔고, 그 결과 이 도구들을 능숙하게 활용하게 된 사람들이 무엇을 해낼 수 있는지 직접 목격해 왔다. 나 또한 수많은 프로젝트를 동시에 진행하고 있으며, 현대 기술의 도움이 없었다면 이 모든 것을 어떻게 감당할지 상상조차 할 수 없다. 무엇보다도, 나는 대부분의 업무를 원격으로 수행하고 있다. 스페인의 섬들, 오스트리아의 산봉우리, 혹은 서핑과 다이빙을 즐길 수 있는 어떤 장소에서든지 말이다.

이 이야기를 자랑삼아 하는 것은 아니다. 나는 애플, 테슬라, 혹은 그와 유사한 수십억 달러 규모의 회사를 설립한 적이 없다. 하지만 내가 진행하는 프로젝트들은 수익을 내고 있기에, 여름마다 아이들과 시간을 보낼 수 있고, 겨울에는 몇 주간 스키를 타면서 보낼 수 있다. 나는 내 일이 무척이나 재밌다.

오래전, 자기계발서에서 이런 류의 이야기를 읽었을 때 나는 비웃었다. 이런 삶은 소수의 엘리트만이 누릴 수 있는 것이라고 생각했기 때문이다. 하지만 세상은 변했고, 이제 이러한 삶은 그 어느 때보다 더 많은 사람에게 현실이 됐다.

왜 지금인가?

이러한 변화의 이유 중 하나는 숙련된 직원들이 이제 더 많은 유연성을 가지고 자신의 일을 설계하고, 직업을 자신의 라이프스타일에 맞게 조정할 수 있게 됐기 때문이다. 또한 어디서든 생계를 꾸리거나 추가 수입을 올릴 수 있는 기회도 훨씬 많아졌다. 하지만 가장 중요한 것은 인공지능의 부상으로 인해 우리가 달성할 수 있는 가능성의 문이 완전히 열렸다는 점이다. 다음 이야기는 이를 보여주는 완벽한 사례다.

ChatGPT 출시 1주년을 몇 주 앞둔 시점에, 하버드 비즈니스 리뷰로부터 생성형 AI 관련 설문 조사에 관한 이메일을 받았다. 그 이메일을 보고 한 가지 아이디어가 떠올랐다. 나도 우리나라에서 유사한 조사를 진행해 봐야겠다는 생각이었다. 고품질의 데이터는 항상 가치가 있으며, 우리 프로젝트에 좋은 홍보 효과를 가져올 수 있다. 또한 AI가 얼마나 우리를 도울 수 있는지를 확인할 수 있는 흥미로운 실험이 될 수 있을 것이다. 이것은 창작자들이 황금기로 진입하고 있으며(8장에서 다룸), 모방자들이 난립하는 시대가 도래하고 있다는 것을 뒷받침해 주는 사례이기도 하다.

조사 진행을 위해 먼저 이메일 내용을 요약한 후 ChatGPT에 설문 조사의 제목, 설명, 그리고 구조를 생성해달라고 요청했다. 첫 번째 제안이었던 "AI영향도 AImpact 2023"이라는 이름이 마음에 들어, 이를 기반으로 작업을 시작했다. 물론, '작업'이라는 표현은 조금 과장된 것일 수도 있다. 내가 처음 한 일은 단 하나의 명령어, 즉 AI 프롬프트를 통해 설문 양식을 자동으로 생성해 주는 도구를 사용하는 것뿐이었다. 그렇게 몇 초 만에 첫 번째 버전의 설문이 완성됐고, 나는 피드백을 받기 위해 이를 동료들과 고객들에게 전달했다.

그다음으로, 또 다른 AI 도구를 사용해 설문 조사에 대한 웹사이트를 만들었다. 예상했겠지만, 이 도구는 여러 버전의 웹사이트를 자동으로 생성해 줬고, 이를 참고해 웹사이트의 디자인과 포함할 정보를 구상했다. 그런 다음 이 아이디어들을 회사 템플릿에 적용해, 마침내 웹사이트를 공개했다.

설문 조사를 소셜 미디어에 공유하자마자 많은 관심을 받았다. 몇 주 만에 다국적 기업부터 소규모 비영리 단체에 이르기까지 총 658개의 조직으로부터 데이터를 수집할 수 있었다. 이제 마지막 단계인 결과 평가 및 분석에 돌입할 차례였다. 예상했겠지만, 나는 다시 ChatGPT를 켰다. ChatGPT의 잘 알려지지 않은 기능인 "코드 해석기"는 개인 데이터 분석가이자 프로그래머 역할을 모두 수행해 주기 때문이다.

나는 수집된 데이터를 처리한 후, 궁금했던 정보들을 단계적으로 AI에 요청했다. 가장 시간이 많이 소요된 부분은 AI가 데이터를 정확하게 처리했는지 확인하는 일이었다. 검토가 끝난 후, 발표 자료의 초안을 작성하고 슬라이드를 세부적으로 다듬었다. 스프레드시트에서도 AI를 활용해, 엑셀의 함수처럼 프롬프트를 사용해 길고 복잡한 응답을 분석하거나 감정 분석을 수행하는 등의 작업을 했다. 이런 작업은 불과 1년 전만 해도 데이터 분석가와 수천 달러에 달하는 도구가 필요했을 일들이다.

결과를 발표했을 때, 사람들이 내가 AI를 사용했는지, 그리고 이 작업에 얼마나 시간이 걸렸는지 물었다. 나는 솔직하게 AI의 도움을 받아 전체 설문 작업을 진행했다고 답했다. 그 후, 시간 추적 앱을 확인해 보고는 믿을 수 없었다. 초기 아이디어부터 최종 발표까지, 이 모든 프로젝트에 걸린 시간은 고작 4.5시간이었다. 그렇다, 단 4시간 30분이다. 이것이 바로 1년도 안 된 사이에 AI가 가능하도록 만들어 준 작업의 완벽한 예시다.

한편, 이번 설문 조사에서 두 가지 흥미로운 사실이 드러났다. 사람들에게 AI 도입의 장애 요인에 관해 물었을 때, '재정적 문제'를 가장 낮은 순위로 답했다는 것이다. 그렇다면 1위는 무엇이었을까? 바로 "어떻게 해야 할지 모른다"였다. 즉, AI를 어떻게 다뤄야 하는지 모른다는 것이다. 어디서부터 시작해야 할지 모르고, 무엇을 모르는지조차 모른다는 의미다. 이것은 나에게 굉장히 긍정적인 소식이었다. 왜냐하면, 이는 결국 '기술'의 문제이며, 기술은 배울 수 있기 때문이다. 이것이 바로 내가 이 책을 쓰기로 결심한 이유이다.

이 사례와 다른 많은 예시는 새로운 세대의 디지털 도구들이 모든 사람을 AI에 접근할 수 있게 해 줬음을 보여준다. 그 결과, 전문가와 비전문가의 경계가 흐려지기 시작했다. 또한, 이제 앞으로의 업무 환경이 어떤 방향으로 나아갈지 분명해졌다. 기술에 능숙한 한 사람이 여러 사람의 업무를 수행할 수 있을 뿐만 아니라, 때로는 훨씬 더 짧은 시간에 더 높은 품질의 작업을 해낼 수도 있게 된 것이다.

AI 덕분에 이제 번역가 없이도 텍스트를 번역하고, 배우 없이도 영상을 제작하며, 디자이너 없이도 인테리어를 설계할 수 있다. 물론, 거의 모든 반복적인 업무는 자동화할 수 있을 뿐만 아니라, 그동안 사고력을 요구했던 작업이나 창의적인 업무라 불리던 많은 일도 자동화할 수 있게 됐다.

일부 연구[1]에 따르면 이러한 도구들로 인해 약 3억 명의 사람들이 일자리를 잃을 가능성이 있다고 한다. 또 다른 연구[2]에서는 위험에 처한 것이 단순 노동직만이 아니라고 경고한다. 은행가, 변호사, 그래픽 디자이너, 영업 사원, 컨설턴트 이들 모두가 주의해야 한다는 것이다.

평균적인 노동자는 AI와 경쟁할 수 없을 것이며, 자신의 분야에서 뛰어나면서도 적절한 도구를 활용할 줄 아는 사람들과도 경쟁하기 어려울 것이다. 이는 AI가 당장 우리를 완전히 대체하지는 않을 것이며, 대신 우리의 역량을 보완하고 크게 확장시켜 줄 것이라고 믿는 이유 중 하나다. 비관적인 사람들은 여기에 "일시적으로는"이라는 단서를 붙일지 모르지만, 나는 앞으로 우리가 생각하는 것보다 훨씬 더 많은 기회가 열릴 것이라고 본다.

이 책은 단순히 스마트 애플리케이션에 관한 이야기가 아니다. 오늘날 사용하고 있는 많은 애플리케이션은 몇 년 내에 사라지거나 완전히 다른 방식으로 작동할 것이다. 이 책을 통해 전달하고자 하는 것은 훨씬 더 중요한 내용이다. 바로 이 새로운 세상을 어떻게 헤쳐 나가야 하는지, 그리고 새로운 스마트 도구들을 활용해 좋아하는 일을 더 많이 하고, 나머지 일들은 컴퓨터에 맡기는 방법에 대해 알려주려는 것이다.

더 속도를 내야 한다

2022년, 나는 CME 미디어 그룹 산하의 한 방송국 네트워크와 협력하기 시작했다. 내 역할은 최신 트렌드를 소개하고 팀이 혁신을 추구할 수 있도록 자극을 주는 것이었다. 이를 위해 각 부서에서 AI를 활용할 수 있는 방안들을 논의하는 워크숍을 방송국 관리자들과 함께 진행했다. 워크숍이 시작될 때, 한 임원이 참석자들에게 정말 창의적인 생각을 하고, 가장 기발한 아이디어까지도 제시해달라고 당부했다. 워크숍이 끝날 즈음에는 1년 전만 해도 터무니없이 비싸거나 단순히 미친 생각처럼 보였을 만한 아이디어들이 쏟아져 나왔다. 가상 아나운서, 자동 생성 스튜디오, 뉴스 실시간 분석 등이 그 예였다. 나는 그런 아이디어들이 무척 흥미로웠다. 특히, 이 모든 아이디어를 실현하기 위한 도구들이 이미 존재하고 있음이 밝혀졌을 때 더욱 그랬다.

그로부터 1년 사이 무엇이 달라졌을까? 우선, AI 모델들은 지속적으로 발전하고 있다. 이제는 일상 언어를 이해하고 다룰 줄 알게 돼, 마치 인간처럼 자연스럽게 대화할 수 있을 정도다(거의 모든 언어로 이 작업이 가능하다). 또한, 디지털 산출물을 생성, 분석 또는 개선할 수 있는 *생성형 AI*가 급격히 성장하고 있다. 이 AI는 이미지, 영상, 음악, 프레젠테이션, 3D 모델 등 다양한 종류의 디지털 콘텐츠를 만들어낼 수 있다. 바로 이러한 응용 프로그램들이 AI가 세간의 주목을 받게 만든 이유다. 이들은 믿을 수 없을 만큼 현실적이며 종종 숨 막힐 듯한 결과물을 만들어낸다.

초기 발표 중 하나에서 나는 "미래의 노 워크 시대"라는 주제로 몇 년 내에 음성 명령만으로 컴퓨터에 작업을 지시하고, 컴퓨터가 이를 충실히 수행할 수 있게 될 것이라고 예측했다. 그런데 그로부터 단 3일 후, ChatGPT가 공개됐고, 그 예측은 이미 현실이 됐다. 나는 다시 계획을 수정해야만 했다. 이제 몇 년이 아닌, 몇 주 단위로 변화가 이뤄지고 있다는 것이 명백해졌다.

나는 즉시 나만의 업무 방식을 바꾸기로 했다. 이전에는 디지털 트윈, 즉 가상 아바타를 만들어 회사가 새로운 고객을 발굴하고 다양한 언어로 교육 프로그램을 개발할 수 있도록 도울 계획을 세우고 있었다. 처음에는 2025년쯤에나 가능할 것이라 예상했다. 그러나 새로운 비디오 생성 애플리케이션[3]들이 등장하면서 2023년 초에 이미 이 기술을 활용할 수 있게 됐다.

간단히 말해, 우리는 작년이 "오랜 옛적"이 되고, 다음 달은 "먼 미래"로 느껴지는 시대를 살아가고 있다.

준비가 됐는가?

예기치 않은 사건들은 우리에게 급격한 변화를 요구할 수 있다. 팬데믹, 공급망 위기, 혹은 우크라이나 전쟁과 같은 상황이 그 예다. 이러한 사건들은 우리에게 혁신이 반드시 어려운 것만은 아니라는 사실을 종종 일깨워준다. 나는 경력 내내 기업들에게 재택근무를 도입해야 한다고 설득해왔다. 하지만 이 제안이 모든 곳에서 환영받은 것은 아니다. 그러나 내가 실패한 이 과제를, 아주 작은 바이러스가 단 며칠 만에 성공적으로 해결했다.

큰 변화조차도 우리가 생각하는 것보다 훨씬 빠르게 이뤄질 수 있다. 고객 중에는 은행도 있었는데, 이 은행은 은행원과 고객 간의 온라인 상담 시스템을 도입하는 데 5년이 걸릴 것이라 예상했다. 그러나 결국 그들은 단 1년 만에 이를 실현해 냈다.

인공지능은 더 큰 변화를 가져올 것이다. 따라서 핵심 질문은 다음과 같다. "준비되지 않은 채로 이 변화를 맞이할 것인가, 아니면 대비할 것인가?" 세상은 점점 더 빠르게 변화하고 있으며, 이는 단 하나의 사실을 의미한다. 오늘이 앞으로 우리가 경험할 세상 중 가장 느린 날이라는 것이다. 따라서 지금이야말로 무언가를 해야 할 가장 적절한 시점이다.

세상은 점점 더 빠르게 움직이고 있다.
이것은 단 하나의 사실을 의미한다.
오늘이 앞으로 우리가 경험할 세상 중 가장 느린 날이라는 것이다.

모든 창작자들에게 보내는 메시지

사람들은 종종 불확실한 미래에 불안함을 느낀다. 만약 당신이 그런 사람이라면, 걱정하지 않아도 된다. 당신만 그런 것이 아니기 때문이다. 하지만 이 상황을 다른 시각에서 바라보길 바란다. 이 새로운 세상은 업무를 더 쉽게 만들어주고, 지금까지 꿈꿔왔던 기회들을 실현할 수 있는 수많은 방법을 제공하고 있다.

이제 사람들이 더 이상 내게 조언을 구하지 않고 AI에 의지해 내가 컨설팅을 하지 않게 될 수도 있다. 하지만 동시에 나는 AI 덕분에 나만의 아바타를 만들어 훨씬 더 큰 규모로, 전 세계를 대상으로 다양한 서비스를 제공할 수 있게 됐다.

나뿐만 아니라 오늘날 대부분의 사람이 이러한 기회를 가질 수 있다. 그래서 이 책이 모든 사람에게 도움이 될 수 있다고 생각한다. 그러나 이 책의 주요 대상은 기존의 일에 대한 고정관념을 버리고, 자신이 진정으로 즐길 수 있는 새로운 업무 방식을 설계하고자 하는 사람이다.

1. 혁신을 추구하는 사람들에게

    만약 당신이 자신의 일을 더 잘할 방법을 매일같이 고민하는 사람이라면, 이 책의 적절한 독자이다. 내게 혁신가는 주변 세상을 더 나아지게 만들고자 끊임없이 갈망하는 사람이며, 주어진 기회를 놓치지 않고 더 짧은 시간에 더 많은 성과를 이루려는 열정있는 사람이다.

    이러한 사람은 자신이 원하는 방식으로 업무를 설계할 수 있으며, 원하는 장소에서 자유롭게 일하거나 새로운 수입원을 발굴할 수도 있다. 많은 매력적인 분야에서 진입 장벽은 그 어느 때보다 낮아졌고, 수익을 창출할 수 있는 방법도 그만큼 다양해졌다. 이 책은 이러한 기회들을 어떻게 활용할 수 있을지에 대한 구체적인 조언을 제공한다.

2. 창작자들에게

나는 "창작자"를 단순히 "창의적인 사람들" 그 이상으로 정의한다. 창작자는 교육자, 컨설턴트, 건축가 그리고 기업가와 같이 자신의 전문성을 제공하는 모든 전문가가 포함된다. 이들은 모두 자신의 역량을 확대하고, 창의적이며, 과거에는 불가능해 보였던 일들을 종종 훨씬 더 낮은 비용으로 이뤄낼 수 있다.

책에서는 수십 개의 외국어로 서비스를 제공하고, 반복적인 업무를 자동화하며, 훨씬 더 많은 고객에게 서비스를 제공하는 방법을 설명할 것이다. 또한, 24시간 7일 내내 창의적인 아이디어를 제시해 줄 수 있는 가상 개인 비서를 얻는 방법도 함께 소개할 것이다.

3. 리더와 관리자들에게

현대의 리더는 사람들이 서류 작업에 매몰되지 않고 자신의 강점을 발휘할 수 있는 환경을 조성해야 한다. 그러나 많은 관리자가 이 부분에서 걸림을 느끼며, 또 다른 도전 과제들은 쌓여 간다. 팀원들에게 AI를 사용할 수 있는 환경을 제공할 것인가, 아니면 전통적인 방식으로 땀과 노력을 요구할 것인가? 경쟁사는 이미 새로운 도구들을 활용하고 있는 상황에서, 그 도구들의 사용을 금지한 이유를 어떻게 설명할 것인가? 고객이나 동료들에게 AI가 당신의 작업 결과물 뒤에 있다는 사실을 인정할 것인가? 머지않아 AI가 자신의 일자리를 빼앗을지도 모른다고 생각하는 직원들에게는 뭐라고 답할 것인가? 관리자는 이러한 질문들에 가장 먼저 명확한 답을 가지고 있어야 한다.

이 책은 당신의 팀이 미래에 대비할 수 있도록 이끄는 도구들을 제공할 것이다. 그러나 이것이 전부가 아니다. 당신은 새로운 스마트 도구들을 능숙하게 다루게 될 것이고, 업무 범위를 확장시킬 수 있을 것이다. 무엇보다도, 대부분의 불필요한 반복 업무를 제거할 수 있는 시스템을 구축하게 될 것이다.

4. 다른 삶을 원하는 모든 사람에게

학교 → 직장 → 승진 → 은퇴라는 전통적인 경로는 이제 과거의 이야기다. 사람들은 더 이상 단순히 많은 돈을 벌고 아침부터 밤까지 일하는 데만 관심을 두지 않는다. "적게 일하고 훨씬 더 많은 것을 얻는 삶"이 새로운 기준이 돼 가고 있다.

만약 전통적인 8시간 근무제와 주 5일 근무의 틀에서 벗어나고 싶다면, 이 책이 그 방법을 제시해 줄 것이다. 책 속에서는 풀타임 근무자와 동일한 양의 일을 단 10분의 1의 시간만으로도 해내는 사람의 구체적인 사례들을 만나볼 수 있다.

그러나 나는 다른 삶을 원하는 사람뿐 아니라 변화에 위협을 느끼는 사람을 위해서도 이 책을 썼다. 싱가포르와 한국 같은 국가들의 데이터는 높은 수준의 자동화가 반드시 높은 실업률로 이어지지 않는다는 사실을 보여주고 있지만, 언제나 그런 결과가 보장되는 것은 아니다. 모든 사람이 일에 대한 접근 방식을 바꿔야 할 것이다. 많은 사람이 새로운 직업이나 고용 형태를 찾아야 할지도 모른다. 2023년 OECD 보고서[4]는 기술 발전이 10억 명의 사람들에게 영향을 미치고, 전체 일자리 중 4분의 1 이상이 자동화로 인해 높은 위험에 처할 것이라고 예측했다. AI의 급속한 발전을 고려하면 나는 그 숫자가 더 높아질 것이라 생각한다.

만약 이러한 상황이 걱정된다면 좋은 소식이 있다. 이 책은 새로운 기회에 대해서만 다루는 것이 아니라 그 기회들을 잡을 수 있도록 도와줄 '기술'에 대해서도 설명한다는 것이다. 그리고 이미 언급했듯이, 기술은 배울 수 있는 것이다. 이 책에서 그 방법을 자세히 보여줄 것이다.

미래의 노 워크 시대

여기서는 AI의 윤리적, 법적, 혹은 보안 측면에 대해 깊이 다루지 않을 것이다. 이러한 주제들은 책의 모든 페이지에 암묵적으로 스며들어 있지만, 동시에 별도의 심도 깊은 논의가 필요할 만큼 방대한 주제이기 때문이다. 노동 시장과 사회 변화에 대한 구체적인 예측을 제시하지도 않을 것이다. 그러한 예측이 실제로 어떻게 끝나는지 우리는 모두 잘 알고 있기 때문이다.

대신, 나는 다른 목표를 가지고 있다. 나는 여러분에게 새로운 업무 방식을 소개하고, 이러한 기회를 최대한 성공적으로 활용할 수 있도록 다양한 조언, 팁, 그리고 전략을 제공하고자 한다. 이러한 통찰은 우리의 연구와, 대기업부터 소기업까지 수백 개의 기업과 직접 협력한 실무 경험에서 비롯된 것이다. 많은 경쟁자가 아직 AI를 이해하는 데 고군분투하고 있을 때, 나와 내 회사는 이미 AI 앰배서더 프로그램을 선도적으로 도입하고, 생성형 AI의 가능성을 탐색하며 이를 모든 팀에 적용하고 있다. 바로 이러한 경험을 여러분과 공유하고자 한다.

아마도 "노 워크"라는 제목으로 당신을 놀라게 한 이유가 몹시 궁금할 것이다. 걱정하지 않아도 된다. 곧 그 의미를 이해하게 될 것이다. 하지만 미리 말해두자면 이 책은 기적 같은 지름길을 찾는 사람들을 위한 것이 아니다. 나는 이 책을 '일을 즐기고, 더 나은 방식으로 일을 수행할 방법을 찾고자 하는 사람들'을 위해 썼다.

이 책은 총 네 부분으로 구성돼 있다. 첫 번째 부분에서는 AI 기반의 새로운 스마트 도구들을 활용하는 방법을 탐구할 것이다. 두 번째 부분에서는 성공을 위한 가장 중요한 요건인 '사고방식의 전환'에 대해 다룰 것이다. 일에 대한 관점을 어떻게 업그레이드하고, 성장의 새로운 기회를 어떻게 발견할 수 있을지에 대해 논의할 것이다. 세 번째 부분에서는 이러한 기회들을 활용하는 데 도움이 될 '기술들'을 살펴볼 것이다. 마지막 네 번째 부분에서는 '새로운 업무 방식'에 집중할 것이다. 당신은 업무를 새로운 시각으로 바라보고, 훨씬 짧은 시간에 더 나은 성과를 얻는 방법을 배우게 될 것이다.

미래를 예측하는 가장 좋은 방법은 스스로 만들어가는 것이라고들 한다. 그럼, 이제 시작해 보자.

핵심 요약

1. AI는 급속도로 발전하고 있으며, 창의성, 경험, 웅변력, 공감 능력 등 자동화로부터 안전할 것이라 여겨졌던 직무를 포함해 다양한 형태의 인간의 업무를 변화시키거나 대체하고 있다.
2. AI 기반의 스마트 도구들은 빠르게 가치를 창출하고, 실험하고, 반복할 수 있도록 해주며, 본질적으로 프로세스를 더 빠르게 개선하고 발전시킬 수 있게 한다.
3. 숙련된 전문가와 호기심 많은 아마추어의 경계가 흐려지고 있다. 기술에 능숙한 사람은 더 짧은 시간에 더 높은 품질로 여러 사람의 일을 해낼 수 있으며, 이는 인간의 역량을 크게 확장시킨다.
4. 디지털 AI 도구들은 사람들이 이전에는 매우 어려웠던 인상적인 성과와 삶의 방식을 달성할 수 있도록 그 어느 때보다 쉽게 만들어주고 있다. 이를 위해 필요한 것은 기회 지향적인 사고방식을 채택하고, 관련 기술을 습득하며, 새로운 업무 방식을 개척하는 것이다.
5. AI의 힘을 활용하는 것은 학습 가능한 기술이며, 이 책은 그 방법을 제시하는 것을 목표로 한다.

실천 과제

1. 이 책의 리소스 웹 사이트(http://www.nowork.ai/resources)를 확인해 보자. 그다음 장에서 다룰 애플리케이션들과 추가 도구들에 대한 링크를 찾아볼 수 있다.
2. 목표를 설정하라. 이 책에서 최대한 많은 것을 얻고 싶다면, 단순히 읽는 것에 그치지 말고, 책에 나오는 개념과 아이디어들을 실천할 시간을 따로 마련하라.

3. ChatGPT나 Poe.com에 아직 가입하지 않았다면 최소 한 달 동안 구독해 보자. 브라우저의 메인 툴바에 추가해 언제든 쉽게 접근할 수 있도록 하고, 매일 꾸준히 사용해 보는 것을 권장한다.

I.

새로운 현실

인공지능이 우리가 일하는 방식을 바꾸는 법

1. AI 시대의 일

나는 디지털과 관련된 모든 것에 매료돼, 전통적인 교육 기관들이 팬데믹으로 인해 어떻게 온라인 전환에 대응했는지 면밀히 지켜봤다. 한 유명 에이전시는 단순히 세 개의 교육 영상을 제작해 고객들에게 제공하는 방식으로 대응했다. 왜 안 되겠는가? 단순함 속에도 힘이 있으니까. 그러나 그들의 소셜 미디어에 올라온 "촬영 뒷이야기" 사진 한 장이 나의 눈길을 끌었다. 영상 세 편을 찍기 위해 17명의 스태프가 동원된 것이다. 나는 생각했다. '대체 저 많은 사람이 모두 뭘 하고 있는 거지?'

유튜버 한 명이 해도 더 잘했을 거라고 말하려는 것은 아니다. 하지만 정말 그렇게 많은 사람이 필요했을까? 많은 기업이 신규 직원을 채용했다고 자랑하는 동안, 나는 정반대의 생각을 하고 있다. 이제 더 적은 인력과 더 적은 노력으로 동일한 결과를 낼 수 있다는 것을 보여줄 때가 아닐까?

내 경우를 예로 들어보자. 지난 몇 년간 나는 여러 역할을 동시에 수행해왔다. 특정 업무를 다른 사람에게 위임하지 못해서가 아니라, 오히려 이 모든 역할을 대부분 자동화했기 때문이다. 또한 기술적 아웃소싱이 어디까지 확장될 수 있는지 실험하는 것을 즐기는 이유도 있었다.

이 모든 것은 2020년에 내가 겪었던 작은 업무 위기에서 시작됐다. 당시 나는 첫 번째 책을 마무리하고 있었고, 마침 사무직 근로자들이 재택근무를 해야만 했던 '사회적 거리두기'가 시작되면서 우리 서비스에 대한 수요가 급격히 증가했다. 나와 팀 전체에게는 힘든 시기였고, 얼마 지나지 않아 나는 변화를 갈망하게 됐다. 나는 잠시 휴식을 취하고 새로운 일을 시작하기 위해 나를 대신할 새로운 CEO를 찾기 시작했다. 나는 단순히 시간을 돈으로 바꾸는 일을 계속하고 싶지 않았다. 나만의 제품을 만들고 싶었다. 명확하게 정의되고, 설명하기 쉬우며, 확장 가능한 제품을 말이다.

일회성 워크숍 대신 강의, 참가자들과의 정기 모임, 그리고 지식 공유 세션으로 구성된 두 달짜리 개발 프로그램인 '디지털 리더십 마스터클래스masterclass 1' 프로그램은 그렇게 탄생했다. 이후 장소 제한과 확장성 문제를 해결하기 위해 모든 프로그램을 온라인으로 운영하기로 결정했다. 하지만 우선 "판매를 먼저 하고 나중에 구축한다"는 원칙을 따라, 잠재적인 관심을 확인하기 위해 온라인 웨비나webinar를 개최했다. 이는 완벽한 성공이었다.

나는 잠재 고객들에게 접근하기 위해 내가 직접 쓴 것과 구분하기 힘들 정도의 메시지를 보내는 자동화 소프트웨어 봇을 사용하기 시작했다. 설정에 단 몇 분밖에 걸리지 않았지만, 연락처 목록을 준비하고 메시지를 수정하는 데에는 몇 시간을 투자했다. 그 결과는 매우 성공적이었다. 첫 번째 모집이 빠르게 마감됐고, 나는 본격적으로 제품 개발을 시작했다. 여기서 내 업무량을 최소화하기 위해 실제 코딩 없이도 디지털 시스템을 만들 수 있는 로우코드LowCode 애플리케이션을 활용했다. 이러한 방식으로 나는 등록 절차, 커뮤니케이션, 콘텐츠 공유 등 모든 프로세스를 세부적으로 조정할 수 있었다.

이 마스터클래스는 첫 3년 동안 수백 명의 참가자를 모집했다. 우리는 티-모바일T-Mobile과 리맥스RE/MAX와 같은 기업에서 내부 개발 프로그램으로 여러 차례 운영을 진행했다. 이 프로그램은 사실상 1인 체제로 운영됐음에도 불구하고 나에게 수십만 달러의 수익을 안겨줬다. 한 동료가 청구서 발행과 일부 활동을 조직해 줬지만, 매 회차마다 점점 더 많은 부분을 자동화해, 현재는 프로그램의 거의 전체가 자동으로 운영되고 있다.

이 경험을 바탕으로 나는 스스로에게 새로운 질문들을 던지기 시작했다.

- 기술이 더 진보하면 일의 모습은 어떻게 변할까?
- 모든 사람이 이런 방식으로 기술을 활용할 수 있게 되면 조직의 모습은 어떻게 바뀔까?

- 기계가 대부분의 일을 대신하게 되면 우리는 무엇을 실제 '일'로 여길까?

끝없는 게임

인간의 노동과 새로운 기술의 결합은 매우 흥미롭다. 인간은 본래 도구를 사용하는 존재다. 유용한 도구를 발견하면 곧바로 이를 활용해 더 간편한 삶을 추구하거나, 일을 쉽게 만들기 위해 사용법을 찾기 시작한다. 적어도 그래야 한다. 그러나 일부 사람은 이러한 변화에 관심이 없고, 어떤 것도 바꾸려는 의지가 없다. AI 시대에 이런 사람은 곧 어려움에 처할 수도 있다.

반면 늘 새로운 것을 시험해 보는 사람도 있다. 이는 끊임없이 무언가를 개선하고자 하는 열망 때문일 수도 있고, 혹은 단순히 게으르기 때문일 수도 있다. 그러나 나는 이러한 형태의 게으름을 나쁘게 보지 않는다. 오히려 이는 종종 발전의 원동력이 되기 때문이다. 이러한 이유로 일부 기업에서는 비공식적으로 도입된 IT 도구들이 활성화된 "비인가 Shadow IT"* 생태계가 자리 잡고 있다. 직원들은 단지 더 생산적으로 일하기 위해 승인되지 않은 도구들을 사용하는 것이다.

끝나지 않는 춤처럼 기술은 우리가 새로운 업무 방식을 발견할 수 있게 해주고 이는 다시 새로운 기술 개발을 촉진한다. 그러나 중요한 점은, 현재 우리는 느린 왈츠Waltz에서 빠른 살사Salsa로 전환하고 있으며 그 속도는 멈추지 않고 계속 빨라지고 있다는 것이다.

---

* "그림자 IT(Shadow IT)"는 조직 내에서 승인되지 않은 정보기술(IT) 시스템, 소프트웨어, 또는 애플리케이션을 사용하거나 관리하는 것을 의미하며, 공식적인 IT 부서의 관리나 통제 없이 직원들이 자체적으로 사용하는 기술을 뜻한다. 우리말로는 "그림자 IT"라고 직역해서 쓰는 경우도 있지만, 보통 "비공식 IT"나 "비인가 IT"라는 표현으로 사용된다. – 옮긴이

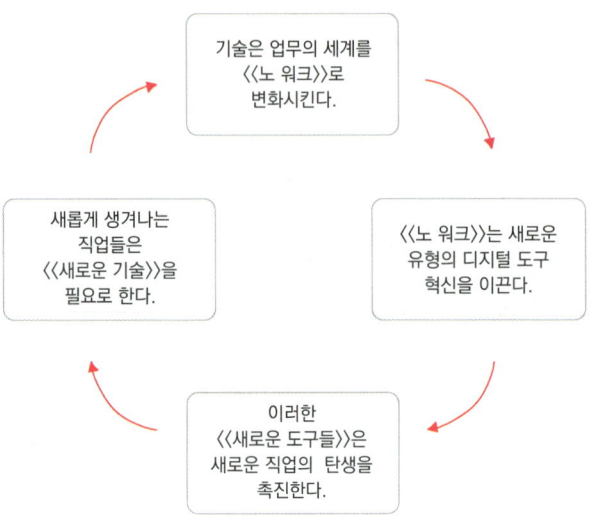

이미 우리는 이러한 순환의 영향을 주변 곳곳에서 목격하고 있다. 다른 한 쪽에선, 개인이나 소규모 팀이 AI를 활용해 인상적인 대규모 프로젝트를 만들어내고 있고, OpenAI의 공동 창립자인 샘 알트먼[Sam Altman]은 2024년 초 인터뷰[2]에서 "머지않아 1인 억만장자 기업이 탄생하는 것은 시간문제일 뿐이다"라고 말하기도 했다. 그러나 이러한 원리는 필연적으로 특정 유형의 직원이나 전체 부서를 대체하게 되는 결과를 초래하기도 한다. 스웨덴의 핀테크 기업 클라르나[Klarna]는 고객 지원 업무에 AI를 도입해[3] 700명의 정규직 직원에 해당하는 인력을 대체했다(이때 응답 속도와 품질이 크게 향상돼 반복 문의가 25% 감소했다).

이러한 상황은 몇 가지 의문을 불러일으킬 수 있지만, 결국 하나의 간단한 결론으로 이어진다. 적절한 기술만 있다면 한 사람이 여러 명, 심지어 수십 명의 일을 해낼 수 있다는 것이다. 그리고 가장 중요한 점은, 그 사람이 바로 당신이나 나일 수도 있다는 것이다.

누가 혜택을 보는가?

새로운 기술의 부상으로 가장 큰 혜택을 얻고 있는 사람은 누구일까? 업무를 간소화하는 창작자와 혁신가일까? 아니면 새로운 수익원으로 여기는 기업가일까? 그것도 아니면 사무실의 제약에서 벗어나 이제 대부분의 시간을 자신이 원하는 대로 보낼 수 있게 된 우리일까?

프리랜서와 소규모 팀으로 일하는 사람들은 항상 몇 발짝 앞서 나간다. 그들은 규칙이나 경직된 절차에 얽매이지 않기 때문에 거의 모든 애플리케이션을 즉시 사용할 수 있다. 피터 레벨스$^{Pieter\ Levels}$가 그 좋은 예다. 그는 이미지 생성 AI를 접한 지 몇 주 만에 이를 활용해 개인 아바타 생성 및 인테리어 디자인 서비스를 구축했고[4], 이를 통해 주당 수만 달러를 벌어들였다. 만약 대형 건축 회사의 직원이 이런 아이디어를 냈다면 먼저 현재 진행 중인 프로젝트를 중단하고 경영진에게 이 서비스를 개발하자고 '설득'했어야 할 것이며, 특정 기능을 추가해야 한다는 등의 끝없는 회의를 거치고, 출시 전에 결과물이 완벽해야 한다는 요구사항을 견뎌내야 했을 것이다.

대기업은 더 많은 자본, 더 많은 데이터, 그리고 더 많은 전문가를 보유하고 있다. 하지만 동시에 훨씬 많은 관료주의와 보안 요구사항에 얽매여 있다. 어떤 기업의 직원은 상사의 승인을 받기 전까지는 기본적인 디지털 도구조차 사용할 수 없고, 심지어는 외부 웹사이트에 가입도 할 수 없다. 우리가 일련의 디지털 과제를 수행하도록 만든 디지 챌린지$^{Digi\ Challenge}$[5]에 참가자 등록을 시작했을 때, 한 대형 컨설팅 회사의 직원이 한숨을 쉬며 말했다. "이 프로그램은 흥미로워 보이지만 승인을 받으려면 1년은 걸릴 겁니다." 이 이야기를 또 다른 대형 은행의 고객에게 전했을 때, 그 직원들 역시 쉽게 일할 수 있는 환경이 아니라고 하면서 이렇게 말했다. "그쪽은 우리보다 더 심각하군요. 하지만 솔직히 말해서 저도 이제는 업무용 노트북을 거의 아무 곳에도 사용하지 않아요."

마이크로소프트 365^Microsoft 365와 구글 워크스페이스^Google Workspace 같은 최신 오피스 애플리케이션에 AI가 도입되면서, 이제 모든 조직의 직원들이 프로세스를 정밀하게 조정하고 AI를 활용할 수 있는 기회를 가지게 됐다. 만약 이 기술을 배우고 기업 환경에서 AI를 실험할 수 있는 도구 사용을 적극적으로 주장할 용기가 있다면, 놀라운 일들이 일어날 수 있다. 우리는 유럽의 한 대형 은행 그룹을 위해 주최한 해커톤^hackathon에서 이를 직접 목격했다. 단 하루 만에 한 팀이 고객 피드백을 분석해 긍정적인지 부정적인지 판단하고, 맞춤형 응답을 제안하며, 이를 적합한 담당자에게 전달할 수 있는 AI 기반 시스템을 구축한 것이다. 이 모든 작업이 비즈니스 담당자들에 의해 이뤄졌으며, IT 전문가는 전혀 개입되지 않았다.

@Ondřej Hanigovský
@gomanigo

우리 팀과 나는 훌륭한 사례를 개발하고 있었다. AI를 활용해 NPS(Net Promoter Score, 순추천고객지수)를 평가하는 것이다. AI는 응답의 감정 분석뿐만 아니라 댓글을 분류하며, 긍정적인 피드백에 대해서는 자동으로 맞춤형 감사 메시지를 작성했다.

그렇다면 부정적인 피드백에 대해서는? 담당자에게 알림을 보내 빠르게 대응할 수 있도록 했다.

그러나 안타깝게도, 대부분의 사람은 아직 이러한 시스템을 완벽히 활용할 수 있는 기술을 갖추지 못하고 있다. 내가 그들에게 오피스 애플리케이션이 시간을 크게 절약해 주고 있는지 물어볼 때마다 고개를 가로저을 뿐이다.

전통적인 기업용 소프트웨어의 핵심 문제는 언제나 그렇듯이 업무 효율성을 약간만 개선한다는 데 있다. 전화 회의 대신 화상 회의, 이메일 대신 채팅을 사용하는 정도다. 그러나 AI는 일의 본질 자체를 바꾸고 있다.

사실, 많은 사람이 그 변화의 규모를 상상조차 하지 못한다. 프레젠테이션을 왜 직접 만들어야 할까? 몇 가지 핵심 아이디어[6]나 주제만 적어두면 끝나는데. 계약서를 왜 한 줄 한 줄 작성해야 할까? 핵심 조건들[7]만 입력하고 잠시 기다리면 결과물을 확인할 수 있는데. 광고 캠페인이 필요하다면 마케팅 부서에 일을 넘길 필요도 없다. 그저 내가 원하는 것을 간단히 설명[8]하기만 하면, 개념과 대본, 완성된 영상이 눈앞에서 자동으로 만들어진다. 이 이야기가 먼 미래의 일 같다고 생각하는가? 다시 생각해 보라. 오늘날 이 모든 도구들은 이미 존재하고 있다.

핵심 질문은 대기업들이 이러한 변화에 대응할 수 있을지 여부다. 그들은 직원이 AI를 사용할 수 있도록 허용할 것인가? 최고의 모델을 사용하는 데 드는 비용을 지불할 것인가? 관리자는 AI 교육 및 개발을 위한 전문가를 채용할 역량을 갖추고 있을 것인가?

만약 당신이 이러한 문제를 겪고 있는 회사에 다니고 있다면 걱정하지 않아도 된다. 그러나 새로운 기술에 투자하지 않거나, 심지어 그러한 기술의 사용을 허용하지 않는 조직은 곧 엄청난 압박에 직면하게 될 것이다. 해당 분야의 첫 번째 기업이 가속 페달을 밟는 순간, 나머지 기업들은 생산성이 크게 떨어지거나 유능한 인재들이 더 이상 일하고 싶어 하지 않기에 따라가지 않을 수 없게 될 것이기 때문이다. 새로운 기술을 받아들일 수 있는 조직과 그렇지 못한 조직 간의 격차는 점점 더 커질 것이다.

언제나 그렇듯 가장 큰 혜택은 새로운 상황에 빠르게 적응하고, 새로운 것을 시도하는 것을 두려워하지 않으며, 새로운 방식으로 일하는 법을 배우는 사람에게 돌아간다. 누군가가 무엇을 해야 할지 지시해 주기를 기다리지 않는 사람, 혁신과 규제 사이의 무법 지대, 혹은 "해야 한다"와 "할 수 있다" 사이의 미지의 영역에 과감히 발을 들여놓는 대담한 사람에게 말이다.

최근 유명 정신과 의사의 인터뷰를 들었는데, 그는 일에서 의미를 찾는 것이 얼마나 중요한지를 이야기하며 한 사무직 직원이 회사에서 사용할 여러 스프레드시트를 만드는 데 2주를 보낸 사례를 언급했다. 그녀가 마침내 그 결과물을 남편에게 보여주자, 남편은 비웃으며 말했다. "우리 IT 담당자가 했다면 대부분의 작업을 자동화해서 몇 분 만에 끝냈을 텐데." 그때 들었던 생각은 만약 그녀가 직접 이 작업을 자동화할 수 있었다면, 혹은 이 솔루션을 상사에게 제안해 판매할 수 있었다면, 그녀는 훨씬 더 의미 있는 일에 시간을 쓸 수 있었을 것이라는 것이다.

어떤 사람에게는 효율성이 극적으로 향상되는 것이 일종의 사기처럼 느껴질 수도 있다. 또한 다른 누군가에게는 몇 주가 걸릴 일을 몇 분 만에 끝낸다는 것이 옳지 않게 보일 수도 있다. 그러나 실상은 정반대다. 이러한 혁신을 달성할 방법을 모색하는 것이 바로 우리의 책임이다.

이제 우리 대부분은 더 이상 조립라인에서 일하지 않는다. 목표를 달성하기 위해 자신만의 길을 선택할 자유를 가지며, 그 길을 가는 방법도 다양하다.

단순히 사무실에 앉아 있는 것만으로 급여를 받던 시대는 끝나가고 있다. ←

좋은 소식은…

좋은 소식은 로봇이 당신을 위해 일할 때 찾아온다. 나쁜 소식은 로봇이 당신 대신 일할 때 찾아온다. 경제학자 노아 스미스Noah Smith는 유토피아와 디스토피아의 차이를 이렇게 설명했다[9]. "디스토피아는 로봇이 당신의 일자리 절반을 가져가는 것이고, 유토피아는 로봇이 당신의 업무 절반을 가져가는 것이다." 나는 낙관주의자다. 그래서 이 유토피아가 실현될 가능성이 충분하다고 믿는다.

그렇다고 해서 "ChatGPT를 사용하면 주당 20시간을 절약할 수 있습니다"라는 광고를 무턱대고 믿어서는 안 된다. 이런 류의 주장을 하는 광고를 신뢰해서는 안 된다는 뜻이다. 상황은 그렇게 단순하지 않다. 물론 ChatGPT와 같은 도구들은 당신을 도울 것이며, 이 도구들은 당신이 더 많은 일을 할 수 있게 해줄 것이다. 그러나 이 기술을 활용하는 사람은 여전히 당신이다. 지금 상황에서는 AI가 당신의 일을 대신할 수도 있다는 말이 어느 정도 사실일 수 있다. 그러나 현실을 외면하지 않는다면, 이것은 오히려 당신을 다음 단계로 도약하게 하는 기회가 될 가능성이 더 크다.

사람들은 AI가 자신을 대체할까 두려워한다. 하지만 내 생각은 조금 다르다. 'AI와 함께 일할 수 있는 사람'이 '그렇지 못한 사람'을 대체할 것이다. 궁극적인 이점은 단순히 AI와 협력할 수 있는 것 이상의 능력을 가진 사람에게 돌아갈 것이다. 고객의 필요를 파악하고, 이를 충족시킬 방법을 찾아내며, 한 발 더 나아가고, 터무니없어 보일 수 있는 아이디어를 실험해 보는 사람 말이다. 그래서 지금이야말로 우리가 어떤 기술을 필요로 하는지, 그리고 그 기술의 도움으로 어떻게 '일처럼 보이지 않는 일'을 해 나갈지 깊이 생각해 볼 때다.

핵심 요약

1. AI는 단순히 효율성을 높이는 데 그치지 않는다. AI는 일의 본질 자체를 근본적으로 변화시키고 있다. AI는 개인과 소규모 팀이 이전에는 더 많은 인력과 자원을 필요로 했던 성과를 달성할 수 있도록 돕는다.
2. 창작자, 혁신가, 프리랜서, 그리고 소규모 팀은 새로운 AI 도구를 가장 빠르게 받아들여 업무를 간소화하고 새로운 수익원을 창출해야 한다.
3. 대기업은 종종 관료주의와 여러 제약에 직면하지만, AI가 널리 사용되는 오피스 애플리케이션에 통합됨에 따라 모든 규모의 회사 직원이 그 힘을 활용할 수 있는 기회를 가지게 됐다.
4. 최신 AI 도구에 투자하지 않거나 직원이 이를 활용하도록 장려하지 않는 기업은 초기 도입 경쟁자들과 비교해 생산성과 인재 확보 격차가 점점 더 벌어질 것이다. 개개인은 자신이 속한 회사와 상관없이 스스로 AI 사용법을 배우고 익혀야 한다.
5. AI와 로봇이 우리의 가장 번거롭고 시간이 많이 소요되는 작업을 맡아주고 우리가 더 의미 있고 보람 있는 일에 집중할 수 있도록 도와주는 미래를 원한다면, 이러한 가능성을 두려워하지 말고 적극적으로 수용해야 한다. 이것이 AI가 제시하는 약속이며, 이를 실현하기 위해서는 우리가 주도적으로 행동해야 한다.

실천 과제

1. 업무 중 반복적으로 수행하는 작업이나 시간이 지나치게 많이 소요되는 작업에 주목하라. 이러한 작업이야말로 AI와 스마트 도구가 매우 유용하게 활용될 수 있는 분야다.

2. 대기업에 소속돼 있다면 어떤 AI 도구들을 사용 가능한지 확인해 보라. 또는 IT 부서에 연락해 업무에 이러한 도구들을 시험적으로 도입할 수 있는지 문의해보라.

3. 주변에서 흥미로운 AI 도입 프로그램이 진행되고 있는지 확인하라. 예를 들어, AI 앰배서더ambassador 프로그램이나 워크숍 등이 있다면, 해당 프로그램에 참여해보는 것을 고려하라.

2. 내일의 혁신, 오늘에

2009년, 애플은 "그 문제를 해결해 줄 앱이 있어There's an app for that"라는 슬로건을 통해 미래를 예견했다. 심지어 이 슬로건을 상표로 등록하기까지 했는데, 이는 당시에도 이미 얼마나 많은 애플리케이션이 존재했는지를 완벽하게 요약해 주는 문구다.

2년 후, 기술 투자자 마크 안드레센Marc Andreessen은 그의 전설적인 글[1]인 "소프트웨어가 세상을 지배한다Software Is Eating the World"를 발표했다. 이 글에서 안드레센은 단순히 모든 것에 대한 애플리케이션이 존재할 뿐만 아니라, 스마트 소프트웨어를 중심으로 점점 더 많은 산업이 구축되고 있다는 점에 주목했다. 이는 기술 스타트업뿐만 아니라 월마트WalMart와 페덱스Fedex와 같은 전통적인 기업들도 마찬가지였다. 이들 기업은 완벽한 물류 관리 시스템을 통해 경쟁사들을 크게 앞서 나갔다. 시간이 지나 지금 생각해 보면 안드레센의 예견이 옳았음을 알 수 있다. 새로운 플랫폼들이 전 세계를 장악했으며 대부분의 기업이 사실상 기술 기업으로 변모하고 있기 때문이다.

그러나 많은 조직에서의 현실은 이와 사뭇 다르다. 안드레센은 소프트웨어가 세계를 집어삼킬 것이라 예측했지만, 실제로는 소프트웨어가 우리를 집어삼키고 있다.

프로젝트 관리 도구는 넘쳐나지만 사람들은 여전히 어떻게 프로젝트를 관리할지 묻는다. 수백 개의 스마트 메모 애플리케이션이 존재함에도 불구하고 사람들은 여전히 이메일로 보내고 있다. 스스로에게 물어보라. 회사 시스템 어딘가에 묻혀 있는 정보를 찾거나 이메일에 답장하는 데 얼마나 많은 시간을 쏟고 있는가? 가장 큰 문제는, 우리는 끊임없이 복사하고, 붙여 넣고, 클릭하고, 타이핑해야 한다는 사실이다. 그것도 반복해서 말이다. 모두가 이 일을 매일같이 하고 있기 때문에 이제는 더 이상 이상하게 여기지도 않는다.

프로세스 자동화 기업인 유아이패스[UiPath]의 슬로건, "사람들이 로봇처럼 일하지 않게 하려고 우리는 소프트웨어 로봇을 만들어낸다[We make software robots, so people don't have to be robots]"를 보고 나는 깨달았다. 우리는 도구를 사용하는 것이 아니라, 오히려 도구에 의해 스스로 그 종속물로 전락하고 있다는 사실을 말이다.

이러한 사실을 깨닫는 순간, 주변 곳곳에서 낭비를 발견하게 된다. 낭비되는 시간, 낭비되는 에너지, 낭비되는 집중력. 하지만 다행히도, 이제는 우리가 마음만 먹는다면 우리 대신 업무를 수행할 수 있는 새로운 세대의 도구들이 등장하고 있다.

빅뱅(Big Bang)

과거에 고객들과 인공지능이 일자리 시장에 미치는 영향에 대해 이야기할 때면 항상 위험에 처한 직업들에 대한 질문이 나왔다. 이때 나는 가끔 특정 직업을 선택하면 자동화로 대체될 가능성을 평가해 주는 웹사이트[2]를 소개하기도 했다. 전화 교환원이나 슈퍼마켓 계산원처럼 오랫동안 자동화의 위협을 받아온 직업도 있었다. 그러나 쉽게 대체되지 않을 것 같은 직업군에 대해서 이야기할 때면 항상 같은 말을 들을 수 있었다. 디자인, 코딩, 글쓰기와 같은 직종이었다. 하지만 생성형 AI의 등장으로 이 직업군들이 강한 압박을 받기 시작했다.

2022년, 오픈AI는 텍스트 설명만으로 이미지를 생성하는 AI 애플리케이션인 DALL-E를 출시했다. 결과물은 믿기 어려울 정도로 정교하고 세밀한 '사진'이었으며, 이는 큰 반향을 일으켰다. 사람들은 자신이 만든 이미지를 소셜 네트워크에 공유했고, AI가 예술 대회에 나가 수상하기 시작했다. 한때는 전문가와 개인의 재능이 필요했던 영역이 이제는 누구나 즐길 수 있는 분야로 변모한 것이다.

DALL-E는 '생성형 AI'의 대표적인 초기 사례 중 하나였다. 이 기술은 텍스트 프롬프트를 활용해 영상, 음악, 인테리어 디자인, 전체 웹사이트 등 다양한 결과물을 만들어낼 수 있다. 초기에는 복잡한 인터페이스와 고급 기술이 필요했지만, 곧 누구나 쉽게 사용할 수 있는 앱들이 등장하기 시작했다. 단순히 가입 후 원하는 내용을 입력하기만 하면 우리는 어느새 예술가가 될 수 있었다. 그러나 진정한 혁신은 아직 시작되지도 않은 상태였다.

11월 말, ChatGPT가 등장하자마자 단숨에 세간의 화제가 됐다. 출시 후 단 5일 만에 백만 명이 넘는 사람이 이를 경험했다. 비교해 보면, 스포티파이[Spotify]는 같은 목표에 도달하는 데 150일이 걸렸고, 인스타그램은 75일이 소요됐다. ChatGPT가 이처럼 빠르게 성공할 수 있었던 이유 중 하나는 단순한 인터페이스 덕분이었다. ChatGPT는 텍스트를 입력하면 마치 실제 사람처럼 답변을 제공했다. 이는 이전의 질문을 제대로 이해하지 못하는 구식 챗봇들과는 전혀 달랐다. 때로는 ChatGPT의 답변이 사람의 답변보다도 더 논리적이고 사려 깊었다. 이를 활용해 글을 쓰기 시작한 사람도 있었고, 어떤 이는 데이트 앱 틴더[Tinder]에서 쓸 매력적인 문구를 만드는 데 사용하기도 했다. 학생들은 곧바로 과제를 작성하는 데 활용했다.

그리고 나는? 이것이 모든 것을 변화시킬 것임을 직감하고, 인생에서 몇 번 오지 않는 특별한 순간을 만끽하고 있었다.

몇 주 만에 ChatGPT는 변호사 자격시험과 의사 면허시험을 통과했고, 과학자들은 ChatGPT를 공동 저자로 등재하기 시작했으며, 세일즈포스[SalesForce]의 공동 창립자인 마크 베니오프[Marc Benioff]는 이를 자신의 팀의 자문 위원으로 영입했다[3].

> **@Marc Benioff**
> @Benioff
>
> 방금 #ChatGPT를 세일즈포스의 경영진 팀으로 승진시켰다. 정말로 소중한 자산이다. 이렇게 효율적인 의사 결정을 내리고, 회의에 재미있게 참여하는 존재는 처음이다! #AI #미래의직장

물론 ChatGPT가 처음부터 완벽했던 것은 아니다. 생성된 텍스트는 다소 판에 박힌 듯 들리기도 했고, 최신 사건에 대해서는 전혀 인지하지 못했으며, 가끔은 아주 간단한 질문에도 엉뚱한 답을 내놨다. 또한 때때로 사실이 아닌 내용을 만들어 내기도 했지만, 그런 경우에도 자신만만하게 말하곤 했다. ChatGPT는 우리가 곧 일상적으로 사용하게 될 새로운 도구의 가능성을 보여줬다.

그 후 더 진보된 애플리케이션들이 잇따라 등장했다. You.com 검색 엔진은 최신 정보를 답변에 반영했고, Perplexity.ai는 답변에 상세한 출처를 첨부했다. 마이크로소프트는 빙^{Bing}을 출시해 두 가지 기능을 모두 제공하면서 추가적인 기능까지 더했다. 구글은 "총력전"을 외치며 자체 시스템인 바드^{Bard}를 내놨았고, 이후 이름을 제미나이^{Gemini}로 변경했다. 하지만 사람들의 관심을 진정으로 사로잡고 대중의 상상력을 자극한 최초의 진정한 지능형 도구는 바로 ChatGPT였다.

곧 AI 모델들이 여기저기서 쏟아져 나왔다. 메타는 오픈 소스 모델인 라마^{Llama}를 출시했고, 사람들은 이를 자신의 필요에 맞게 수정하기 시작했다. 앤스로픽^{Anthropic}은 대부분의 모델을 능가하는 고급 모델인 클로드^{Claude}를 선보였으며, 덕분에 나는 이 책 전체를 업로드하고 그와 대화도 나눌 수도 있었다. 이번에는 유럽도 뒤처지지 않았다. 프랑스 스타트업 미스트랄^{Mistral} 덕분이었다. 이 외에도 수많은 사례를 끝없이 나열할 수 있다.

이미 너무 많은 AI 모델이 존재한다고 생각한다면 허깅 페이스$^{Hugging\ Face}$ 플랫폼을 한번 살펴보라. 이곳에서는 방대한 AI 모델과 다양한 데이터 소스를 찾아볼 수 있다. 2024년 봄 기준으로 허깅 페이스에는 60만 개 이상의 모델이 등록돼 있으며, 2025년에는 200만 개를 돌파할 것으로 예상하고 있다. 200만 개라니! 이는 AI의 미래가 더 이상 기술 자체에 있지 않다는 것을 증명해 준다. 이제는 누구나 기술에 접근할 수 있는 시대가 됐다. 중요한 것은 우리가 그 기술을 어떻게 활용하느냐다.

바로 그 점에서 모든 애플리케이션과 이러한 모델을 기반으로 한 스마트 도구들이 중요한 역할을 하게 된다.

새로운 스마트 도구들

왜 내가 '새로운 스마트 도구'라는 용어를 사용했을까? 경우에 따라 전문가들은 이것을 AI, 머신러닝, 혹은 다른 종류의 신기술로 부르는 것이 맞는지 논쟁을 벌이기도 한다. 솔직히 말해, 우리 같은 일반 사용자들에게는 그런 논쟁이 전혀 중요하지 않다고 생각한다. 어떤 도구는 AI가 없어도 우리 업무를 충분히 대체할 수 있기 때문이다.

나는 다음과 같은 기준을 충족하는 애플리케이션들을 스마트 도구로 분류한다.

1. **사용이 쉬워야 한다**

   간단한 인터페이스를 갖추고 있어 어디를 클릭해야 할지 혹은 어떻게 탐색해야 할지 고민할 필요가 없어야 한다. 그렇다고 해서 학습이 전혀 필요 없는 것은 아니다. 여전히 학습 곡선이 존재하기 때문에 도구를 효과적으로 사용하는 방법을 배워야 한다. 투입한 노력에 따라 결과물의 품질이 달라지기 때문이다.

2. 시간을 대폭 절약해 준다

스마트 도구는 실제로 사용자를 대신해 작업을 수행한다. 일반적으로 사용자가 직접 해야 하는 작업을 처리해 주거나, 템플릿, 자동화, 애플리케이션 통합 등의 기능을 통해 시간을 절약할 수 있도록 돕는다.

3. 마치 마법 같다

아서 C. 클라크Arthur C. Clarke는 미래에 대한 자신의 저서에서 "충분히 발달한 기술은 마법과 구별할 수 없다"고 말한 바 있다. AI와 결합된 스마트 도구가 바로 그러한 예이다. 경험 많은 한 프로그래머에게 처음 ChatGPT를 보여줬을 때, 우리는 이것이 정말 AI인지 아닌지 몇 분간 논쟁을 벌였다. 하지만 몇 시간 후 그가 전화를 걸어 이렇게 말했다. "이건 내가 본 것 중 가장 놀라운 기술이야."

4. 본인이 부정행위를 하는 건 아닌지 걱정되는가?

한 고객은 AI를 사용해 코딩을 시작한 지 며칠 만에 "이건 내가 부정행위를 하고 있는 것 같아요"라고 고백했다. 비슷한 경험은 내가 진행한 워크숍에 참석했던 CNN 기자로부터도 들었다. 그는 내가 ChatGPT로 뉴스 기사 초안을 작성해 보라고 제안한 후 실제로 그렇게 해봤다. 우리는 AI를 사용할 때 부정행위를 하고 있는 듯한 기분이 들 수 있다. 그러나 이는 기술이 주는 편리함이자 우리가 기술에서 기대하는 바로 그 모습이 아닐까?

이 책에서 소개하는 디지털 도구는 소규모 사업가부터 대기업 직원까지 누구나 사용할 수 있다. 모든 부서, 분야, 직종의 사람들이 활용할 수 있는 도구인 것이다. 하지만 이러한 도구들을 경멸하거나 환상에 가득 찬 시선으로 바라보는 사람들은 중요한 점을 놓치고 있다. 이 도구는 여전히 그저 '도구'일 뿐이라는 점이다. 인터넷이나 컴퓨터처럼 말이다. 이 도구가 아무리 훌륭하더라도 그것 자체로는 중요하지 않다. 중요한 것은 우리의 창의력과 이러한 도구를 어디에, 어떻게 활용할지를 알아보는 능력이다.

이 도구들이 우리에게 어떤 방식으로 도움을 주는지에 따라 크게 세 가지 범주로 나눌 수 있다.

| 지식 AI
(Knowledge AI) | 생성형 AI
(Generative AI) | 코파일럿 & 에이전트
(Copilots & Agents) |

1. 지식 AI — 정보와 함께 작업하기

한 보험회사에서 처음으로 AI의 활용 방안에 대해 논의할 때 직원 한 명이 비꼬는 듯한 말투로 이렇게 말했다. "직장 내규 교육에는 아마 도움이 안 되겠죠?"

나는 즉시 그 말을 반박할 기회를 잡았다. 그건 전혀 문제가 되지 않을 것이다.

해당 규정 교육에 대한 녹음 파일이 이미 있다면 이를 손쉽게 텍스트로 전사할 수 있다. 그런 다음 관련 기사 링크를 추가하고 AI에게 교육 개요를 작성하게 하고, 텍스트, 프레젠테이션, 영상 강의 스크립트와 같은 학습자료를 준비하게 할 수 있다. 이후, 교육 내용 확인을 위한 퀴즈와 연습문제도 생성할 수 있다. 마지막으로, 이 모든 자료를 지식 베이스로 만들어 챗봇에 업로드하면 회사 내 모든 직원에게 도움이 되는 보조 도구로 활용할 수 있을 것이다.

교육을 준비하든, 가격 견적을 작성하든, 고객 문의를 분석하든, 이 모든 것은 결국 정보와 지식의 게임일 뿐이다.

우리는 거의 항상 정보와 씨름하고 있다. 머릿속에 떠오르는 아이디어, 동료에게 보내는 메시지, 회의에서 논의하는 모든 주제가 정보와 연관돼 있다. 새로운 스마트 도구들은 이러한 모든 과정을 지원할 수 있다. 이 도구들은 거대 언어 모델Large Language Models을 기반으로 구축됐기 때문이다. 그리고 이 모델은 개별 단어뿐만 아니라 그 이면의 추상적인 개념까지도 이해할 수 있다.

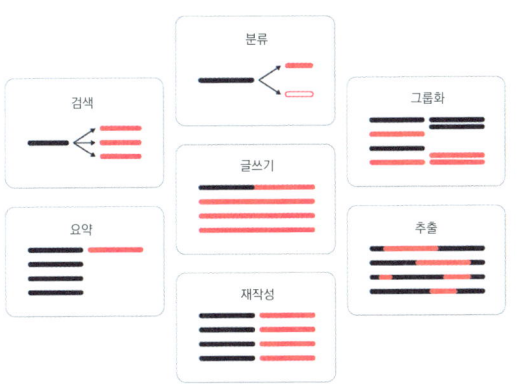

다음은 새로운 스마트 도구들이 도와줄 수 있는 몇 가지 작업 예시이다.

- 질문에 답하기
- 텍스트를 원하는 언어로 번역하기
- 텍스트를 간단히 줄이거나 초등학생도 이해할 수 있게 다시 작성하기
- 강연의 제목, 구조, 혹은 전체 원고를 작성하기
- 대화를 읽고 고객에게 보낼 적절한 답변 제안하기
- 제품 개요를 정리한 표를 만들고, 상세 설명 추가하기
- 회사 내부 문서에서 정보 찾아내기
- 내 아이디어에 반대되는 세 가지 강력한 논거 제시하기
- 데이터를 분석하고 핵심 인사이트를 담은 차트 생성하기
- 데이터를 기반으로 몇 가지 가설 제시하기

이러한 예시들은 단순해 보일 수 있지만, 이를 바탕으로 무수히 많은 방식으로 확장할 수 있다. 내가 이 책을 쓰기 시작했을 때, ChatGPT를 활용해 다양한 AI와 개인 생산성 관련 도서의 리뷰를 분석했다. 이 간단한 과정만으로도 잠재 독자들이 무엇을 선호하는지에 대한 귀중한 인사이트를 얻을 수 있었다. 예를 들어, 독자들은 영감을 주는 이야기와 일상에서 쉽게 접할 수 있는 구체적인 사례를 좋아하는 반면, 지나치게 기술적인 설명은 피해야 한다는 점을 알게 됐다. 연구를 진행하는 동안 유튜브에서 흥미로운 영상을 접할 때가 많았는데, 클릭 한 번만으로도 해당 영상의 요약[4]을 얻어 내가 필요로 하는 핵심 정보를 쉽게 추출할 수 있었다.

또한, 나는 다양한 AI 모델을 활용하고 결과를 비교할 수 있는 포Poe*에서 많은 시간을 보냈다. 주로 클로드와 제미나이 모델을 사용했으며, 텍스트를 다듬거나 특정 독자층에 맞춰 어조를 조정하는 등 복잡한 프롬프트를 사용했다. 겉으로 보기에는 간단해 보일지 모르지만, 실제로는 꽤나 어려운 작업이었다. 단순히 복사하고 붙여넣기만 한 것이 아니기 때문이다. 하지만 이러한 도구들이 없었다면 훨씬 더 많은 시간이 걸렸을 것이고, 결과물의 질도 훨씬 낮았을 것이다(물론 어디까지나 내 생각이다).

내가 왜 여러 도구를 사용하는지 궁금할지도 모른다. 그 이유는 각 모델이 서로 다른 영역에서 뛰어난 성능을 발휘하기 때문이다. 이는 마치 사람마다 다른 재능을 가지고 있는 것과 같다. 어떤 사람은 창의력이 뛰어나고, 어떤 사람은 분석 능력이 탁월한 것처럼 말이다. AI도 마찬가지다. 내 경우, 제미나이는 번역에 가장 적합했고, 클로드는 텍스트를 세밀하게 다듬는 데 효과적이었다. 그리고 분석 작업에는 역시 ChatGPT가 가장 뛰어났다.

---

* 포는 AI 챗봇 플랫폼이다. OpenAI의 GPT, 클로드 등 다양한 AI 모델과 대화를 할 수 있는 서비스로, 사용자들이 AI와 직접 소통하고 질문을 하거나 문제를 해결할 수 있도록 돕는다. 포는 코라(Quora)라는 유명한 Q&A 플랫폼에서 개발한 것으로, 다양한 AI 모델을 통합해 사용자들에게 제공하는 방식으로 운영된다. 포는 에드거 앨런 포(Edgar Allan Poe)의 성에서 따온 이름이다. - 옮긴이

이 경험을 통해 다시 한번 확인한 사실은, 조직이 AI를 최대한 효과적으로 활용하려면 단일 모델에 의존해서는 안 된다는 것이다. 각 모델의 역량, 속도, 출력 품질, 그리고 비용을 고려해 여러 모델을 병행해 사용하는 것이 바람직하다. 일부 대형 제공업체의 모델은 경쟁사 애플리케이션을 언급하는 것만으로도 커뮤니티 가이드라인을 위반한다고 판단해 답변을 거부하는 경우도 있어, 이러한 점 또한 고려해야 한다.

큰 변화를 겪고 있는 또 다른 영역은 바로 우리가 서로, 그리고 고객과 소통하는 방식이다. 예를 들어, 인터콤Intercom은 자사 고객 서비스 플랫폼에 AI를 통합해 다음과 같은 기능들을 제공한다.

- 고객과의 소통 내용을 팀에 공유할 때, 버튼 한 번으로 요약본을 생성해 팀원들이 전체 내용을 읽지 않아도 되도록 한다.
- 문의에 신속하게 답변하고 싶을 때, 몇 가지 핵심 요점만 입력하면 전체 메시지가 자동으로 작성된다.
- 지식 베이스에서 가장 관련성 높은 정보를 추출해 자동으로 답변을 생성한다.
- 후속 조치나 문제 해결 방법을 제안하고, 후속 질문에도 인간의 개입 없이 답변할 수 있다.

포나 ChatGPT와 같은 애플리케이션에서도 유사한 기능들을 찾아볼 수 있지만, 이러한 기능들은 이제 개별 부서를 위해 설계된 전문화된 도구들에서도 점점 더 많이 등장하고 있다. 예를 들어, 우리가 사용하는 CRM인 파이프드라이브Pipedrive도 이러한 기능을 활용하고 있다. 몇 가지 키워드만으로 맞춤형 이메일을 제안하고, 이메일 대화 내용을 요약하며, 심지어 우리 영업팀이 새로운 잠재 고객을 찾는 데 도움을 주기도 한다.

구매 부서부터 인사 부서까지 모든 부서를 위한 스마트 도구들을 나열할 수도 있다. 하지만 대부분의 사람에게 중요한 것은 AI가 그들이 일상적으로 사용하는 이메일[5], 폼[form 6], 문서[7], 프레젠테이션[8], 스프레드시트[9]와 같은 오피스 애플리케이션의 일부가 돼가고 있다는 점이다.

이제 스프레드시트에서도 AI를 수식의 일부로 사용할 수 있다. 이는 마치 기존의 스마트 기능을 더욱 강력하게 확장한 것과 같다. 예를 들어, 수백 명이 응답해야 하는 설문 조사를 만든다고 상상해 보자. 응답 내용을 카테고리로 분류하고 싶다면 처음 몇 줄을 수작업으로 분류한 뒤 AI에게 나머지 표를 동일한 방식으로 처리하도록 지시하면 된다. 또는 몇 줄이든 상관없이, 각 질문에 맞는 맞춤형 응답을 다음 열에 생성하도록 할 수도 있다. 과거에는 이러한 작업에 몇 시간씩 소요됐지만 이제는 몇 분 만에 끝낼 수 있다.

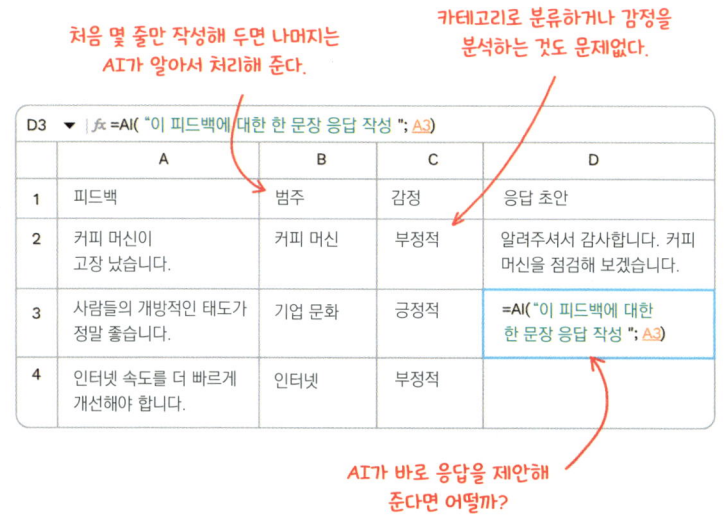

스마트 스프레드시트 덕분에 AI의 강력한 기능을 대규모로 활용할 수 있게 됐다.

2. 생성형 AI—콘텐츠 생성 및 분석

텍스트 프롬프트를 이미지로 변환하는 애플리케이션들은 많은 이에게 AI의 진정한 가능성을 보여주며 그 시야를 넓혀줬다. 오늘날 우리는 이미지뿐만 아니라 영상, 음악, 인테리어 디자인, 심지어 전체 곡까지도 만들어 낼 수 있다! 디지털 카메라가 전통적인 사진 촬영을 대체했던 것처럼, AI의 등장은 창의적인 사람들에게 더 강력한 도구를 제공해 더욱 매력적인 프로젝트를 가능하게 한다.

생성형 AI는 예술 분야에만 국한된 것이 아니다. 새로운 스마트 도구들은 비즈니스 프레젠테이션, 3D 프린터 모델, 현실적인 아바타가 등장하는 영상까지도 만들어낼 수 있다. 실제로 내가 직접 참석할 수 없거나 참석하고 싶지 않은 행사에서 나를 대신해 발표하는 아바타도 제작됐다.

이 도구들은 주로 프롬프트Prompt 10라고 불리는 텍스트 명령어를 입력받아 작동한다. 더 발전된 모델이 등장하면서, 이제 AI는 단순히 콘텐츠를 생성하는 것을 넘어 분석할 줄도 알게 됐다. 마치 AI가 눈과 귀를 갖추고, 그와 함께 수많은 능력을 겸비한 것처럼 보인다.

생성형 도구들의 가능성은 점점 더 넓어지고, 그 성능도 향상되고 있다. 이제 다양한 유형의 콘텐츠를 생성하고 분석할 수 있다.

- 이미지 및 사진 (텍스트 → 이미지)
- 3D 모델 및 애니메이션 (텍스트 → 3D)
- 음성 (텍스트 → 음성)
- 영상 (텍스트 → 영상)
- 음악 (텍스트 → 음악)
- 프레젠테이션 (텍스트 → 프레젠테이션)
- 웹사이트 (텍스트 → 웹)
- 인테리어 (텍스트 → 건축/인테리어)

콘텐츠 생성

프레젠테이션이나 인포그래픽을 위한 이미지 생성 외에도 내가 가장 많이 사용하는 것은 아마 영상 생성일 것이다. 나의 아바타를 활용해 행사 초대 영상을 제작하고, 링크드인LinkedIn이나 이메일로 새로운 연락처에 접근할 때 개인화된 영상을 보낸다. 심지어 짧은 온라인 강의도 촬영한다. 현재 우리는 헤이젠Heygen과 래스크Rask를 사용하고 있는데, 이 도구들은 계속해서 멋진 새로운 기능들을 추가하고 있어 다양한 시도를 해보는 것이 즐겁다.

래스크는 영상을 130개 언어로 더빙할 수 있으며, 나는 이를 TEDx나 TV에 출연했을 때 짧은 부분을 영어로 번역해 사용했다. 래스크는 심지어 입술의 움직임까지 실제로 말하는 것처럼 자연스럽게 만들어주기 때문에 번역됐다는 것을 거의 알아차릴 수 없다. 헤이젠에서는 '스트리밍 아바타' 기능을 실험하고 있는데, 이 기능을 통해 내 아바타와 실시간으로 상호작용도 할 수 있다. 내가 업로드한 지식 베이스(내 경우, 책과 강연 원고)를 바탕으로 사람들이 나와 대화하듯 관련 내용을 이야기할 수 있는 것이다.

이러한 애플리케이션들은 "웹사이트를 영상 광고로 변환"하는 등의 다양한 마케팅 기능도 제공한다. 웹사이트 주소만 입력하면 몇 분 안에 실제 사람이 해당 웹사이트에 대해 설명하는 영상을 생성할 수 있다. 예를 들어, 인플루언서가 당신의 서비스 경험을 이야기하는 영상을 만들 수 있는 것이다(물론, 이는 곧 우리가 인터넷에서 보는 거의 모든 것들을 신뢰할 수 없게 될 것이라는 의미이기도 하다).

콘텐츠 분석

기업들은 이미지[11] 분석을 활용해 회계 시스템에 자동으로 송장을 전사transcribe하고 있다. 한편, 공장에서는 오디오[12] 분석을 활용하고 있는데,

생산 기계에서 발생하는 이례적인 소음이 고장 징후를 나타낼 수 있기 때문이다. 영상[13] 분석 기술은 사진과 영상에서 사물을 감지할 수 있으며, 건설 및 산업 분야에서 사용되거나 시각장애인[14]들이 스마트폰 카메라를 통해 눈앞에서 벌어지는 일을 설명 듣도록 돕는 데 활용될 수 있다.

나는 이러한 기능을 학습 목적으로 많이 활용하고 있다. 멋진 트윗이나 프레젠테이션을 발견할 때마다 간단히 사진을 찍어 ChatGPT에 붙여 넣는다. 그러면 AI가 그 콘텐츠를 설명해 줘 내 메모에 저장할 수 있게 해 준다. 여기서 그치지 않고, 팀에 피드백을 주고 지시 사항을 전달하는 일도 간편하게 해준다. 이메일이나 초안의 스크린샷을 찍고, 빨간색으로 내 코멘트를 추가한다(아이패드에 손글씨로 적어도 상관없다). 그러면 AI가 이를 명확하고 실행 가능한 지시사항으로 변환해 준다. 내가 사용하는 프롬프트는 다음과 같다. "이 이미지를 분석하고 빨간색 코멘트를 바탕으로 맥락을 이해한 후, 지시된 내용을 수행하거나 텍스트 과제로 변환하라."

콘텐츠 향상

스마트 도구는 사진의 해상도[15]를 높이거나, 영상 통화[16]에서 더 매력적으로 보이게 하거나, 카페에서 녹음한 음성[17]도 마치 팟캐스트 스튜디오에서 녹음한 것처럼 들리도록 편집하는 등 거의 모든 기존 콘텐츠를 개선할 수도 있다.

새로운 스마트 도구는 이러한 모든 기능을 결합할 수 있다. 하나의 AI 도구에서 사람의 설명을 작성하고, 다른 도구에서는 그 사람 사진을 생성하며, 세 번째 도구에서 이를 애니메이션으로 만들 수 있다. 또는 이러한 도구들을 회사의 업무 프로세스에 통합할 수도 있다. 우리는 250명의 최고 경영진이 AI와 상호작용을 실험한 행사에서 이러한 방식을 실제로 사용했다.

전체 행사의 시작은 내가 알렸고, 팀원은 참가자들을 지원하는 역할을 맡았다. 불행히도 나는 도중에 떠나야 했지만, 우리는 행사 중에 통찰을 모아 자동으로 요약을 생성했고, 그 요약을 바탕으로 스크립트를 작성했다. 이후 내 아바타가 그 스크립트를 사용해 나 대신 폐회사를 진행했다. 그 당시 나는 전혀 다른 도시에 있었지만, 가상 무대에서 연설 중인 내 모습이 담긴 사진을 받았고, 그 사진에는 "당신은 지금 연설 중입니다"라는 자막이 달려 있었다.

누군가가 "좋은 생성형 AI가 무슨 도움이 되는지 잘 모르겠다"라고 말할 때, 나는 "오늘날 AI로 가능한 일이 무엇인지 전혀 몰라서 어떻게 활용할지 상상이 되지 않는다"라는 말로 들린다. 만약 누군가가 그 용도를 상상하지 못한다면, AI를 활용할 수 있는 가능성은 매우 광범위해서 아마도 그 기술을 제대로 이해하지 못한 것일 테고, 가능한 빨리 탐구를 시작해야 한다고 생각한다.

2024년에 인기 있는 AI 콘텐츠 제작 도구들

- **이미지 및 사진 생성**: Midjourney, DALL-E, Stable Diffusion
- **음성 생성**: PlayHT, ElevenLabs, Speechify
- **비디오 생성**: Heygen, Runway, Sora
- **음악 생성**: Suno, Udio, Aiva
- **프레젠테이션 제작**: Tome, BeautifulAI, Copilot
- **웹사이트 제작**: Framer, Wix, Relume
- **인테리어 및 외관 디자인**: InteriorAI, ReRoom

더 많은 옵션을 탐색하려면 이 책의 링크 페이지[18]를 확인하거나 Theresanaiforthat.com을 방문해 보라.

3. 코파일럿 & 에이전트

마블 코믹스Marvel Comics 팬들은 아마도 자비스J.A.R.V.I.S.19를 잘 알 것이다. 이는 괴짜 억만장자 토니 스타크Tony Stark, 즉 아이언맨Iron Man이 만든 인공지능이다. 자비스는 아이언맨이 복잡한 문제를 해결하고 스마트 슈트를 개선하는 아이디어를 떠올리는 데 도움을 준다. 아이언맨은 양손으로 이를 제어하지만, 결국 자비스는 단지 음성으로 작동하는 대화형 인터페이스일 뿐이다.

조만간 '매우 지능적인 시스템'이 당신을 도와줄 날도 머지않았다. 초기의 시리Siri나 알렉사Alexa에 대한 경험이 다소 엇갈린 사람들은 회의적일 수 있다. 그 마음을 이해한다. 하지만 명령을 이해할 수 있는 첫 번째 스마트 도구가 등장했을 때, 컴퓨터는 마침내 우리가 시키는 대로 실행하기 시작했다. 글자 그대로 말이다.

이 코파일럿과 에이전트를 실제로 언제 사용할까?

- 사무 작업: 사무 관련 업무 지원
- 프로그래밍: 코드 작성 지원
- 문서 작성: 문서나 계약서 초안 작성
- 일상적인 문의 및 브레인스토밍: ChatGPT, Gemini, 또는 Claude와 같은 도구의 일환
- 웹 브라우징: 웹 브라우저 확장 프로그램
- 기기 사용: 운영 체제의 일부
- 자동화 구축: 자동화 앱의 일부

깃허브GitHub 코파일럿Copilot과 리프릿Replit 고스트라이터Ghostwriter 등 프로그래머를 위한 도구들은 초기 가상 비서 중 하나였다. 이름에서 알 수 있듯이 이들은 실제로 코파일럿처럼 선장인 당신이 시키는 대로 작업을 수행한다. 한 문장으로 코드가 해야 할 일을 작성하면, 코파일럿이 그 코드

를 생성한다. 첫 연구[20] 결과에 따르면, 코파일럿을 사용하는 프로그래머는 생산성이 더 높아질 뿐만 아니라, 반복적인 작업을 하지 않아도 되기 때문에 더 큰 도전에 대응할 수 있는 두뇌 에너지가 남는다고 한다. 깃허브에 따르면, 일부 프로젝트에서는 코파일럿이 전체 코드의 절반까지 작성할 수 있다고 추정한다.

코파일럿은 사무용 앱에서도 등장하기 시작했으며, 회의록을 처리하거나, 일정 시간을 검색하거나, 이전에 많은 시간을 소모했던 다양한 활동을 지원한다. 마이크로소프트도 사무용 앱에 '코파일럿'이라는 이름을 사용했다. 첫 번째 영상 중 하나에서, 마이크로소프트 코파일럿이 한 번의 클릭으로 스프레드시트를 분석하고 데이터를 활용할 수 있는 방법에 관해 질문에 답하는 모습을 보여줬다. 내가 이 기능을 클라이언트들에게 보여줬을 때 영업 매니저는 자기 직원들이 이를 어떻게 활용할 수 있을지 상상하기 시작했다. "3개월 이상 방문하지 않은 고객 중에서 이런 종류의 제품을 구매했고, 작년에 100만 달러 이상의 매출을 올린 고객을 골라낼 수 있겠군요." 물론 AI 이전에도 이러한 분석이 가능했지만 모든 사람이 데이터를 다룰 줄 알아야 했다. 하지만 이렇게 간단해지면 이야기가 완전히 달라진다.

현재 코파일럿은 보조 역할을 하는 '보조자'에 불과하지만, 다음 세대의 가상 비서는 당신의 도움 없이도 당신의 지시만으로 독립적인 작업을 수행할 것이다. 이러한 비서를 에이전트라고 부른다. 이들은 컴퓨터 발명 이후 가장 큰 혁신이 될 수 있다. 투자자이자 뛰어난 작가인 에반 암스트롱Evan Armstrong은 그의 글[21] "AI 에이전트란 무엇인가? 그리고 누가 이를 통해 이익을 얻는가?"에서 에이전트를 이렇게 설명한다. "우리가 시작한 AI는 질문에 답을 제공하고, 새로운 결과물을 원할 때마다 새로운 프롬프트를 제공해야 했다. 하지만 에이전트 워크플로우workflow는 반복적인 루프 형태로, 작업의 각 단계를 수행할 때마다 인간의 개입 없이 여러 번 실행

될 수 있다. 에이전트 워크플로우가 강력한 이유는 작업을 완료하기 위한 여러 단계가 있고, 그 단계마다 성능을 최적화할 수 있기 때문이다."

AI 에이전트를 독립적인 작업자처럼 상상해 보라. 당신이 목표를 주면 AI 에이전트는 그 목표를 달성하기 위해 작업을 시작한다. 예를 들어, 마케팅 협업을 위해 흥미로운 스타트업을 찾는 AI 에이전트를 생각해 보자. 이 에이전트는 인터넷을 검색하고, 적합한 회사를 찾으면 해당 담당자를 찾아내 이 책을 콘텐츠 마케팅 전략의 일환으로 활용할 수 있는 방법에 대한 맞춤형 메시지를 보낸다.

에이전트는 다른 AI 도구들과 유사한 기술을 사용할 뿐만 아니라 정보를 검색하고, 다른 사람들과 소통하며, 학습하고, 스스로 끊임없이 개선할 수 있는 능력을 갖추고 있다. 그러나 이들이 더 이상 작업을 진행할 수 없는 지점에 도달하면 인간을 고용해 작업을 완료할지도 모른다. 이때는 회사의 내부 마켓플레이스에서, 프리랜서 고용 플랫폼에서, 또는 이를 위해 개발된 전문 도구(예: PaymentAI)에서 사람을 고용할 수 있을 것이다.

코파일럿과 에이전트는 개인에게만 유용한 것이 아니라 외부와의 소통에도 탁월하며, 정말 놀라운 일들을 할 수 있다. 예를 들어, 이들은 재료 구매 시 가격을 낮추기 위해 협상[22]하거나 세금 할인을 조정하고, 법적 문제를 해결할 수 있다. 최초의 로봇 변호사인 두낫페이DoNotPay처럼 말이다. 이 로봇은 고객을 대신해 전화 통신사와 요금을 협상하며, 복잡한 법적 상황도 처리할 수 있다. 결국 법정에서는 변호사를 완전히 대체하려는 시도까지 이뤄졌는데, 이때 인간은 AI가 제시한 의견을 전달하는 통역자 역할에 불과했다. 미국 변호사 협회가 이 일에 개입하기는 했지만, 이 글을 읽는 당신은 몇 년 전만 해도 상상할 수 없었던 또 다른 분야에서 AI가 승리한 미래를 목격하고 있을지도 모른다.

```
무엇을 도와드릴까요?

📅 @일론 머스크와의 회의를 예약해 주세요.
in 제프 베이조스에게 보낼 이메일 초안을 작성해 주세요.
✈️ 코펜하겐으로 가는 항공편을 예약해 주세요.
👤 리처드 브랜슨을 CRM에 새로운 연락처로 추가해 주세요.
```

이것이 미래의 업무 모습이다. 코파일럿은 우리가 말하는 대로 일을 처리하는 것이다.

가상 동료로서의 AI

이 책의 대부분은 카나리아 제도Canary Islands의 라스팔마스Las Palmas에서 썼다. 나는 따뜻한 날씨를 즐기고, 서핑을 하며, 몇 주 동안 방해받지 않고 일하고 싶었다. 이곳은 디지털 노마드nomad들에게 인기 있는 목적지였기 때문에, 생각을 정리하고 사람들의 반응을 보기 위해 적어도 한 번의 모임을 열어야겠다고 생각했다. 그래서 동료에게 적합한 장소 목록을 요청하는 이메일을 작성하기 시작했고, 그들과 협업할 것을 제안했다. 또한 이 과정을 문서화해 두길 원했는데, 앞으로 있을 모든 "워케이션 workation"(일과 휴가를 겸한 여행)에서 이 과정을 반복하고 싶었기 때문이다.

그러나 이메일을 보내기 직전에 멈췄다. 왜냐하면 새로운 스마트 도구들이 나 대신 이 일을 처리할 수 있다는 것을 깨달았기 때문이다. 이후 몇 분 만에 공동 작업 공간 목록이 담긴 스프레드시트와 인사말이 포함된 이메일 초안이 준비됐고, 이를 실제 이메일에 복사해 넣었다. 물론 각 사람의 이름을 자연스럽게 포함시켰다. 그리고 마지막으로 AI에게 이 모든 과정을 다음번에 사용할 수 있도록 체크리스트로 문서화해달라고 요청했다.

도구들을 가상의 동료로 보기 시작하면 정말로 유능한 팀을 갖추고 있다는 것을 깨닫게 된다.

- 비서: 라스팔마스의 공동 작업 공간 목록을 찾아라.
- 마케터: 이들에게 어떻게 접근할지 생각해 내라.
- 카피라이터: 멋진 이메일을 작성해라.
- 그래픽 디자이너: 초대장 디자인을 만들어라.
- 영업사원: 각 연락처에 맞춤형 이메일을 보내라.
- 운영 관리자: 이 과정을 시스템으로 만들어 다음번에 사용할 수 있게 해라.

이들을 알아가라. 이들이 바로 당신의 새로운 동료들이다. 24시간 365일 동안 언제든지 당신을 도울 수 있으며, 당신이 다른 일을 하고 있을 때에도 일을 처리해 준다. 인간 동료나 공급업체와는 달리 이들은 당신이 같은 일을 반복해서 요청해도 짜증 내지 않으며, 즉시 그 결과를 확인할 수 있게 한다.

가상 동료를 100% 활용하기 시작하면, 당신은 자신이 정말로 즐기고 하고 싶은 일에 시간을 쓸 수 있다. 나 같은 경우에는 그저 모임에 참석해 즐기는 것만으로 충분했다.

당신의 가상 팀은 준비됐는가?

내가 코파일럿과 에이전트를 활용하기 시작했을 때(이 책에서 그들을 어떻게 만드는지 배우게 될 것이다) 미래의 모습은 더 명확해졌다. 모든 사람은 자신의 필요에 맞는 가상 동료 팀을 만들게 될 것이다. 그리고 당신은 그들에게 정확히 무엇을 달성해야 하는지, 어떻게 행동해야 하는지를 지시할 것이다. 이때 목표, 업무, 그리고 작업 방식을 구체적으로 설명할수록 더 좋은 결과를 얻게 될 것이다. 물론, 이들을 훈련시키는 것도 잊지 말아야 한다. 여러 가상 동료를 만들면 이들은 서로 협력하고, 작업을 검토하며, 결과물을 개선하기 시작할 것이다. 참고로, 이미 순수하게 가상 동료를 제공하는 첫 번째 플랫폼들[23]이 등장했다.

이것이 바로 미래의 가상 "팀"의 모습이다. 그리고 당신은 몇 명이 아니라,
수백 명에서 수천 명에 이르는 가상 팀원을 가질 수 있을 것이다.

뭔가 떠오르지 않는가? 그렇다. 이것은 이미 오늘날 팀들이 일하는 방식과 크게 다르지 않다. 실제로 가상 팀의 행동 방식은 실제 팀과 크게 다르지 않을 것이다. 당신의 역할은 그들과 함께 무엇을 할지 결정하고, 어떻게 지속적으로 그들을 개선할지 찾는 것이다.

엔비디아[Nvidia]의 공동 창립자이자 CEO인 젠슨 황[Jensen Huang]은 GPU 산업에 혁신을 일으키고 회사를 AI 개발의 선두에 세운 인물이다. 그는 인공지능을 특정 기술이 없는 지능으로 설명[24]한다. 마치 모든 책을 읽었지만 실질적인 기술은 없는 똑똑한 졸업생들 말이다. 그러나 이들을 훈련시켜 필요한 기술을 습득하게 하면 그들은 우리를 위해 일하거나 우리 대신 일할 수 있게 된다. 예를 들어 그들에게 자동차 운전을 가르치면 자율주행차가 생기고, 고객 응대 방법을 가르치면 고객 서비스가 되는 것이다. 점점 더 새로운 도구가 발견되면서 AI에게 유용한 기술을 더 많이 부여하고 있고, 가상 동료라는 개념은 완전히 새로운 차원으로 발전하고 있다.

젠슨 황은 한 인터뷰에서 창^{Chang} 박사라는 과학자의 이야기를 공유했다. 창 박사의 아들은 전통적인 슈퍼컴퓨터 대신 기성 그래픽 카드와 인공지능을 사용해 계산할 수 있음을 보여줬는데, 놀랍게도 그 계산 속도는 더 빨랐다. 마치 최고의 연산 장비를 갖춘 여러 명의 실험실 기술자를 자신의 손에 둔 것 같았다. 창 박사는 이렇게 감사를 전했다. "황 선생님, 당신 덕분에 제 평생의 연구를 제 생애에 끝낼 수 있게 됐습니다."

도처에서 목격되는 혁신

보다시피 새로운 스마트 도구는 단지 비즈니스만을 돕는 것이 아니다. 이 도구는 과학 연구를 가속화하고, 장애인의 삶을 개선하며, 의사가 엑스선 X-ray[25]을 분석하고 생명을 구하는 데도 도움을 줄 수 있다.

나는 이러한 혁신들을 직접 목격할 수 있는 드문 기회를 가졌다. 비영리 단체의 디지털 전환을 돕는 협회의 운영위원[26]으로서, 비영리 단체가 기술의 도움으로 위대한 성과를 이루는 많은 사례를 봐왔다. 이때 재정적 제약이나 역량의 한계는 새로운 방식으로 업무를 처리할 방법을 찾도록 우리를 이끄는 동력이 된다.

이것이 바로 독립적인 전문가, 기업, 학교, 연구 기관, 정부 직원 등 모두에게 중요한 주제가 되는 이유 중 하나이다. 비록 이 도구는 아직 완벽하지는 않지만, 그 결점에만 집착하는 것은 근시안적인 생각이다. 수백만 명의 사람이 매일 이 도구를 완벽하게 만들기 위해 노력하고 있다.

내 고객 중 한 명은 이를 더 직설적으로 표현했다. "이 도구들을 뒷전으로 미루면 나도 결국 뒤처지게 될 겁니다."

핵심 요약

1. 새로운 AI 기반의 스마트 도구는 사용이 쉽고, 상당한 시간을 절약해 주며, 놀라울 정도로 마법 같은 결과를 만들어낼 수 있다. AI 도구는 크게 세 가지 주요 범주로 나뉜다.
   - 정보 작업을 위한 지식 AI
   - 콘텐츠 생성 및 분석을 위한 생성형 AI
   - 디지털 작업을 완수하도록 도와주는 코파일럿과 에이전트
2. 지식 AI는 언어 혹은 글쓰기, 분석, 연구, 소통과 같은 정보와 관련된 작업에서 뛰어난 성능을 발휘한다. 우리는 다양한 AI 챗봇들이 존재하지만 모델마다 각기 다른 강점을 가지고 있다는 점을 기억해야 한다. 따라서 사용 목적에 가장 적합한 모델을 찾기 위해 여러 도구를 사용해 보는 것이 중요하다.
3. 생성형 AI는 텍스트 프롬프트를 통해 이미지, 비디오, 오디오, 인테리어 디자인, 3D 모델 등 모든 종류의 콘텐츠를 생성할 수 있다. 뿐만 아니라, 모든 종류의 디지털 콘텐츠를 개선하고 분석하는 기능도 가지고 있다.
4. 코파일럿과 에이전트는 가상 비서와 같아서 우리의 지시에 따라 작업을 완료하거나 자율적으로 일할 수 있다. 우리는 자신의 가상 동료 또는 전체 가상 팀을 만들어 우리의 역량을 강화할 수 있다.
5. AI는 사람들이 매일 사용하는 소프트웨어에 통합되고 있으며, 비즈니스, 과학, 의학 등 다양한 분야에서 혁신을 가속화하고 있다. 그렇기 때문에 개인과 조직 모두 AI를 가능한 한 빨리 도입하는 것에 집중해야 한다.

실천 과제

1. 다양한 시나리오와 도구를 실험해 보라. 동일한 작업을 여러 AI 애플리케이션에 맡겨보고, 어떤 도구가 가장 좋은 결과를 제공하는지 확인하라.
2. AI 코파일럿을 사용할 수 있다면, 다양한 작업에 적극 활용해 그 강점을 평가하고 한계를 파악해라. 그리고 그 결과를 동료들과 공유하라.
3. AI 에이전트를 위한 몇 가지 플랫폼을 탐색하고 그들이 어떻게 프롬프트를 통해 지시를 받는지 확인해라. 이는 직접 시도해 보거나, 자신의 AI에 프롬프트를 입력하는 방법에 대한 영감을 얻는 데 활용할 수 있다.

3. 목적지: 노 워크*

아버지[1]**는 참으로 훌륭하신 분이다. 나는 항상 그의 사랑이 넘치는 성격과 남을 돕고자 하는 열정을 존경해 왔다. 그러나 그 무엇보다도 그의 노동 윤리가 가장 존경스러웠다. 아버지는 고등학교 때 화학 공장에서 일을 시작했고, 대학에 다니면서도 그 일을 계속했으며, 말단 직원에서 시작해 재무 이사 자리까지 올랐다. 그리고 그 회사에서 무려 50년 동안 근무했다. 하지만 그가 일에 대해 갖고 있는 태도에서 내가 진짜 감탄하는 건 따로 있다.

우리 부모님은 주말마다 여름 별장에서 시간을 보내신다. 그곳에 도착하자마자 아버지는 작업복을 입고 다양한 프로젝트에 몰두하시며, 집으로 돌아갈 시간이 될 때까지 쉬지 않고 바쁘게 지내신다. 예전에 우리 형제도 종종 이 일에 참여해야 했고, 상상할 수 있듯이 우리는 그다지 신나지 않았다. 하지만 아버지는 달랐다. 그는 손에 흙을 묻히며 일할 기회를 너무나 좋아해서 이를 일로 여기지도 않으셨다.

내가 하는 일에 있어서 나도 마찬가지다. 아버지와 난 단지 다른 종류의 작업을 할 뿐이다. 프레젠테이션을 준비하거나, 새로운 서비스를 구상하거나, 고객들과 대화를 나눌 때 '이게 일인가?' 생각해 본다. 분명 그렇다. 하지만 일처럼 느껴지는가? 전혀 그렇지 않다.

그렇다면 질문은 이것이다. 왜 일을 하고 있는가? 주택 담보 대출을 갚기 위해서인가? 아니면 더 큰 꿈을 이루기 위해 많은 돈을 버는 것인가? 자신의 소명을 찾고 주변 세상을 개선하기 위해서인가? 어떤 일이든 간에,

---

* 책에서 노 워크는 단순히 무노동 이상의 개념으로 사용된다. 따라서 무노동 등의 일반적 용어로 대체하지 않고, 원문 그대로 노 워크라고 번역한다. – 옮긴이

** 아버지, 어머니 두 분 다 존경하고 사랑한다.

당신은 아마도 자신에게 진정으로 동기 부여되지 않는 전혀 상관없는 일에 많은 시간을 보내고 있을 것이다. 사람들에게 이상적인 직업이 무엇일지 상상해 보라고 물으면, 끝없는 회의나 의미 없는 보고서, 이메일 정리에 시간을 쓴다는 말을 하는 사람은 없다. 교사는 학생 교육에 집중하고 싶고, 인사 관리자는 인재를 개발하는 데 집중하고 싶어 한다. 그럼에도 불구하고 사람들은 거의 절반의 업무 시간을 좋아하지 않는 일에 소비하며, 가치가 없거나 의미가 없는 일에 시간을 낭비하고 있다.

물론 이런 일들을 완전히 없애는 것은 불가능할지 모르지만, 그렇다고 많은 시간을 할애할 필요는 없다. 이러한 작업들이 우리의 시간, 에너지, 그리고 일에서 느끼는 즐거움을 빼앗기 때문이다. 이런 일들 때문에 우리는 더 중요한 것들, 즉 어떻게 더 효율적으로 일할지, 어떻게 더 적은 노력으로 더 큰 가치를 창출할 수 있을지 생각할 기회를 잃게 된다. 노 워크는 바로 그런 중요한 것들을 다시 찾기 위해 있다.

'자본주의'라는 용어는 '노동'에서 비롯된 것이 아니다.

내 멘토 중 한 명은 "자본주의라는 단어의 뿌리는 '일'이 아니다"라는 말을 자주 했다. 그러나 우리는 때때로 너무 피곤해서 이 사실을 잊어버리곤 한다. 하지만 나는 우리의 일정이 점점 더 바빠질수록 잠시 멈추고 스스로에게 "무엇을 바꿔야 할까?"라는 질문을 던지는 것이 중요하다고 생각한다.

인공지능은 우리가 하는 일의 본질로 돌아갈 기회를 제공한다. 그리고 무엇을, 어떻게, 그리고 무엇보다도 왜 그 일을 하는지 다시 생각해 볼 수 있게 한다. 인공지능은 새로운 스마트 도구를 사용함으로써, 더 이상 그 일이 일처럼 느껴지지 않게 하면서 우리가 하는 일의 의미를 재발견할 수 있는 기회를 제공하는 것이다.

모두를 위한 새로운 기회

아버지께서 한 남자에 대해 이야기해 주셨는데, 그는 사람들에게 일주일에 단 4시간만 일하는 방법을 조언했다고 하셨다. 그때 나는 팀 페리스 Tim Ferriss와 그의 책 『나는 4시간만 일한다 4HWW, The 4-Hour Workweek』(다른상상, 2017)를 알게 됐다. 많은 사람은 이 책을 일주일에 반나절만 일하는 방법에 대해 서술한 것이라고 생각하지만, 사실 이 책은 매시간에 최대한의 가치를 창출하는 방법에 관해 말한다. 그래서 나도 바로 이 방법에 집중하기 시작했다. 가상 비서를 활용하고, 프리랜서 포털에서 서비스를 구매하며, 거의 모든 작업에 디지털 해킹을 도입했다.

여러 면에서 이 책은 팀 페리스의 아이디어를 기반으로 하고 있다. 부분적으로는 돈을 위해 시간을 교환하는 대신 우리가 창출하는 가치를 우선시하는 점에서 그렇고, 현대 기술이 제공하는 기회를 나열하는 데서도 그렇다. '주 4시간 근무'가 쓰여진 이후 수년이 지난 지금 이러한 기술들은 훨씬 더 매력적이게 됐다. 하지만 페리스와는 달리 나는 기업 세계를 떠나 급격하게 인생을 바꾸고자 하는 사람들에 초점을 맞추고 싶지 않다. 오히려 그 반대다.

그 이유는 자신의 일을 진심으로 사랑하는 사람들에게도 새로운 기회가 열리고 있기 때문이다. 그들이 자영업자이든 직원이든 상관없다. 어디에서나 일할 수 있는 선택지는 그들에게 훨씬 더 많은 자유를 제공하며, 직업과 개인의 필요를 조화롭게 한다. 친구들이 스키 여행이나 자전거 여행에서 보내는 유혹적인 메시지를 받으면서 하루 종일 사무실에 앉아 있을 필요가 없는 것이다.

지금 더 큰 일을 하고자 하는 야망이 있는 사람에겐 믿을 수 없는 기회들이 열리고 있다. 이것이 아마도 내 동료 대부분이 적어도 하나의 부 프로젝트를 가지고 있는 이유일 것이다. 어떤 이들은 추가 수입을 얻기 위해, 어떤 이들은 자신의 일을 더 흥미롭게 만들기 위해, 그리고 어떤 이들은 자신만의 사업을 꿈꾸기 위해 부 프로젝트를 진행하고 있다. 노 워크의 세계는 바로 이런 모든 것들을 위해 존재한다.

일하라, 그러나 더 나은 방식으로

노 워크는 AI가 결국 많은 사람을 일자리에서 벗어나게 만들 것이라고 가정한다. 하지만 반대로 많은 사람에게는 AI가 오히려 업무 부담을 더 할 수도 있다. 어찌 됐건 두 경우 모두 우리의 일하는 방식에 큰 변화를 가져올 것이다. 나는 우리가 이 변화를 어떻게 활용해 주된 목표에 도달할 수 있을지 보여주려고 한다. 나는 우리가 하고 싶은 일을 더 많이 하고, AI 스마트 도구들이 대신할 수 있는 작업에는 더 적은 시간을 들이길 바란다.

노 워크란:

1. 내가 즐겁고 보람 있는 일을 하고 있을 때.
2. 기술이 나를 대신해 일할 때.
3. 내가 의도적으로 일을 하지 않고 있을 때.

1. 내가 즐겁고 보람 있는 일을 하고 있을 때

내 디지털 아바타들이 작업을 시작하자마자 특별한 일이 일어나기 시작했다. 사람들은 그들에게 답하는 것이 나인지, 아니면 내 디지털 쌍둥이인지 물었고, 앞으로 나를 '실시간'으로 다시 볼 수 있을지 궁금해했다. 심지어 테드TEDx2 강연 초대도 받았는데, 주최 측은 내게 아바타를 대신 보내도 된다고 말했다. 하지만 나는 컨퍼런스에서 직접 이야기하는 것을 좋아하기 때문에 그런 자리에서는 직접 나서고 싶다. 이것이 바로 내가 생각하는 노 워크의 한 예이다.

청중 앞에서 매력적으로 말할 수 있는 능력은 AI 시대에도 여전히 높은 가치를 지닐 것이다. 오히려 인공지능 덕분에 그 가치가 더욱 커질지도 모른다. 사람들은 때때로 AI로부터 벗어나고 싶어 할 것이다. 이것 또한 우리가 어떤 기술을 개발해야 할지 생각할 때 포함돼야 한다. 이 부분은 나중에 더 다루도록 하겠다.

당신의 일정이나 완료된 작업을 살펴보며 노 워크를 한번 시도해 보자. 어떤 활동이 당신에게 에너지를 줬는가? 어떤 활동이 당신을 지치게 했는가? 생산성, 비즈니스, 결과에 대해 이야기하는 것도 중요하지만, 우리가 하는 일을 즐기는 것이 적어도 그만큼 중요하지 않은가? 아니, *사실 가장 중요한 것 아닐까?*

일을 즐기면 작은 기적들이 일어난다. 더 빨리 배우고, 더 많은 일을 해내며, 일에 몰입해 주변 세상을 잊게 되는 흐름 속으로 빠져든다. 또한 뇌가 최대한으로 활성화되며, 훨씬 더 큰 도전 과제들을 감당할 수 있게 된다. 그리고 자신의 재능, 지식, 기술을 적용하는 과정을 즐기게 된다.

물론 일이 얼마나 즐거운지와 그로 인해 창출되는 가치 사이에는 직접적인 연관이 없을 수도 있다. 하지만 결과를 얻는 것에만 집중하면서 우리를 진정으로 충족시키는 일을 하지 않기엔 인생이 너무 짧다. 이상적으로는 이 두 가지를 결합해 심지어 휴일에도 다시 일하러 가는 것을 기대할 수 있는 상태를 목표로 해야 한다.

2. 기술이 나를 대신해 일할 때

나는 경력 내내 인간의 노동을 기술로 대체하는 것에 큰 관심을 가져 왔다. 그리고 점점 도구 자체가 덜 중요해지고 있다는 확신을 가지게 됐다. 훨씬 더 중요한 것은 우리가 일하는 방식이다. 왜 내가 서비스를 설명하는 데 계속 시간을 낭비해야 할까? 짧은 영상을 만들어 반복해서 사용할 수 있는데 말이다. 왜 같은 텍스트를 반복해서 작성해야 할까? 키보드 단축키를 설정해 대신 작성하게 할 수 있는데 말이다.

나는 휴대폰에서 작은 트릭 몇 가지를 사용하는 것으로 시작해, 단순한 작업에서 복잡한 프로세스에 이르기까지 내가 하는 모든 일을 컴퓨터상에서 자동화해 끝낸다. 오늘날 소프트웨어[3]는 예전에는 몇 시간이 걸렸을 작업을 단 몇 초 만에 처리할 수 있다. 하지만 이러한 소프트웨어의 능력조차도 AI가 할 수 있는 일에 비하면 아무것도 아니다.

한 고객이 독일어를 사용하는 고객들을 위한 회의에서 연설을 요청했을 때, 시간이 부족해 거절할 수밖에 없었다. 대신 나는 처음으로 아바타를 시험해 보기로 결정했다. 이후 몇 가지 아이디어를 녹음한 후, AI가 녹음 내용을 스크립트로 변환하고 독일어로 번역하게 했다. 그런 다음 변환된 스크립트를 영상 제작 도구[4]에 복사했다. 이 모든 작업이 불과 몇 분 만에 끝났다.

하지만 여기서 끝나지 않는다. AI는 당신이 명시적으로 지시한 것 이상의 일을 할 수 있기 때문이다. 다음 장에서 보게 되겠지만, AI는 가상 동료를 만들어 서로 소통하고, 학습하며, 당신이 집중해야 할 일을 제안할 수 있다. 이 시점에서 당신의 역할은 그들과 함께 무엇을 할지 결정하는 것이다.

3. 내가 의도적으로 일을 하지 않고 있을 때

노 워크의 마지막 중요 요소는 어디에 집중할지 결정하는 것이다. 우리는 모두 한정된 시간과 에너지를 가지고 있으며, 단순히 올바른 도구를 사용하고 있는지 뿐만 아니라, 올바른 일에 집중하고 있는지도 스스로 고려해야 한다.

이것은 작업의 우선순위를 정하는 것만을 얘기하는 것이 아니다. 불필요한 것들을 제거하고, 일을 단순화하며, 전체적으로 일하는 방식을 바꾸는 것에 관한 이야기다. 내가 이 책에서 제안하는 접근 방식은 세 가지 아이디어에 기반을 두고 있다.

A. 그저 일하기 위해 출근하는 것이 아니라 '어떻게 일할지'를 생각하며 일해야 한다. 즉, 당신을 위해 일하는 시스템을 구축해야 한다.
B. 작업마다 같은 효과를 내지는 않는다. 예를 들어, 프레젠테이션을 만들어야 한다고 상상해 보자. 프레젠테이션 준비에 한 시간을 투자하는 것보다 앞으로 모든 프레젠테이션을 더 빠르게 준비할 수 있도록 템플릿을 준비하는 데 한 시간을 투자하는 것은 같은 시간 동안 훨씬 더 큰 효과를 낼 수 있다.
C. 모든 것이 완벽할 필요는 없다. 우리 각자는 최고의 품질을 추구해야 하고, "충분히 괜찮다"라고 만족할 수 있는 법을 배워야 한다. 그렇지 않으면 잘못된 곳에 에너지를 낭비하게 된다.

AI 붐은 "의도적인 불완전함"을 받아들일 필요성을 동반한다. 이는 단지 AI의 결과물이 불완전할 수 있기 때문만은 아니다. 세부 사항을 다듬느라 몇 시간을 더 쏟을 것인가, 아니면 지금 얻은 결과에 만족할 것인가? 우리는 이미 이 딜레마를 다른 곳에서도 겪어왔다. 명절을 맞아 집을 완벽하게 청소할 것인가, 아니면 조금은 유쾌한 혼란 속에서 축제 분위기를 즐길 것인가? 많은 경우, 결과가 "충분히 괜찮다"고 여겨질 때는 그대로 사용할 수 있다. 그러나 우리 내면의 완벽주의자는 조금만 더 다듬어야 한다고 계속 설득한다.

그렇기에 우리는 다양한 종류의 일에 대해 생각해 볼 필요가 있다. 직접 하고 싶은 일, 지금은 우리가 하고 있지만 기술을 통해 더 쉽게 만들 수 있는 일, 그리고 완전히 AI에게 맡길 수 있는 일을.

일부 사람들은
AI가 우리의 일자리를 빼앗을까 걱정한다.

나는 이렇게 말하고 싶다. 이제 그럴 때가 됐다.

핵심 요약

1. 너무 많은 사람이 진정한 열정이나 삶의 의미와 맞지 않는 일에 소중한 시간을 낭비하고 있다. 이렇게 제한된 시간과 에너지를 낭비하는 데 드는 비용은 너무나 크다.
2. AI는 도구에 관한 것이 아니라 "변화"에 관한 것이다. 이는 우리가 왜 일하는지에 대한 본질로 돌아가 진정으로 중요한 일에 다시 집중할 수 있는 기회를 준다.
3. 이 책은 시간을 돈과 맞바꾸는 것보다 "가치 창출을 우선시하는" 아이디어에 기반을 두고 있으며, 기술 발전이 이를 가능하게 한다. 단순히 기업 생활을 벗어나거나 기적적인 해결책을 찾는 것보다 자신의 경력에 열정을 가진 사람들에게 기회를 강조한다.
4. 노 워크는 일을 하지 않는다는 의미가 아니다. 이 개념은 다음을 의미한다.
   - 즐겁고 보람 있는 일을 하며, 일이 전혀 일처럼 느껴지지 않는 것.
   - 기술이 우리를 대신해 처리하는 일.
   - 우리가 의도적으로 하지 않기로 결정한 일.
5. 노 워크는 시간과 에너지를 "의식적으로 선택"하는 것이다. 나를 위해 작동하는 시스템을 설계하고, "높은 영향력을 가진 작업에 집중"하며, 불가능한 완벽함을 추구하기보다 "충분히 괜찮다"는 자유를 받아들이는 것이다.

실천 과제

1. 이미 노 워크의 개념을 일부 실천하고 있든, 이제 막 꿈꾸기 시작했든, 이 개념이 당신에게 어떤 의미일지 생각해 보라.

2. 자신의 업무, 프로젝트, 그리고 함께 일한 사람들의 목록을 작성한 후, 이를 긍정과 부정으로 나눠 보라. 어떤 작업이 당신에게 에너지를 주고, 어떤 작업이 당신을 지치게 하는가? 이는 당신의 초점과 목표를 명확히 하는 데 도움이 될 것이다.

3. 해야 할 일을 목록에 나열하는 것만큼이나 "무엇을 하지 않을지" 생각하고, "완벽하지 않아도 괜찮다는 허락"을 자신에게 주는 것이 중요하다. 작은 일부터 시작해 보라. AI가 작성한 이메일을 깊이 고민하지 말고 발송해 보라. 회의를 취소해 시간을 확보하라. 혹은 중요하지 않은 몇 가지 작업을 목록에서 지워보라.

II.

새로운 사고방식

기회를 포착하고 잡는 방법

4. 기회가 넘치는 세상

역사학자 유발 하라리Yuval Noah Harari는 2017년에 인공지능과 관련된 혁명이 '무용 계층useless class'을 형성할 것이라고 경고한 바 있다. 이는 사회에서 의미 있는 역할을 수행하지 못하는 계층을 의미하며, 이들은 단순히 실업 상태일 뿐만 아니라 고용 가능성조차 없는unemployable 사람들이다. 하라리의 주장에 따르면 인공지능은 대부분의 활동을 인간보다 더 빠르고, 저렴하며, 심지어 더 우수하게 처리할 것이다. 이 개념은 무용한 제품 및 서비스로도 확장될 수 있다. 예를 들어, 녹음에서 소음을 제거하는 애플리케이션[1]은 어느 정도 전문 마이크를 대체할 수 있으며, 비디오 아바타를 생성하는 도구[2]는 방송 스튜디오에 불안을 야기할 수 있다. 서비스 부문에서는 이러한 경향이 더욱 두드러지며, 이 책도 소규모 팀이나 단독 작업자가 수십 명의 작업을 수행할 수 있는 방법에 대해 다루고 있다. 그렇다면 이러한 사람들은 앞으로 무엇을 하게 될 것인가?

기술 채택에 관한 오랜 역사를 살펴보면 답은 낙관적이다. 인류 사회는 항상 새로운 기술에 적응해 왔으며, 이러한 혁신적 기술은 결국 대체된 일자리보다 훨씬 더 많은 일자리를 창출해 왔다. 여러 베스트셀러의 저자이자 기업가인 스콧 갤러웨이Scott Galloway는 자동차의 사례를 통해 이를 설명한다[3]. 그는 "하나의 기술, 예를 들어 자동차가 도입되면 기존의 산업, 즉 말과 마차 산업이 하룻밤 사이에 무의미해진다. 단기적으로는 몇 마리의 말이 직업을 잃게 될지를 우려하게 된다. 그러나 더 어려운 것은 자동차가 얼마나 많은 일자리를 창출할 것인지, 그리고 얼마나 다양한 종류의 일자리를 만들 것인지를 상상하는 것이다. 라디오, 방향지시등, 모션 센서, 열선 시트는 물론, 나스카NASCAR*, 이탈리안 잡The Italian Job**, 그리고 드라이브스루 창문을 상상하기란 쉽지 않다. 즉, 혁신적인 기술은 우리가 필요하다고 생각지도 못했던 것들에 대한 수요를 창출하게 된다"고 설명한다.

경제학자 노아 스미스는 한 발 더 나아가[4] 새로운 기술 없이는 경쟁력을 유지할 수 없다는 점을 상기시켰다. 우리가 기술 개발에 투자하지 않더라도 다른 국가들은 계속해서 이를 발전시킬 것이라는 것이다. 스미스에 따르면 자동화로 인해 사라질 일자리를 예측하는 연구들은 대부분 무의미한데, 이는 이러한 연구들이 개별 작업 단계를 분석하는 데 그치며 실제로 업무 자체가 어떻게 변화하고 있는지, 그리고 사람들이 불필요한 작업이나 기존 기술로 쉽게 처리할 수 있는 일을 더 이상 하지 않아도 될 때 무엇을 할 수 있을지에 대해서는 다루지 않기 때문이다.

여기서 1인당 로봇 보유 비율이 가장 높은 국가들, 예를 들어 대한민국과 싱가포르가 높은 실업률로 고통받고 있지 않다는 점을 상기할 필요가 있다.

요약하자면, 기술은 수백 년 동안 노동을 대체해 왔지만 우리는 여전히 일을 하고 있다. 따라서 인간의 적응력을 과소평가해서는 안 된다. 비록 때때로 세계적인 팬데믹이나 인공지능의 도래와 같은 강력한 외부 자극이 필요할지라도 결국 우리는 항상 새로운 일상에 적응한다.

중요한 것은 충격적인 예언은 우리가 실제로 통제하고 영향력을 행사할 수 있는 중요한 사안들로부터 우리를 교란시킨다는 점을 이해하는 것이다.

---

* NASCAR(National Association for Stock Car Auto Racing)는 미국에서 매우 인기 있는 자동차 경주 리그이다. - 옮긴이
** 이탈리안 잡은 영화 제목이다. 영국의 범죄자들이 미니 쿠퍼 자동차를 이용해 밀라노에서 금괴를 훔치고 이탈리아 경찰을 따돌리며 도시를 빠져나가는 장면에서 독창적인 자동차 추격신을 연출하며 큰 인기를 끌었다. 여기서는 자동차와 관련된 상징적인 요소를 뜻한다. - 옮긴이

실제로 영향을 미칠 수 있는 것들

~~고용에 미치는 영향~~   우리의 사고방식

~~사회적 불평등과 불안~~   (우리의 기술)

~~악의적인 목적을 위한 잠재적 오용~~   우리의 업무 방식!

사고방식 설정

워크숍에서 사람들에게 디지털 도구를 잘 활용하지 못하게 하는 요인이 무엇인지 물어보면 흥미로운 점을 발견하게 되는데, 가장 흔한 장애물은 IT와는 전혀 관련이 없다는 것이다. 대부분 우리가 통제할 수 있는 요인들, 예컨대 도구 사용법을 모르는 것부터 시간 부족, 실수에 대한 두려움, 그리고 기존 습관과 루틴에 갇혀 있는 것과 관련돼 있다. 그러나 이 모든 것들은 우리가 개선할 수 있는 것들이다. 더 정확히 말하자면, *개선해야 할 것들*이다.

결국 우리는 모두 스스로 교육할 수 있으며, 기술을 더 잘 활용하기 위한 팀 논의를 계획할 수 있다. 때로는 시간을 내어 유용한 새로운 도구를 찾아보고, 이를 더 효과적으로 사용하는 방법에 대해 몇 가지 팁을 학습할 수도 있다.

이러한 논의는 '모든 것의 기초는 항상 올바른 사고방식을 가지는 것'이라는 나의 확신을 더욱 강화시켰다.

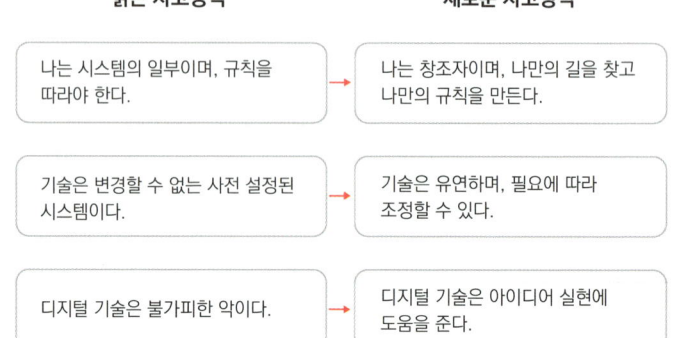

올바른 사고방식을 채택하는 것은 인공지능 시대에 적응하고 유의미하게 남기 위한 필수 전제 조건이다. 이는 '성장 마인드셋[5]'과 직접적으로 연관돼 있으며, 인공지능의 도래는 우리가 정말로 이러한 마인드셋을 가지고 있는지, 아니면 단지 그렇게 말하는 것을 좋아하는지를 평가하는 좋은 시험대가 된다.

기회는 어디에?

고객 중 한 분이 대형 제조업체를 떠나 작은 기술 회사에서 일하기로 결심했을 때, 나는 그녀에게 간단한 조언을 하나 했다. 자신이 존경하는 회사 목록을 작성하고, 그 회사 직원들과 링크드인으로 연락한 뒤, 협력 가능성에 대해 이야기해보라는 것이었다. 그녀는 놀란 눈으로 나를 바라보며 물었다. "제가 그걸 할 수 있다고요?!"

그럼요, 할 수 있습니다! 흔한 말처럼 들릴지 모르지만, 정말로 무엇이든 할 수 있습니다. 당신을 제한하는 것은 오직 상상력과 익숙한 길을 벗어날 용기뿐입니다. 그리고 바로 그 익숙하지 않은 길에 가장 매력적인 기회들이 존재합니다.

그렇다면 상상력부터 시작해 보자. 이전 장들에서는 인공지능 도구의 발전을 살펴봤다. 이제는 구체적인 상황에 도구를 적용할 때다. 인공지능 도구를 활용할 수 있는 기회와 그 도구로 가치를 창출할 수 있는 상황들을 찾아보자.

나는 새로운 스마트 도구들을 두 가지 관점에서 살펴보기를 권한다. 하나는 기회의 관점에서 "이 도구들이 어디서 나에게 도움이 될 수 있을까?"를 보는 것이고, 다른 하나는 리스크 관리의 관점에서 "이 도구들이 어디서 나에게 위협이 될 수 있을까?"를 보는 것이다. 이 두 관점은 처음에는 별개처럼 보일 수 있지만, 실제로는 매우 밀접하게 연결돼 있다. 새로운 기술이 우리를 대체할 수 있는 상황에서는 지금 그 기술을 활용할 기회가 있기 때문이다. 나는 인공지능이 강사를 대체할 수 있다는 사실을 알았을 때 가상 아바타를 활용해 강의 영상을 촬영하고 교육 프로그램을 빠르게 확장하기 시작했다. 이와 마찬가지로, 구직자에게는 기회가 되는 자기소개서 생성 앱이, 자기소개서를 검토해야 하는 인사 부서에게는 위협이 될 수 있다.

그래서 지식을 넓히는 것이 중요하다. 그래야 더 많은 시나리오를 상상하고 자신의 상황에 적용할 수 있다. 이제 여러 종류의 회사와 직업에서 나오는 실용적인 예시들을 통해 몇 가지 시나리오를 살펴볼 것이다. 기억하라. 당신이 무엇을 하든지 간에 동일한 원칙을 쉽게 적용할 수 있다는 것을.

컨설턴트와 트레이너를 위한 기회

지식 노동자와 자신의 전문성을 마케팅하는 사람들에게 새로운 도구들은 축복과 같다. 애자일[agile] 업무 방식 전문가인 친구 하나 자다반[Hana Jadavan]이 좋은 예이다. 하나는 기술에 열광하는 사람은 아니지만, 프리랜서 활동과 교육 프로그램 제작에 디지털 도구들을 적극적으로 활용하고 있다.

새로운 스마트 도구들이 하나에게 어떻게 도움이 될 수 있을까?

- 온라인 강좌를 운영할 디지털 플랫폼 구축
- 교육 자료를 다양한 언어로 번역
- 개인 스튜디오 없이도 전문적인 영상 및 팟캐스트 제작
- 소셜 미디어 게시물을 자동으로 생성
- 최고 품질의 그래픽 교육 자료 제작
- 아바타를 만들어 고객이 강좌를 진행하도록 안내

이러한 도구들을 새로운 작업 방식과 결합하면 자신의 업무 가치를 크게 향상시킬 수 있다. 예를 들어 발표 기술 전문가가 시간제 강의에만 국한되지 않고, 직원들의 발표 능력을 향상시키기 위한 대규모 프로젝트를 기업에 제안한다고 상상해 보자. 그녀는 일련의 동영상 강의를 제작하고, 발표 기술 훈련[6]을 위한 추천 자료와 앱을 포함한 간단한 웹사이트를 준비할 수 있을 것이다. 또한, 사람들에게 이 앱을 활용하게 하고, 그들의 진행 상황을 공유하는 회의를 조직할 수도 있을 것이다.

개별 강의를 진행하는 대신, 그녀는 전체 시스템을 설계하고 공유 세션을 촉진할 것이다. 이는 몇 번의 전통적인 강의를 준비하는 데 걸리는 시간만큼 시간이 걸릴 수 있지만, 그 가치는 몇 곱절 높은 값에 판매될 수 있다.

이것이 바로 오늘날 우리가 개발 프로젝트에서 하고 있는 일이다. 우리는 작업 시간을 판매하려고 하지 않고, 고객에게 훨씬 더 큰 가치를 제공하는 시스템을 판매하고 있다.

왜냐하면 노 워크는 결코 일하는 시간의 양에 관한 것이 아니기 때문이다.

변호사와 법조인을 위한 기회

우리의 혁신 프로그램에 참여하는 변호사의 수를 기준으로 전체 변호사의 수를 추정해야 한다면, 나는 그들을 멸종 위기에 처한 종으로 간주할 것이다. 때때로 나는 농담을 하곤 한다. 변호사가 혁신의 기운을 감지하면 마치 아무 냄새도 맡지 못한 척한다고. 내가 이런 농담을 할 수 있는 이유는 나 역시 법률 교육을 받은 변호사이기 때문이다. 비록 지금은 실무를 하지 않지만 말이다.

솔직히 말해 인공지능의 등장과 함께 법률 분야에서 디지털 혁신에 대한 관심이 상당히 높아진 것은 사실이다. 내 프로그램에서 가장 활발하게 참여하는 사람 중 한 명은 체코 최대 법률 회사의 파트너인 달리보르 코바르이 Dalibor Kovar 다. 그는 하벨 & 파트너스 Havel & Partners 소속으로서 새로운 기술 도입과 디지털 도구 및 전자정부를 더 잘 활용할 수 있는 법안 제정을 적극 추진하고 있다. 이런 변호사야말로 함께 일하고 싶은 사람이다.

새로운 스마트 도구들이 현대 변호사들에게 어떻게 도움이 될 수 있을까?

- 계약서 작성 및 개선
- 논증과 반론에 대한 브레인스토밍 및 심사숙고
- 대량의 정보를 조사하고 자동으로 처리
- 문서 요약 및 법률 용어를 평이한 언어로 변환
- 간단한 사건을 처리할 수 있는 로봇 변호사 생성

새로운 기술의 도래는 동시에 기술의 도입이라는 중요한 기회를 제공한다. 이는 각 기술이 지적 재산권법 준수부터 사이버 보안에 이르기까지 해결해야 할 많은 문제를 동반한다.

오늘날 변호사들의 업무는 단순히 법률에만 국한되지 않는다. 그들은 고객을 이해해야 하고, 때로는 상담사 역할을 하며, 뛰어난 의사소통 능력을 갖춰야 하고, 동시에 자신의 서비스를 어떻게 판매할지도 알아야 한다. 이와 관련해 한 개발자가 고객에게 매우 비전통적이면서도 혁신적인 방식으로 자신의 서비스를 제안한 사례를 통해 우리는 영감을 얻을 수 있다. 그는 잠재 고객 목록을 다운로드한 후 각 고객을 위한 맞춤형 애플리케이션 아이디어를 인공지능을 활용해 생성했다.

만약 우리 변호사가 이와 유사한 시스템을 만들어 자동으로 준비된 상담 제안을 주기적으로 고객에게 제공한다면 어떨까? 이는 고객에게 맞춤형 법률 서비스를 제공하는 동시에 변호사의 업무 효율성을 높일 수 있는 혁신적인 방법이 될 수 있다.

프롬프트: 주어진 분야에서 AI를 어떻게 활용할 수 있는지에 대한 한 문장을 제시하라.

활동 영역	AI 활용 가능성	법률적 측면
소프트웨어 개발	AI는 코드 작성과 오류 감지를 도와 개발자의 효율성과 소프트웨어 품질을 크게 향상시킬 수 있다.	잠재적인 저작권 침해와 라이선스 조건과 관련된 문제들.
산악자전거 제조	AI는 디자인과 소재를 분석해 산악자전거 프레임의 강도, 내구성, 무게를 최적화할 수 있다.	제품 안전에 대한 책임을 규명하고 모든 안전 규정 준수.

법적 관점에서 주의해야 할 사항에 대한 권고.

하지만 이러한 종류의 앱들은 변호사들만 돕는 것이 아니다. 내 고객 중 한 명은 대형 에너지 회사의 구매 부서를 운영하고 있다. 대화 중 그녀는 법무팀 동료들과의 논의를 더 잘 준비하기 위해 법률 조사를 돕는 AI 도구를 사용한다고 언급했다.

제조업 근로자를 위한 기회

세계 최대 제조업체 중 하나인 보쉬Bosch를 대상으로 한 워크숍에서 AI 관련 주제를 다뤘을 때, 우리는 코파일럿과 스마트 음성 비서에 대해서도 논의했다. 한 참석자는 즉시 훌륭한 아이디어를 제안했다. "생산 라인의 지루한 데이터 입력을 대신할 수 없을까요?" 물론 가능하다. 또한 우리는 제조업에서 새로운 스마트 도구를 활용할 수 있는 다양한 방법을 찾았다.

- 기계에 명령을 더 쉽게 입력할 수 있도록 코파일럿을 개발한다.
- 중요한 이벤트에 대한 알림을 자동으로 생성한다.
- 영상 및 소리를 분석해 기계 문제를 경고한다.
- 외국인 근로자를 위한 교육 영상을 준비한다.
- 운영 매뉴얼 내에서 정보를 빠르게 찾을 수 있는 챗봇을 개발한다.

여러 측면에서 현대의 생산 및 제조 업체들은 사무실을 능가해 왔다. 심지어 "다크 팩토리dark factory"라는 용어도 있는데, 이는 자동화가 매우 진행돼 불을 완전히 끈 채로 운영할 수 있는 공장을 의미한다. 우리도 이로부터 영감을 받아 더 많은 자동화를 사무실에 도입해 보는 것은 어떨까?

우리는 이와 같은 방식으로 계속해서 회계 전문가, 영업 사원, 운영 관리자 그리고 회사 임원들을 위한 더 매력적인 기회를 찾을 수 있을 것이다. AI가 제공하는 가능성으로부터 이익을 얻지 못할 직업은 없기 때문이다.

이제 기회가 보이는가? 당신 주변의 사람들은 어떠한가? 우리가 이야기한 모든 것은 당신에게만 해당되는 것이 아니라 동료들, 공급업체 그리고 파트너들에게도 적용된다. 새로운 사고방식은 디지털 노력을 지원하고, 더 나아가 그들을 한 단계 끌어올릴 수 있는 사고방식을 가진 파트너를 선택하는 것에서 시작된다.

가트너 하이프 사이클Gartner Hype Cycle에 익숙하다면 각 기술이 초기 관심으로 인해 과대광고 단계에 도달한 후, 기대에 미치지 못해 하락하는 단계를 겪는다는 것을 알고 있을 것이다. 그러나 나는 AI가 이 패턴을 깨뜨릴 것이라고 확신한다. 하이프Hype의 정점에서 사고방식을 변화시키고 AI 도구를 받아들이는 사람들은 나머지와 차별화될 것이다.

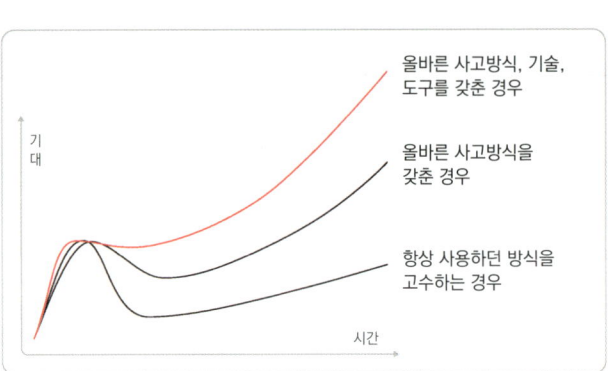

AI 시대의 하이프 사이클

나만의 디지털 비전 만들기

오늘 내리는 결정이 당신의 미래 업무를 정의하며, 디지털 비전은 그러한 결정을 내리는 데 도움을 줄 수 있다. 아무런 제약 없이 필요한 모든 디지털 도구에 접근할 수 있고, AI를 원하는 대로 훈련시킬 수 있다고 상상해 보라. 당신의 일은 어떻게 변할까? 무엇이 달라지고, 무엇이 그대로 유지될까? 당신이 직접 하는 일과 기술이 대신하는 일은 무엇일까?

아이디어를 구체적으로 작성해 보라. 무엇을 할지에만 집중하지 말고, 어떻게 할지도 함께 생각하라.

나의 디지털 비전은 아마 다음과 유사할 것이다.

- 링크드인에서 잠재 고객에게 접근하는 데 도움을 주는 가상 비서를 둘 것이다.

- AI와 자동화를 사용해 내가 받는 모든 이메일에 대한 답변을 생성할 것이다.
- 내 아바타 덕분에 내 온라인 강좌는 100개 이상의 언어로 제공될 것이다.
- 회계사에게 필요한 모든 문서는 내 이메일에서 자동으로 추출될 것이다.
- 나는 디지털 혁신을 진정으로 원하는 디지털 대사와 기업 리더들만을 위해 일할 것이다.
- 나는 주 4일만 일하게 될 것이다.
- 나는 매년 최소 두 달은 원격으로 일할 것이다.

이러한 비전을 글로 작성하는 것이 왜 중요할까? 비전이 실현되는 길이 바로 노 워크의 길이기 때문이다. 그래서 비전은 당신의 우선순위가 돼야 하며, 주요 전략의 일부가 돼야 한다. 어디로 가고 싶은지 명확히 알아야만 그곳에 도달하기 위한 노력을 할 수 있다.

도전을 극복할 용기를 얻는 방법

내가 처음 다이빙 자격증을 준비할 때, 운 좋게도 영국의 정예 부대인 콜드스트림 가드Coldstream Guard* 출신 교관에게 교육을 받을 수 있었다. 그는 나에게 물속 위기 상황에서뿐만 아니라 모든 상황에서 적용할 수 있는 조언을 해줬다. "멈춰라. 숨을 들이쉬어라. 생각하라."

---

* 콜드스트림 가드(Coldstream Guard)는 영국 육군의 가장 오래된 연대 중 하나로, 영국 근위병(Household Division) 연대의 일부이다. 이 부대는 1650년에 창설됐으며, 현재까지도 영국 왕실의 주요 의장 및 의무를 수행하는 군사 부대로 유명하다. - 옮긴이

멈춰라.
숨을 들이쉬어라.
생각하라.

새로운 기술에 압도되거나, AI의 등장과 함께 찾아온 냉소주의에 빠지기 시작할 때 이 조언을 정확히 따르라. 멈추고, 숨을 들이쉬며, 지금 당신이 통제할 수 있고 바로 행동할 수 있는 것이 무엇인지 생각하라. 궁극적인 목표가 업무를 단순화하는 것이든, 새로운 직업을 구하는 것이든, 새로운 사업을 시작하는 것이든, 중요한 것은 최소한 한 가지 단계를 식별하고 그 단계를 실행하는 것이다.

당신의 아이디어가 무엇이든, 아마도 새로운 시도에는 용기가 필요할 것이다. 잘되지 않을 수도 있고, 낯설게 느껴질 수도 있는 것들에 깊이 파고들어야 할 것이다. 다른 사람들에게 오해를 받을 수도 있고, 심지어 자신이 속임수를 쓰는 것처럼 느낄 수도 있다. '누가 당신에게 그럴 권리를 줬는가?', '사람들이 AI가 당신을 얼마나 많이 돕고 있는지 알게 되면 어떻게 할 것인가?'와 같은 의문도 들 수 있다.

하지만 이것을 용기라고 부르지 않아도 될 것이다. 기업가들은 자신이 가진 모든 것을 단 한 장의 카드에 걸어야 할 때 용기를 보인다. 군인들은 전선에서 싸우러 떠날 때 그 용기를 드러낸다. 오늘날 정말로 용감하고 무모한 행동은 아무것도 하지 않으면서, 디지털 혁명이 오지 않기를 기대하는 것이다.

이제 좀 더 다른 각도에서 욕망과 결단력에 대해 이야기하자. 새로운 앱을 시도해 보고, 회의 대신 고객에게 영상을 보내겠다고 말하고, 상사에게 한 달 동안 다른 나라에서 원격으로 일해보겠다고 제안하고, 젊은 동료와 함께 앉아 그들이 AI를 어떻게 사용하는지 관찰하며 배우는 것. 그렇게 나쁘게 들리지는 않지 않은가?

도전을 극복하는 것은 근육을 키우는 것과 비슷하다. 극복할 때마다 더 강해진다. 그리고 실패하거나 거절당하더라도 실제로 아무 일도 일어나지 않는다는 것을 깨닫게 될 것이다. 오히려 이러한 경험을 통해 많은 것을 배울 수 있으며, 바로 이 거절 덕분에 궁극적으로 훨씬 더 큰 성공을 이룰 수 있을 것이다. 실수와 그로 인한 타인의 시선이 두려운 것도 마찬가지다. 사람들은 주로 자신에 대해 생각하므로, 다른 사람들이 당신에게만 집중할 것이라고 생각하지 말라.

도전을 극복하려는 결단력은 나에게 많은 기회를 열어줬다. 세계적으로 성공한 작가 중 한 명인 세스 고딘^{Seth Godin}에게 그의 블로그 글을 내 웹사이트에 번역해도 되는지 물어봤고, 몇 분 만에 "예, 1년에 최대 6개까지 번역할 수 있습니다"라는 답장을 받았다. 마찬가지로, 중국의 알리바바^{Alibaba}에 그들의 서비스를 개선하는 데 도움을 줄 수 있는지 문의했을 때, 몇 주 후 나는 샤먼^{Xiamen*}으로 가는 비행기에 앉아 있을 수 있었다. 이 모든 경험은 매우 소중했으며, 이때 수많은 실수와 거절도 함께 했다. 그러나 이러한 실수들이 나를 성장시켜 줬다. 결국 실수를 하고 빠르게 배우는 것이 진정한 디지털 사고방식의 기반이다. 그리고 이것이 바로 새로운 스마트 기술을 최대한 활용할 때 필요한 사고방식이다.

---

* 샤먼(Xiamen)은 중국의 푸젠성(Fujian Province) 동남부에 위치한 항구 도시로, 아름다운 해안선과 풍부한 문화유산으로 유명하며 관광지로도 인기가 많다. 알리바바의 창립자이자 회장인 마윈(Jack Ma)은 샤먼 대학교를 졸업했고 그의 학창 시절과 이 도시에서의 경험이 사업 아이디어에 영향을 미쳤다는 이야기가 있다. – 옮긴이

핵심 요약

1. AI와 자동화는 많은 직업, 제품, 서비스를 사라지게 할 가능성이 있다. 하지만 역사는 새로운 기술이 궁극적으로 기존 일자리를 대체하는 것보다 더 많은 일자리를 창출하며, 우리가 몰랐던 새로운 수요를 충족시킴으로써 새로운 형태의 일을 가능하게 했다. 이는 기술 변화에 대한 인간의 적응력을 잘 나타낸다.
2. 많은 직업에서 AI와 디지털 도구를 활용할 수 있는 중요한 기회가 존재한다. 핵심은 기회와 위협, 이 두 가지 가능성을 모두 상상하는 것이다. 이 두 가지는 밀접하게 연관돼 있으므로 이를 인식하는 것이 중요하다.
3. 새로운 디지털 도구를 활용하는 데 있어서 가장 큰 장애물은 기술적인 문제가 아니라 정신적인 경우가 많다. 도구 사용법을 모르는 것, 시간 부족, 실수에 대한 두려움, 그리고 오래된 습관에 갇혀 있는 것이 그 예다. 그렇기 때문에 당신이 통제하고 영향을 미칠 수 있는 것, 즉 올바른 사고방식을 갖추고 자신의 기술을 개발하는 데 집중해야 한다.
4. AI를 사용하는 것이 낯설게 느껴지거나 다른 사람들의 시선이 걱정되더라도 새로운 것들을 시도할 용기와 결단력을 가져야 한다. 이것이 이러한 기회를 최대한 활용하는 데 필수적이다.
5. 기회를 놓쳤다거나 기회의 열차가 이미 떠났다고 느낀다면, 걱정하지 말고 마음을 편히 가지자. 모두가 같은 출발선에 서 있다. 가장 중요한 것은 오늘 행동을 시작하는 것이며, 작은 단계부터 점진적으로 나아가는 것이다.

실천 과제

1. 미래에 당신을 대체하거나 경쟁 우위를 위협할 수 있는 것이 무엇인지 생각해 보라. 아마도 당신은 지금 당장 그 기술을 사용해 업무를 단순화하거나 역량을 확장할 수 있을 것이다.
2. 당신 자신이나 비즈니스를 위한 디지털 비전을 만들어라. 팀에서 일하고 있다면 동료들과 함께 AI의 가능성을 탐색하고 AI 시대에 당신의 일이 어떻게 변화할지 논의해 보라. 이것이 전략적 방향성을 제공할 것이다.
3. 디지털 중심 사고방식을 공유하는 파트너와 함께 일하는 것을 선택하면 당신의 변화를 가속화할 수 있다. AI를 함께 활용하는 방법에 대해 공급업체나 비즈니스 파트너들과 이야기해 보라.

5. 디지털 사고방식의 기초

2010년, 디지털 생산성 애플리케이션에 관한 첫 교육 과정을 준비할 당시는 지금처럼 수월하지 않았다. 그때의 비즈니스 세계는 이제 막 스마트폰이 도입되고 있었으며, 많은 기업은 '클라우드cloud'라는 용어에 부정적인 인식을 가지고 있었다. 나는 매일 구글 검색과 포럼 탐색에 시간을 보내고, 전 세계의 스타트업 행사에 참석해야 했다. 수강자들은 이전에 알지 못했던 유용한 애플리케이션과 온라인 서비스에 대한 팁을 얻어가며 큰 만족을 표했다.

몇 년 후, 나는 업워크Upwork와 피버Fiverr 같은 플랫폼을 활용해 전 세계의 프리랜서를 고용함으로써 연구 과정을 단순화했다. 때로는 특정 분야의 스타트업 개요가 담긴 이미지만 보내도 그들은 단 몇 달러에 웹사이트를 분석하고 중요한 정보를 제공해줬다. 주로 가장 저렴한 요금을 제시한 필리핀이나 파키스탄 출신의 프리랜서들을 고용했지만, 다음 날까지 결과가 필요한 경우에는 시간대 차이를 이용해 남미 출신의 프리랜서를 고용하기도 했다.

요즘은 아무도 고용할 필요가 없다. 이 책을 위한 연구를 진행하면서 기업의 로고를 식별하는 온라인 서비스와 해당 기업의 정보를 온라인에서 찾아주는 인공지능 애플리케이션, 이 외에 필요한 정보를 자동으로 채워주는 스프레드시트 애드온add-on[1]을 사용했기 때문이다. 몇 달 후, 책을 마무리할 때쯤에는 단순히 인공지능에게 요청하기만 하면 인공지능이 모든 것을 스스로 준비해 줬다.

문제는 여전히 많은 사람이 나와 내 동료들과는 매우 다른 방식으로 일하고 있다는 점이다. 게다가 그들 대부분은 현재 우리가 이용할 수 있는 더 스마트한 서비스들에 대해 잘 알지조차 못한다.

이제 질문은 다음과 같다. "왜 사람들은 여전히 오래된 방식에 집착하는가? 왜 놀라운 기술들이 널리 퍼져 있음에도 불구하고 삶을 더 쉽게 만드는 선택을 하지 않는가?"

답은 간단하다. 그들은 디지털 사고방식이 부족하다.

디지털 사고방식이란 무엇인가?

디지털 사고방식을 가진다는 것이 모든 애플리케이션에 대해 알고 있다는 것을 의미하지는 않는다. 아무도 모든 앱을 알 수 없고, 그럴 필요도 없다. 각 기술이 어떻게 작동되는지 알 필요도 없다.

필요한 것은 이러한 도구들을 어떻게 활용할지, 어떤 목적으로 사용할지 상상하는 능력이다. 팬데믹 기간 동안 회사와 학교들이 원격으로 전환하기 위해 분주했던 시기에 이 능력의 중요성이 확실히 드러났다. 일부 교사들은 단순히 칠판 앞에 서는 대신 카메라 앞에 앉아 학생들의 화면에 표시된 요점을 하나씩 읽기만 했다. 지루하기 짝이 없었다. 반면, 다른 교사들은 새로운 과제를 고안하고, 온라인 학습 게임을 시도하며, 학생들이 공동 문서에서 함께 작업하도록 했다. 어느 방식이 더 효과적이었을지는 짐작에 맡긴다.

회사에서도 비슷한 상황을 볼 수 있다. 많은 사람은 "자신이 모른다는 사실조차 모른다"는 상태에 있으며, 때로는 더 효율적으로 일할 수 있는 새로운 방법을 찾으려는 시도조차 하지 않는다. 자신들이 불필요하게 복잡한 방식으로 일하고 있으며, 이미 많은 부분이 자동화될 수 있다는 사실을 인식조차 하지 못한다. 그러면서도 항상 왜 그렇게 *바쁜지* 끊임없이 의문을 품는다.

디지털 사고방식을 갖는 것은 매우 중요하다. 가족이든, 팀의 기술 전문가이든, IT 부서 전체든, 누군가의 도움을 받을 수 있다 하더라도 말이다.

왜냐하면 무엇이 가능한지 모른다면 그것을 요구할 수조차 없기 때문이다.

디지털 사고방식의 원칙

1. 그걸 해주는 애플리케이션이 있다

이 원칙을 따르는 사람들은 거의 모든 작업에 도움을 줄 수 있는 애플리케이션이 존재한다는 것을 인식하고 있다. 중요한 것은 특정 애플리케이션 자체가 아니라 기술을 활용해 주어진 문제를 해결하는 방식이다. 따라서 현재 사용하는 도구나 상사가 승인한 도구에 국한해 자신의 영감을 제한해서는 안 된다.

'애플리케이션' 대신 '정보'나 '사람'을 사용할 수 있는 것처럼, 이 모든 것이 언제 어디서나 이용 가능하다. 정보 검색에 있어 이제 구글에만 의존할 필요는 없다. 인공지능도 도움을 줄 수 있으며, 단순한 조언 이상의 역할을 할 수 있다. 요즘 인공지능은 스프레드시트 수식에서부터 전체 프로그램에 이르기까지 상당 부분을 스스로 코딩할 수 있다.

또한, 다른 사람들에게 묻는 것을 두려워하지 말아야 한다. 나는 디지털 트윈 작업을 시작할 때, 전자상거래 플랫폼 검로드[Gumroad]의 창립자인 사힐 라빙기야[Sahil Lavingia]가 비슷한 목표를 가지고 있다는 것을 알게 됐고, 한 통의 메시지를 보낸 후 우리는 서로의 경험을 열정적으로 공유하며 활발히 소통했다.

나는 고객들에게도 동일한 조언을 한다. 회사 외부의 사람들과 주저하지 말고 연락을 취해 노하우를 공유하라고 말이다. 그러나 최근 몇 년간 지식과 경험을 공유하려는 개방성이 점차 커지고 있음에도 불구하고, 이는 안타깝게도 자주 간과되는 선택지다.

그러므로 다시 한번 강조하자면, 무언가 새로운 일을 시작할 때마다 꼭 기억하라. "그걸 해 주는 애플리케이션이 있다."

2. 도구가 전부는 아니다

만약 당신이 모든 문제를 해결할 새로운 애플리케이션을 끊임없이 찾고 있다면 한 가지 들려줄 소식이 있다. 아직 모든 문제를 해결해 줄 기적 같은 애플리케이션은 존재하지 않는다는 것이다. 그러나 좋은 소식은 문제 해결에 있어 애플리케이션이 항상 중요한 것은 아니라는 점이다. 더 중요한 것은 일하는 방식을 달리 시도하는 것이다.

업무에 치여 힘들다고 불평하는 동료가 있어서 나는 그의 일정을 살펴봤다. 그는 잠재 고객들에게 우리의 마켓플레이스marketplace가 어떻게 작동하는지를 설명하느라 온라인 회의에 많은 시간을 소비하고 있었다.

해결책은 아주 간단했다. 그의 일정에 정기적인 "오픈하우스 시간"을 설정하고, 모든 고객들을 그 시간에 초대하는 것이다. 그러자 주당 8시간을 회의로 소비하던 것이 단 1시간으로 줄어들었다.

후속 장에서 보게 되겠지만, 현대의 디지털 도구들은 매우 다양한 방식으로 활용될 수 있다. 중요한 것은 이러한 도구들을 우리의 업무 시스템에 어떻게 가장 잘 맞출 수 있을지, 또는 그 시스템을 더 효율적으로 만들기 위해 어떻게 사용할지 끊임없이 고민하는 것이다.

마이크로소프트 원노트^{OneNote}나 루프^{Loop} 같은 인기 있는 도구를 예로 들어보자. 해당 도구는 단순히 메모 작성에 사용할 수도 있다. 그러나 이를 팀원들이 모든 가이드와 프로세스를 찾을 수 있는 공간으로 만들 수도 있고, 어떤 팀이 했던 것처럼 회의를 효율적으로 관리하는 데 사용할 수도 있다. 그 팀은 매주 다가오는 회의를 위해 자동으로 노트를 생성했고, 그 안에는 모든 참석자의 이름과 세 가지 질문이 포함됐다. '어떤 작업 중인가?' '앞으로 무엇을 할 것인가?' '무엇이 작업을 지연시키고 있는가?'

해당 노트는 회의 3일 전에 자동으로 모든 참석자에게 작성하고 발송되도록 알림을 보냈다. 덕분에 그 팀은 회의에서 불필요한 지체를 겪지 않았고, 팀원들의 정보를 빠르게 훑어본 후 핵심 사항에만 집중할 수 있었다.

봤는가? 같은 앱이지만 매우 다르게 활용될 수 있다.

3. 완벽함보다 끝내는 것이 낫다

어떤 사람은 처음부터 완벽을 추구한다. 모든 것을 이메일로 관리하다가 한순간에 모든 작업에 애플리케이션이 필요하다고 생각하기도 한다. 때로는 고객용 비디오부터 팟캐스트, 프로세스 자동화에 이르기까지 무언가를 완벽하게 만들고자 하는 욕구에 사로잡혀 계속 수정하려고도 한다. 하지만 백날 생각만 해서는 안 되며, 중요한 것은 시작하는 것이다. "완벽함보다 끝내는 것이 낫다"는 옛 격언처럼 말이다.

이 방식에는 큰 장점이 하나 있다. "기술을 당신의 이점으로 활용하라"라는 장에서 거의 모든 시스템의 첫 번째 버전을 몇 시간 만에 준비할 수 있는 매우 민첩한 도구들을 소개할 것이다. 그 후 즉시 어떻게 이를 조정할지 파악할 것이다. 하지만 "처음부터 완벽해야 한다"는 생각에 사로잡히면 이것을 아예 시작조차 못 할 수도 있다. 운 좋게 출시하더라도 그제서야 얼마나 많은 부분을 미처 고려하지 못했는지 깨닫게 될 수도 있다.

끝없는 회의의 반복을 피하기 위해 나는 짧은 비디오를 녹화하기 시작했다. 이를 매우 좋아한 사람들 중 일부는 자신도 직접 시도해 보고 싶어 했고, 몇몇은 어떤 앱이 더 좋은지, 내가 사용하는 카메라는 무엇인지, 화면 공유를 하는 것이 더 나은지 등을 물어봤다. 하지만 내가 떠올린 유일한 생각은 '누가 신경 쓰겠는가?'였다. 이미 컴퓨터, 휴대폰 등 어디에나 카메라가 있다. 그냥 만들고, 보내고, 어떻게 되는지 확인하면 된다.

"어떻게"에 대한 집착으로 자신을 마비시키지 말라. 그저 시작하고, 하면서 배우면 된다!

4. 일은 시스템이다

어떤 종류의 일을 하든 *자신의 일을 하나의 시스템으로* 바라봐야 한다. 모든 활동, 프로세스, 사용하는 도구들이 이 시스템 안에서 유기적으로 연결되기 때문이다.

오랫동안 인텔에서 CEO를 했던 앤드류 그로브Andrew Grove는 업무 조직에 대한 자신의 접근 방식을 이와 비슷하게 설명한다[2]. "우리는 모든 직원이 어떤 방식으로든 '생산' 한다는 것을 발견했다. 어떤 이는 반도체를 만들고, 또 다른 이는 청구서를 준비하며, 또 다른 이는 소프트웨어 설계나 광고 카피를 작성한다."

나 역시 우리가 하는 모든 일이 어떤 방식으로든 하나의 생산 시스템이라고 믿는다. 우리가 무엇을 하든 이 시스템들은 각각의 활동과 프로세스의 개별 요소들을 조합해 더 큰 결과물을 만들어낸다. 그 시스템은 부분적으로든 전체적으로든 개선, 자동화, 그리고 세밀하게 조정될 수 있다.

이러한 접근 방식은 매우 중요하다. 왜냐하면 인공지능 시대에는 시스템을 설계하는 것이 가장 중요한 역할이자 목표 중 하나가 될 것이기 때문이다. 이를 잘 보여주는 밈meme이 하나 있다. 구직자가 인공지능에게 자기소개서를 작성하게 했고, 인사 담당자는 다시 인공지능을 이용해 그 자기소개서를 요약했다는 내용이다.

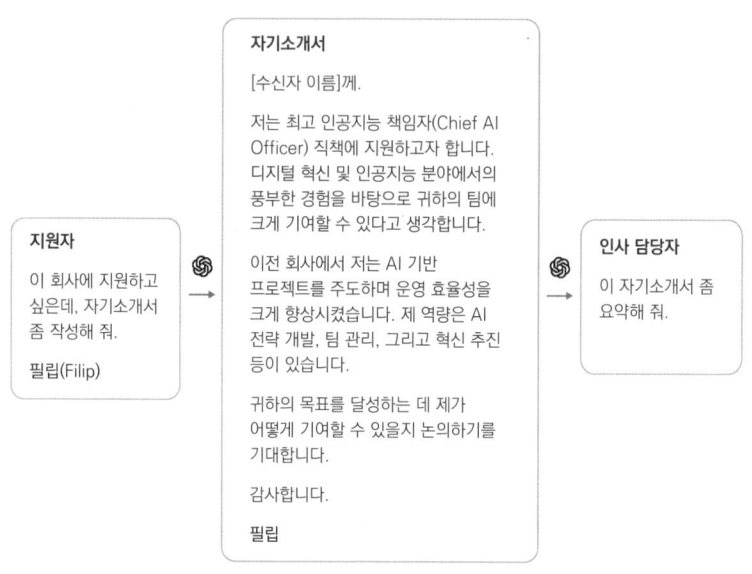

이 얘기는 이제 더 이상 농담이 아니라 일상적인 현실이 됐다. 이전 장에서 언급했듯이, 자기소개서를 작성하고 이력서를 수정해 지원자의 경력이 해당 직무에 완벽하게 맞는 것처럼 보이게 만드는 애플리케이션은 이미 존재한다. 이미 사람들은 이러한 도구를 사용하고 있으며, 인사 담당자들은 이를 따라잡아 효과적으로 지원자를 필터링하고 평가하는 시스템을 개발해야 한다. 정말로 인터뷰할 가치가 있는 지원자를 식별하는 과정이 필요하다. 이는 좋든 싫든, 거의 모든 사람이 비슷한 문제를 다뤄야 할 상황에 직면하게 될 것이다.

후속 장에서 당신은 시스템을 어떻게 조정해 자신에게 맞도록 할 수 있는지 배울 것이다. 그러나 후속 장이 아닌, 지금 당장 시작할 수 있다. 자신의 업무를 조망해 보라. 무엇을 하고 있는지, 어떻게 하고 있는지, 그리고 개선할 수 있는 부분이 무엇인지 생각해 보라.

이를 위해 "노 워크 탐색기^{No Work Navigator}"3를 사용할 수 있다. 이 도구는 시스템의 즉각적인 개선을 위한 우선순위를 설정하고, 중기적으로 시스템을 조정하는 데 도움이 될 기술을 학습하기 위한 전략을 개발하며, 궁극적으로 '노 워크' 상태로 이끄는 장기적 비전을 세우는 데 도움을 줄 것이다.

	노 워크 탐색기		
	아이디어와 우선순위: 노 워크로 가는 길		
목표	단기: 개선	중기: 숙달	장기: 변혁
질문	내일 일을 더 쉽게 만들기 위해 오늘 무엇을 할 수 있을까?	더 적은 시간, 노력, 비용으로 더 많은 일을 하기 위해 무엇을 배워야 할까?	나의 노 워크는 어떤 모습이며, 이를 달성하기 위해 무엇을 해야 할까?
나의 아이디어	자주 참조하는 웹사이트에 대한 링크를 키보드 단축키로 만들기.	나의 프롬프트 작성 능력을 개선하고 팀 전체를 위한 프롬프트 라이브러리 만들기.	교육 프로그램을 안내할 수 있는 디지털 트윈을 만들기.

디지털 사고방식의 핵심 요소이자 시스템의 지속적 개선의 일환은 팀원 간, 그리고 회사와 고객 간에 끊임없는 피드백 루프를 유지하는 것이다. 이러한 이유로 나는 우리 팀에 BHF 다이어트를 도입했다. BHF^{Brutally Honest Feedback}는 가감 없는 솔직한 피드백을 의미한다. 몇몇 친구는 이를 BFF^{Brutally Frank Feedback}라고도 부르는데, 그 말이 맞다. 왜냐하면 이러한 피드백이야말로 진정한 '절친'이기 때문이다. 회의가 너무 길어지거나 고객이 불만을 가지면 나는 그 사실을 알고 싶다. 완전히 자유롭게 말할 수 있는 분위기가 아니라면 최고의 아이디어는 억제될 뿐이다. 이 자유는 상명 하달뿐만 아니라 하명 상달로도 반드시 존재해야 한다. 사실, 하명 상달이 더 중요한 방향이다.

자신의 업무 시스템을 재발견하고 개선하는 것은 단순한 선택 사항이 아니다. 이는 책임으로 여겨져야 한다. 일부 사람들은 때때로 두려움을 느끼고 허가를 기다리기도 한다. 나는 그들에게 항상 경영의 두 가지 간단한 격언을 말한다.

- 허락을 구하지 말고 용서를 구하라.
- 권한은 주어지는 것이 아니라 스스로 취하는 것이다.

만약 회사가 AI에 더 많은 관심을 기울여야 한다고 생각하거나, 어떤 일이 어렵게 처리되고 있을 때 더 쉬운 방법이 있다면 말해야 한다. 아무도 듣지 않는다면? 다시 말하고 또 말해야 한다. 아니면 그냥 직접 실행하면 된다. 모든 회사는 이런 방식으로 변화를 이끄는 반항적인 사람이 필요하다. 만약 지금 회사에서 이런 노력을 인정받지 못하더라도 걱정할 필요는 없다. 이 방식으로 나아간다면 어디서든 일할 기회를 찾을 수 있을 것이다.

우리는 AI 사고방식이 필요하다

디지털 사고방식^{mindset}은 이것에만 국한된 원칙이 아니다. 적은 인원으로 동일한 업무를 처리하려는 야망, 탁월한 고객 경험에 집중하는 것, 혹은 기술이 고장 났을 때 침착함을 유지할 수 있는 능력 등이 포함된다. 이 모든 원칙은 시대를 초월한 것이며, 컴퓨터, 인터넷, 그리고 지금의 AI 같은 획기적인 기술이 등장할 때마다 사람들이 앞서 나가는 데 도움을 줘왔다.

AI는 중요한 측면에서 이전의 발명들과 다르다. AI는 스스로 학습하고, 적응하며, 진화한다. 또한 인간의 직접적인 개입 없이 엄청난 양의 작업을 수행한다. AI를 만든 사람들조차 그 모든 가능성을 상상할 수 없다.

바로 이런 이유 때문에 디지털 사고방식을 AI 시대에 맞게 확장할 필요가 있다.

AI는 매우 매력적이므로 이 점을 고려해야 한다. 사람들은 즉시 대규모로 AI를 사용하기 시작했지만 어떤 형태의 선점도 빠르게 잃을 수 있다. 또한 새롭고 독창적인 길을 찾아야 할 수도 있다. 그러니 차별화가 점점 더 어려워질수록 시대를 초월한 가치를 돌아보고 모두가 따르는 흐름에 휩쓸리지 않도록 해야 한다.

AI 사고방식을 가지려면, 어느 부서에서 일하든 사고방식을 달리해야 한다. 한 번은 대형 기술 회사의 경영진에게 AI 활용 가능성을 보여줬을 때, 그들은 IT 직원 몇 명을 데려왔다. 나는 그들의 무지에 놀라지 않을 수 없었다. 그들은 AI를 전혀 사용하지 않았고, 새로운 프로그래머는 채용 시험에서 코파일럿[4]을 사용하면 부정행위가 될까 걱정했다. 나는 즉시 그 코파일럿을 시험에 통합할 수 있다고 말하며 코파일럿을 권유했다. 예를 들어 두 가지 다른 코파일럿의 도움을 받아 프로그램을 작성하게 하고, 그 장단점을 논의하게 하는 것이다. 이것이 바로 새로운 사고방식의 모습이며, AI 활용 가능성을 작업에 통합하는 방식이다.

> **노 워크 방식으로 가기 위한 배움의 포기**
>
> 새로운 방식의 작업을 받아들이려면 어느 정도 기존 방식을 버리는 과정이 필요하다. 익숙한 방식으로 일을 반복하기 전에 멈추고 다시 생각해야 한다. 나는 이를 한 번 경험을 통해 깨달았다. 고객 맞춤형 추천 시스템을 작업하면서 자동화와 AI를 활용해 프로세스를 조정하고 있을 때였다.
>
> 동료가 생성된 문서의 첫 번째 버전을 보냈을 때, 나는 그 외형에 만족하지 못했다. 단순한 흰색 배경에 기본 글꼴로 작성된 검은색 텍스트뿐이었기 때문이다. 그래서 새로운 그래픽 디자이너와 함께 디자인을 조정해달라고 요청했다. 그런데 내가 디자인에 대한 아이디어를 설명하는 이메일을 다 작성하기도 전에, 디자이너에게서

> 우리 시각적 스타일에 완벽하게 맞춘 업데이트된 초안을 받았다.
>
> 그가 어떻게 했는지 짐작이 가나? 그는 진정한 AI 사고방식을 활용해 AI에게 "우리 웹사이트의 스타일을 분석하고 PDF에 적용하라"고 지시한 것이다.
>
> 우리는 아직 배울 것이 많다. 아니, 오히려 배운 것을 버려야 할 때다.

디지털 사고방식은 새로운 모든 트렌드에 전문가가 되거나, 어디서나 무조건 기술을 사용하는 것을 의미하지는 않는다. 오히려 그 반대다. 디지털 사고방식은 언제 기술을 활용할 적절한 시점인지, 그리고 언제 기술 없이 가치를 창출하는 데 집중해야 할지를 의식적으로 판단하는 능력을 개발하는 것이다.

중요한 것은 새로운 것에 열려 있고, 두려워하지 않고 시도하며, 제대로 사용하는 법을 배우고, 더 빠르게 다가올 변화에 적응할 줄 아는 것이다.

기억하라. 오늘보다 느린 날은 다시 오지 않을 것이다. 그렇기 때문에 지금이야말로 시작하기에 가장 좋은 시기이다.

핵심 요약

1. 디지털 사고방식은 단순히 모든 앱이나 도구를 아는 것이 아니라 기술과 도구를 활용해 더 스마트하게 일하는 방법을 배우는 것을 의미한다.
2. 디지털 사고방식의 핵심 원칙은 다음과 같다.
    - 거의 모든 작업에 도움을 줄 수 있는 앱과 사람이 있다는 점을 인식하는 것.
    - 도구 자체에만 집중하지 않고 새로운 작업 방식을 찾는 것.
    - 새로운 시도를 할 때 "완벽함보다 완성하는 것이 낫다"는 민첩한 접근 방식을 취하는 것.
    - 업무를 개선하고 자동화할 수 있는 시스템으로 보는 것.
3. AI 시대에 디지털 사고방식은 "AI 사고방식"으로 확장할 필요가 있다. 이는 우리가 작업하는 모든 것에 AI의 역량을 어떻게 통합할지 적극적으로 고려하는 것을 의미한다. 목표는 기술을 전략적으로 활용할 때와 기술 없이 가치를 창출할 때를 구분하는 것이다.
4. 새로운 사고방식을 채택하려면 기존 습관을 버려야 한다. 이를 통해 새로운 접근 방식과 도구에 열려 있고, 실험을 두려워하지 않으며, 변화를 신속하게 받아들이고 적응할 수 있다.
5. 기술 변화는 계속해서 가속화될 것이다. 기다리지 말고 지금부터 적극적으로 나서라. 오늘보다 느린 시기는 다시 오지 않을 것이다.

실천 과제

1. 자신의 일을 하나의 시스템으로 생각하라. 그리고 프로젝트나 작업을 할 때 개별 단계로 나눠 보라. 그런 다음 그 단계 중 일부를 AI가 처리할 수 있는지 확인해 보라.

2. 앞에 놓인 작업을 생각하고 AI 카탈로그에서 도움이 될 수 있는 앱을 찾아보라. 더 큰 프로젝트를 앞두고 있다면 비슷한 경험을 가진 사람에게 연락해 경험을 공유해 보라.

3. BHF 원칙 : 매우 솔직한 피드백을 실천하라. 또한 다른 사람에게 자신의 작업에 대한 솔직한 피드백을 요청하라. 팀으로 일하고 있다면 서로 개선할 수 있는 점을 개방적으로 이야기하라.

6. 잠재력을 향상시키는 방법

"모든 것은 사고방식의 변화에서 시작된다."

이것이 내가 대부분의 워크숍을 시작하는 방식이다. 참가자를 무자비한 기계의 부품처럼 생각하지 않고 창의적인 사고를 하는 사람처럼 바라봐야 하기 때문이다. 나는 그들이 자신의 일에서 진정한 가치의 원천을 이해하고, 새로운 기술과 그 가치를 크게 증대시킬 기회로 보길 바란다. "우리는 늘 이렇게 해왔어요"라는 말이 비즈니스에서 가장 위험한 이유가 여기에 있다.

새로운 고객이 우리에게 연락할 때 그들은 보통 두 가지 유형 중 하나에 속한다. 하나는 운영에 신선한 변화가 필요한 회사이고, 다른 하나는 다음과 같은 요청 패턴을 가진 경우이다.

1. 나는 X 산업에 종사하고 있다.
2. Y 기술이 눈에 들어왔다.
3. 내 업무 중 많은 부분이 자동화되거나 개선될 수 있을 것 같다.
4. 어디서부터 시작해야 할지 모르겠다. / 과정에서 길을 잃었다. / 혼자서는 할 수 없다.
5. 도와줄 수 있나?

한 건축가로부터 비슷한 이메일을 받은 적이 있었다. 그는 새로운 기술을 활용하고 싶었지만 어디서부터 시작해야 할지 몰랐다.

"저는 AI와 가상 현실이 건축에 어떻게 사용될 수 있는지에 관심이 있습니다. 매일 같은 종류의 수작업을 반복하고 있는데, 이는 자동화할 여지가 분명히 있다고 생각합니다. 이미 몇 가지 도구를 접해봤지만 실제로 사용할 수 있는 것은 없었습니다. 저는 IT 전문가가 아니기 때문에 현재 우리가 사용하는 앱들과 이 기술들이 호환될지 잘 모르겠습니다. 도와주실 수 있나요?"

이러한 도전 과제를 혼자 해결할 수 있든, 전문가의 도움을 받든 상관없다. 일단 사고방식을 업그레이드하면 시야가 넓어지고 어디에 집중해야 할지, 누구와 협력해야 할지 명확하게 알 수 있다.

어떻게 할 것인가?

사고방식을 변화시키는 것은 한 번에 끝나는 일이 아니다. 진지하게 임하고자 한다면 체계적이고 조직적인 접근이 필수적이다. 많은 고객이 팀의 사고방식을 넓히기 위해 'IES' 프레임워크를 시도해 볼 수 있다.

영감 Inspiration

실험 Experimentation

공유 Sharing

1. 영감

우리의 생각과 의견은 책, 뉴스, 소셜 미디어, 교육 행사 등 소비하는 모든 것에 의해 형성된다. 이것은 누구를 따르고 무엇을 소비할지 신중하게 선택해야 하는 또 하나의 이유가 된다. 오늘 당신이 콘텐츠를 신중하게 선택하는 데 들이는 모든 시간은 미래의 아이디어에 영향을 미칠 것이다. 그러나 영감은 여기서 끝나지 않는다.

당신은 이른바 "아하"하고 깨달은 경험이 있는가? 모든 것이 완벽하게 맞아떨어지며 명확해지는 순간 말이다. 나는 과학 덕분에[1] 이 단순한 영감이 번뜩임이 아님을 알게 됐다. 이는 우리의 잠재의식 속에서 정보와 경험의 조각들이 모여 이뤄진 결과이다. 그렇기 때문에 다양한 영감의 원천에 스스로를 노출시키고, 이를 되새기며, 작업 흐름에 통합하는 것이 새로운 관점을 기르는 데 필수적이다.

이를 위한 몇 가지 간단한 도구가 있다. 먼저, 배운 교훈에 대한 아이디어와 성찰을 기록하라. 음성 메모를 텍스트로 전환해주는 AI 도구[2] 덕분에 이 작업은 훨씬 쉬워졌다. 그다음으로는 자극을 주는 질문들을 상기시켜 줄 반복적인 캘린더 알림을 설정하라. 이는 "노 워크 탐색기"에 제시된 질문들을 사용할 수 있다. 예를 들어, "내일 일을 더 쉽게 만들기 위해 오늘 무엇을 할 수 있을까?"

마지막으로 이 단계가 가장 중요한데, 바로 꾸준한 영감의 흐름을 찾는 것이다.

- 자신을 큐레이터curator로 생각하라. 콘텐츠를 선택하는 일은 시간 낭비가 아니라 진지한 작업이다. 그리고 이것은 일회성 작업이 아니다. 갤러리를 운영하는 것과 같다. 상설 전시가 있지만 종종 전시를 바꿔줘야 한다.
- 교육도 영감의 일부이다. 적절한 강의와 교육에 투자하라. 이에 대한 더 자세한 내용은 "(거의) 모든 것을 배우는 방법" 장에서 다룰 것이다.
- 특히 자신의 분야와 관련된 AI 뉴스, 도구, 제품 출시 등에 대한 최신 정보를 간결하게 제공하는 뉴스레터에 가입하라[3].
- 자신의 관심사에 맞는 키워드와 주제를 고려하고 선택하라. 이는 기술 용어의 조합일 수 있다(건축가의 경우, 건축에서의 생성적 AI나 텍스트에서 건축으로 같은 주제). 또는 특정 시나리오(건축 설계와 건설을 위한 생성적 AI), 혹은 선호하는 도구와 자동화 또는 AI 같은 용어를 결합한 것일 수 있다(X 앱에서의 자동화).

- 구글에서 이러한 키워드로 검색하거나 "건축 설계와 건설에 생성적 AI를 어떻게 활용할 수 있을까?"와 같은 질문으로 AI와 대화해 보라. 또한 ThereIsAnAIForThat*이나 GptsHunter** 같은 앱 카탈로그를 방문하는 것도 잊지 말라.
- 잘 알려진 앱뿐만 아니라 자신의 분야에 맞는 앱과 온라인 서비스를 탐색하라. 종종 가장 큰 혁신은 진취적인 스타트업에서 나온다.
- 자신이 관심 있는 주제, 관련된 스타트업, 기술 회사를 팔로우하라. 많은 경우가 해당 분야의 미디어보다 더 나은 콘텐츠를 제공한다.
- 해당 회사에서 일하는 몇몇 사람들을 찾아 트위터나 링크드인에서 팔로우하라. 이상적으로는 창립자, 제품 책임자, 그리고 다른 공개된 인물들을 팔로우하는 것이 좋다. 이렇게 되면 그들과 마치 회의실에서 함께 있는 것 같은 상세한 정보를 얻을 수 있을 것이다.

이 책의 앞부분에서 인터콤을 언급했는데 이 회사는 AI를 고객 지원 도구에 통합한 선구자 중 하나였다. 이로 인해 그들의 제품은 경쟁에서 앞서 나갔고, 동시에 소셜 미디어를 통해 지속적으로 업데이트를 공유하면서 고객 서비스 업계에 있는 모든 사람에게 영감을 줬다. 이것이 바로 모든 부서의 직원에게 스마트한 미디어 소비가 중요한 또 하나의 이유이다.

---

* "There's An AI For That(TAAFT)"은 다양한 AI 도구를 한데 모아 제공하는 AI 도구 통합 플랫폼으로써 사용자가 특정 작업을 해결하기 위한 AI 도구를 쉽게 찾을 수 있도록 도와준다. 2024년 기준 약 19,000개의 AI 도구를 제공하며, 15,000개 이상의 작업과 4,800개 이상의 직무를 지원한다. TAAFT는 매일 업데이트되며, 최신 AI 도구뿐만 아니라 인기 있는 도구도 소개한다. – 옮긴이
** GPTsHunter는 다양한 GPT들을 공유하고 발견할 수 있는 온라인 플랫폼으로써 사용자는 직접 만든 GPT 프롬프트를 제출하거나 다른 사람이 만든 프롬프트를 찾아서 생산성 향상, 프로그램 개발, 글쓰기 등 다양한 작업에 활용할 수 있다. – 옮긴이

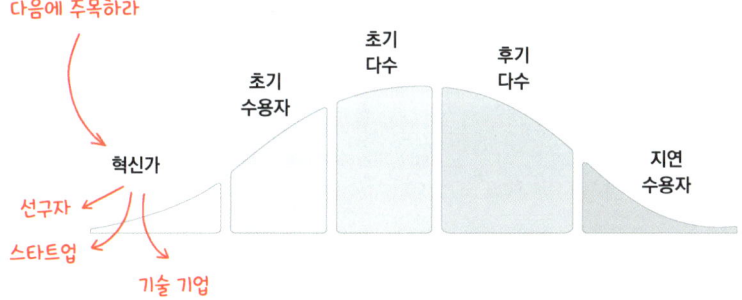

다시 건축가 이야기로 돌아가 보자. 나는 몇 분의 검색으로 텍스트를 기반한 내부 레이아웃 설계를 생성하는 "텍스트–투–플랜text-to-plan" 기술을 전문으로 하는 스타트업[4]을 발견했다. 창립자의 링크드인 프로필[5]을 찾아보니 그는 건축에서 AI 활용에 관한 훌륭한 글들을 정기적으로 게시하고 있었다. 바로 이거였다. 나는 그를 팔로우하기 시작했고, 그 덕분에 이 주제에 대한 정보가 점점 더 쌓이게 됐다.

그러나 위처럼 소셜 미디어 알고리듬에만 의존하지 말고 자신의 사회적 버블 밖의 세계도 탐험할 줄 알아야 한다. 역사적으로 많은 중요한 발명은 겉보기에는 전혀 관련이 없어 보이는 영감에서 나왔다. 예를 들어 포도 착즙기는 구텐베르크에게 인쇄기라는 아이디어를 줬고, 런던의 그레이트 오몬드 스트리트Great Ormond Street 어린이 병원은 포뮬러Formula 1 피트 스톱pit stops* 기술을 모방해[6] 중환자실의 오류율을 줄였다. 이와 마찬가지로 새로운 스마트 도구는 다양한 분야와 부서에서 활용될 수 있다. 산업에 종사하는 사람도 프로그래머를 위한 코파일럿에서 영감을 얻어 제조업에 활용할 방법을 떠올릴 수 있다.

---

* Formula 1 피트 스톱은 레이스 중 차량을 정비하고 타이어를 교체하는 매우 중요한 과정으로, 시간을 최소화하는 것이 핵심이다. 현대 F1에서 피트 스톱은 보통 2초 미만으로 진행되며, 이는 정밀한 팀워크와 기술의 결합 덕분이다. – 옮긴이

작가 윌리엄 깁슨William Gibson의 유명한 말이 있다. "미래는 이미 와 있다. 단지 고르게 퍼져있지 않을 뿐이다."

이는 선구자들과 혁신가들을 관찰함으로써 미래를 엿볼 수 있고 그곳에 더 빨리 도달할 방법을 찾을 수 있다는 뜻이다.

2. 실험

영감만으로는 충분하지 않다. 새로운 디지털 혁신의 가능성과 그 (때로는 일시적인) 한계를 진정으로 이해하려면, 직접 나서서 시도하고 경험해 봐야 한다.

폭스바겐 브랜드 중 하나의 HR 부서와 함께 고급 데이터 분석을 팀에 도입하는 방법을 브레인스토밍하던 중, 우리는 첫 번째 해커톤을 열기로 했다. 해커톤은 참가자들이 짧은 시간 내에 프로토타입을 만드는 인기 있는 행사이다. 이는 스마트 비즈니스 인텔리전스 도구들이 널리 퍼지기 훨씬 전의 일이었으며, 당시에는 모두가 데이터를 이야기했지만 대부분의 사람은 어떻게 활용할지 잘 알지 못했다. 우리는 몇몇 스타트업을 초대하고 사용 가능한 데이터를 제공한 후, 단 하루 만에 그 데이터를 통해 유용한 인사이트를 도출해 내도록 했다.

대부분의 팀이 특정 문제를 해결하는 데 집중했지만, 한 팀은 정리된 포맷 회사 데이터를 포함한 최신 분석 앱을 실제로 보여주는 데 주력했다. 최종 발표 중, 한 관리자가 손을 들어 이전에 작업했던 특정 보고서를 요청했다. 이후 몇 가지 후속 질문 후, 결과는 몇 초 만에 화면에 나타났다. 그녀는 흥분했는지 화가 났는지는 모르겠지만, 놀란 것은 분명한 사실이었다. 왜냐하면 그로부터 일주일 전, 그녀는 같은 보고서를 작성하는 데 몇 시간을 소비했기 때문이다. 그러나 이 경험을 통해 데이터와 함께 일하는 방식이 어떻게 달라질 수 있는지 즉시 깨달았다.

특히 실험은 AI 도구와 관련해서 더욱 중요하며, AI 도구와 함께 실험하는 것이 핵심이다. AI는 뉴스에서 자주 언급되지만 직접 사용해 보기 전까지 그 잠재력을 온전히 이해하기는 어렵다. 전통적인 앱과는 달리 AI는 명령에서 결과로 이어지는 명확한 경로가 없다. 때로는 두 사람이 같은 명령어를 입력하더라도 AI가 서로 다른 결과를 생성하기도 한다.

그래서 다양한 명령어와 모델을 시도하며 계속해서 AI 도구를 실험하는 것이 중요하다. 이를 통해 최상의 결과를 얻는 방법을 찾아낼 수 있다. 다행히도 AI 도구들은 매우 사용자 친화적이어서 로그인만 하면 바로 사용할 수 있는 '놀이터'가 열려 있다.

실험을 위한 몇 가지 팁

- 작은 목표부터 시작하라. 새로운 앱을 사용하며 몇 가지 명령어를 세밀하게 조정해 보라. 타이핑 대신 AI와 대화하는 방식을 시도해 보라.
- 작은 것부터 시작할 수도 있다. 예를 들어 휴대폰에서 자주 반복하는 문구를 단축어로 설정해 보라.
- 자신이 사용하는 몇 가지 프로세스나 워크플로우를 매핑해 보라. 최신 다이어그램 도구[7]를 사용하거나 단계별 목록으로 설명해 보라. AI로 세밀하게 조정하고 싶은 부분을 하나 이상 선택하라. 이미 사용 중인 앱이나 새로운 스마트 도구 중 하나를 활용해 보라.
- AI를 활용할 수 있는 자동화 앱[8]을 실험해 보라. 누군가가 알려줄 때까지 기다리지 말고 직접 시도해 보라. 자주 하는 작업 하나를 선택하라. 처음에는 약간 어렵거나 서툴 수 있지만 *지금 바로* 그 방향을 찾게 될 것이다.
- 만약 이 모든 것이 부담스럽다면 디지털 코치[9]를 찾거나, 경험이 많은 동료를 초대하거나, 친구들에게 함께 실험해 보자고 제안할 수도 있다.

- AI를 적용하거나 자동화를 구현하는 해커톤을 구성할 수도 있다. 너무 진지할 필요는 없다. '프롬프트 시합'을 시도해 봐도 좋다. 누가 AI로 가장 멋진 그림이나 다른 출력을 만들어낼 수 있는지 겨뤄보는 것도 재미있을 것이다.

건축가와 그의 팀은 자동화 전문가들을 초대하고 팀을 나눠 하루 동안 가장 많은 업무를 자동화하는 팀을 뽑는 경연을 열 수 있다. 일부 팀원들은 디지털 코치를 고용해 워크플로우를 세밀하게 조정하는 도움을 받을 수 있다. IT 부서와 협력해 적합한 AI 앱 목록을 작성하고 이를 사용해 보고 싶은 모든 사람에게 접근 권한을 줄 수도 있다. 그리고 매달 디지털 조찬 모임을 열어 경험을 공유하고 새로운 스마트 도구를 더 효과적으로 활용할 방법을 논의할 수 있다.

이러한 활동들은 최소한의 비용으로 새로운 사고방식을 개발하는 데 도움이 된다. 약간의 시간과 주도성만 있으면 된다. 그러나 때로는 조직이 '너무 바빠서' 혁신을 도모하지 못할 때가 있는데, 우리는 이 생각과 싸워야 한다. 전설적인 코미디언 존 클리즈$^{John\ Cleese}$가 '관리 관점에서의 창의성'에 대해 통찰력 있는 강연[10]을 한 적이 있는데, 그는 관리 관점에서의 창의성은 재능이 아니라 태도의 문제라고 정확히 설명했다. 좋은 아이디어를 내기 위해서는 먼저 사람들이 압박을 받지 않고 여러 아이디어를 실험하고 브레인스토밍할 수 있는 "개방적 환경"에 있어야 한다. 그런 상태는 "중요한" 오전과 오후 회의 사이의 한 시간 동안에 일어날 수 없다.

> **사고방식을 해킹하라**
>
> 해커톤을 조직하거나 이것에 참여하는 것은 AI에 더 익숙해지고 AI가 실제로 무엇을 할 수 있는지 확인하는 완벽한 방법이다. 우리는 이를 "패스트 트랙(fast track)" 접근 방식이라고 부르는데, 집중된 팀워크를 통해 몇 시간 만에 놀라운 결과를 볼

수 있기 때문이다. 비프로그래머도 참여할 수 있는 해커톤을 조직하는 방법은 다음과 같다.

1. **팀 구성**: 한 팀만 있어도 좋은 시작이지만, 팀이 많을수록 더 즐거운 경험이 된다.
2. **적절한 도구 선택**: 최고의 AI 모델을 탐색하고, 로우코드* 도구를 실험할 수 있는 기회를 가져라. AI로 자동화를 쉽게 구축할 수 있는 도구들을 활용하는 것이 중요하다. 다행히도 이 책에는 훌륭한 예시들이 가득하다.
3. **간단한 작업부터 시작**: 명령어를 시도해 보거나 프로세스를 시각화해 AI가 유용할 수 있는 부분을 찾아보라. 또는 기발한 프로젝트를 브레인스토밍하고, 로고부터 웹사이트까지 처음부터 구축해 보는 것도 좋다.
4. **복잡한 과제에 도전**: 팀이 익숙해질수록 작업 자동화, 회사 문서에 AI를 활용하는 방법, 또는 수신 이메일에 대한 답변을 제안하는 봇을 만드는 것과 같은 복잡한 과제에 도전하라. 물론, IT 보안을 잊지 말아야 한다.
5. **팀을 섞어보라**: 팀을 다양하게 구성하면 사람들 간의 협업과 배움이 촉진된다. 몇 명의 전문가가 도움을 주는 것도 좋은 아이디어다.

만약 회사나 큰 조직에 속해 있지 않다면 지역에서 열리는 "AI 또는 로우코드 해커톤"을 찾아보라(대부분의 해커톤은 IT 전문가를 대상으로 하지만). 아니면 직접 해커톤을 조직해도 된다. 복잡할 필요는 없다. 중요한 것은 스마트 도구의 잠재력을 탐구하고, 새로운 것을 배우며, 재미있게 즐기는 것이다.

3. 공유

걱정하지 말고 시도해 본 것들, 효과가 있었던 것과 없었던 것에 대해 편하게 이야기하라. 기술에 능한 사람이 주변에 있다면 주저하지 말고 연락해 보라. 동료나 친구에게 물어보거나 링크드인에서 연결을 시도해 보고 IT 부서 사람들에게 문을 두드려봐도 좋다.

---

* 로우코드(LowCode)는 프로그래밍 코드를 거의 작성하지 않고 애플리케이션을 개발할 수 있는 소프트웨어 개발 방식이다. 주로 시각적인 인터페이스와 드래그 앤 드롭 도구를 사용해 빠르고 쉽게 애플리케이션을 만들어 줘 비전문가도 복잡한 코딩 없이 애플리케이션 개발에 참여할 수 있다. – 옮긴이

내가 즐겨 쓰는 핵심 아이디어 중 하나는 혁신가와 시간을 보내면 자신도 혁신가가 된다는 것이다. 그러니 비슷한 사고방식을 가진 사람들과 만나 경험을 교류할 것을 추천한다. 스타트업을 초대하거나, 디지털 생산성에 관심 있는 커뮤니티에 참여하거나, 흥미로운 혁신에 대한 링크를 공유하는 그룹 채팅방을 만들어보라.

지식 공유는 어떻게 접근해야 할까?

- 공유는 팀, 전체 회사, 또는 여러 회사의 사람들로 조직된 커뮤니티에서 이뤄질 수 있다.
- 첫걸음을 적극적으로 내딛어라. 회의를 만들거나, 회사 행사에서 발표에 참여하거나, 회사의 내부 채팅 플랫폼에 글을 올리는 것부터 시작해 보라.
- 물론 스스로 이러한 모임을 조직할 수도 있다. 이때 다른 기관이나 다른 분야에서 온 혁신가와 기술 애호가를 정기적으로 초대할 것을 추천한다. 그들과 혁신에 대해 이야기할 뿐만 아니라 그들의 작업 방식에 대해서도 대화를 나눠보라.
- 정기적인 팀 회의의 마지막 10분을 활용해 지난주에 접한 흥미로운 것들을 서로 공유하라.
- 공유 세션에서도 매우 솔직한 피드백[BHF]을 도입하라. 자신의 화면을 공유하고, 전문가에게 자신의 작업 방식을 보여주는 것을 두려워하지 마라. 그들이 더 스마트하게 일할 수 있는 방법을 조언해 줄 것이다. 이는 당신의 역량을 한 단계 끌어올리는 최고의 방법이다.
- 공유를 통해 자신의 경험이 다른 사람에게 전파된다. 흥미로운 혁신을 발견하고 좋은 경험을 했다면 이를 공유함으로써 다른 사람도 그 내용을 배울 수 있다. 특히 큰 조직에서 일하는 경우, 배움은 이러한 종류의 공유를 적극적으로 지원해야 하는 주요 이유 중 하나가 될 것이다.

- 잘된 것뿐만 아니라 잘되지 않은 것도 공유하라. 문제를 포기하지 말고, 무엇이 잘못됐는지 그리고 어떻게 해결할 수 있을지 고민하라.

이제 가장 중요한 것을 말하겠다. 디지털 비전부터 작은 팁까지 모두 공유하라.

왜 비전을 공유해야 할까? 목표가 어디인지 보여줌으로써 피드백을 받고, 주변 사람들의 지지를 얻으며, 놓쳤을 수 있는 새로운 지름길을 발견할 수 있기 때문이다. 그래서 나는 미래에 대한 비전을 공유할 것을 권장한다. 가장 이상적인 방법은 어디 적어두거나 디지털 비전 문서를 작성해 쉽게 공유할 수 있게 만드는 것이다.

작은 팁을 공유하는 이유는 무엇일까? 이는 사람들이 새로운 작업 방식을 발견하고 서로의 상상력을 자극하는 데 도움이 되기 때문이다. 미국 제조업체 패스트캡FastCap 11에서 영감을 받은 원칙이 여기에 큰 도움이 됐다. 그들은 이를 *2초 린*2 Second Lean이라고 부르는데, 누군가 자신의 작업을 단순화했을 때 비록 2초를 절약하는 것이라도 다른 사람들과 공유하는 것이 규칙이라는 의미를 가진다. 동료는 당신이 평소 어떤 일상 업무를 지루하게 느끼는지 전혀 모를 수 있다. 이 팁은 다른 사람들의 업무와 직접적으로 관련이 없더라도 상관없다. 한 사례에서는 주방 커피 주문을 자동화한 이야기가 전체 회사의 재무 보고 정보 수집을 자동화하는 계기가 된 적도 있다.

앞서 언급한 건축 스튜디오와 관련해, 나는 누구든지 아이디어나 흥미로운 혁신이 있다면 이 링크를 공유할 수 있는 그룹 채팅방을 만들 것이다. 그리고 디자인과 그래픽 프로그램 전문가뿐만 아니라 자동화 전문가들을 정기적으로 초대할 것이다. 해외의 스타트업과 소프트웨어 개발자들도 초대할 것이다. 물론 모든 과정을 온라인으로 진행해 회사 전체가 참여할 수 있게 하고, 기록된 콘텐츠를 나중에 활용할 수 있도록 할 것이다. 또한 다른 회사의 건축가와 AI 및 기타 기술의 활용 경험을 교환하는 논의를 열겠다. 최소한 1년에 한 번은 미래 전략 회의를 조직해 가장 주목할 만한 혁신을 선정하고 이에 에너지와 자금을 투자하는 방향을 논의할 것이다.

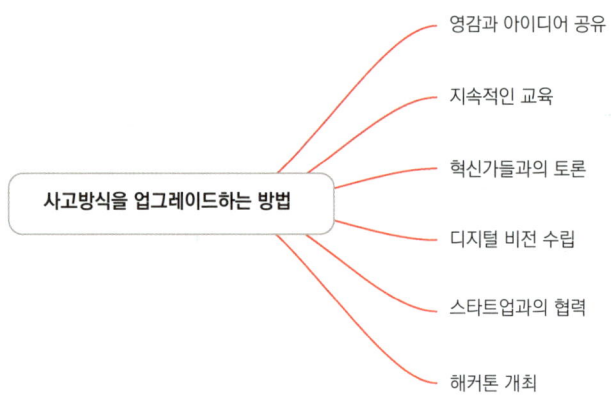

일단 혁신에 진심인 사람들과 대화를 시작하면 그 대화에서 시간을 들일 가치가 있는 도구들이 계속해서 등장할 것이다. 모든 세부 사항을 완벽히 이해할 때까지 기다리지 말고, 바로 소매를 걷어붙이고 시도해 보라. 지금 당장 당신에게 유용할 수 있는지 직접 확인해 보는 것이 중요하다.

'노 워크'의 꿈을 실현하는 길이 복잡해 보일 수 있지만 사실은 처음 몇 걸음에서 시작된다. 그리고 그 첫걸음은 전혀 어렵지 않을 수 있다. 스스로 영감을 얻고, 실험하고, 공유하라. IES!

모두가 동참하고 있는가?

관리자들은 종종 상사, 부하 직원, 동료, 심지어 전체 회사에 동기를 부여해야 할 때 우리에게 도움을 요청한다. 이러한 경우에는 IES 프레임워크만으로는 충분하지 않을 수 있으며, 특히 대규모 조직에 속해 있을 때 그렇다. 그러나 변화를 구현하는 원칙은 어디에서나 적용되므로 항상 리더들부터 시작하는 것이 좋다. 리더들이 먼저 AI가 가져올 변화를 이해하고 그에 맞춰 회사의 미래를 대비할 필요가 있기 때문이다.

로버트 아이거Robert Iger는 디즈니의 CEO로 오랜 기간 재직하며 자신의 자서전[12]에서 매년 열리는 회의 중 하나에서 미래에 대한 논의에 전념했던 아이디어를 소개했다. "우리는 2017년 회의 전체를 혁신에 대해 논의하는 데 사용하기로 했고, 각 사업 부문 리더들에게 그들이 목격한 혁신의 수준과 이 수준이 사업의 건강에 미칠 영향을 이사회에 보고하도록 지시했다." 이 회의와 그 외 여러 논의를 바탕으로 내린 결정은 모든 스트리밍 서비스 활동을 가속화하는 것이었다. 그들은 뱀테크BAMTECH를 인수하기로 했고, 이 플랫폼을 기반으로 디즈니플러스Disney+ 서비스를 출범시켰다. 디즈니플러스는 곧 세계에서 가장 성공적인 스트리밍 서비스가 됐다.

나는 모든 회사가 미래에 대한 유사한 논의를 해야 한다고 굳게 믿으며 이상적으로는 모든 부서도 이러한 논의를 해야 한다고 생각한다. 사람들이 정기적으로 디지털 비전을 업데이트하면 어디에 주목해야 할지 명확하게 알 수 있다. 이 논의에서 사업주와 리더들에게 또 다른 중요한 맥락이 있는데, 바로 위험 관리와 관련된 부분이다. 즉, 잠재적 위협을 이해하고 이를 어떻게 완화할지 논의하는 것이다. 이전 장들에서 AI가 기회뿐만 아니라 다양한 위험도 가져올 수 있다는 점을 배웠다. 이를 대비하는 것은 경영진의 책임이다. 만약 경쟁사가 더 나은 AI를 직원에게 활용하도록 허용해 귀사가 새로운 인재를 유치하지 못하게 된다면 어떻게 할 것인가? 고객이 자율 협상 도구를 사용하기 시작해, 그동안 쌓아온 관계가 사라지고 이와 함께 수익도 줄어든다면 어떻게 할 것인가?

당장 오늘이나 내일 그런 일이 생기지는 않겠지만, 리더십의 역할은 현재의 질문에 답하는 것이 아니다. 경쟁 우위를 유지하고자 하는 기업은 앞으로 2~3년을 내다보며 선제적으로 계획해야 한다. 이는 아마존의 창립자

제프 베이조스Jeff Bezos가 한때 말한 것과 같다[13]. "누군가가 뛰어난 분기 실적에 대해 축하 인사를 건넬 때, 나는 감사하다고 말한다. 하지만 속으로는 그 분기 실적은 사실상 이미 3년 전에 거의 완성됐다고 생각한다."

중대한 기술 변화를 추진하는 것은 몇 주 만에 해결될 문제가 아니므로 지금 당장 시작해야 한다. 아직 계획이 없다면 팀원들에게 몇 개월 정도 AI를 활용해 그 가능성과 한계를 파악할 시간을 줘라. 그런 다음 각 팀이 이러한 기술을 어떻게 적용할 것인지에 대한 명확한 계획을 발표하게 하라. 그렇지 않고 어떻게 디지털 비전을 현실로 바꿀 수 있겠는가?

기술에 별로 관심이 없는 사람들은 어떻게 할 것인가?

수년에 걸쳐, 나의 고객사 스타트업들은 수만 명의 직원을 교육해 왔다. 그들 중 많은 이가 처음에는 무관심했지만, 점차 기술 애호가가 됐고, 일부는 숙련된 고급 사용자로 발전했다.

이 과정을 통해 우리는 이러한 변화를 이루는 데 가장 효과적인 방법을 발견했다.

- IES를 설정하라: 영감Inspiration, 실험Experimentation, 공유Sharing.
- 책에서 다룬 다른 방법들과 프레임워크도 활용하라: 디지털 비전[14], 노 워크 탐색기[15], AI를 언제, 어떻게 사용할지 고려하는 간단한 개념인 AAAI(창작Author 〉 승인Authorization 〉 AI).
  이러한 도구들을 동료에게 소개하고 함께 논의하라.
- 단순한 논의로 그치지 말라. 동료에게 새로운 스마트 도구를 어떻게 업무에 활용할 것인지에 대한 계획을 발표하도록 요청하라.
- 야심 찬 목표를 두려워하지 말라. 이 도구들이 얼마나 많은 수익을 가져올 수 있는가? 인력의 일부를 AI로 대체했을 때 얼마나 많은 돈이나 시간을 절약할 수 있을 것인가?

- 디지털 과제의 정기적인 수행을 목표와 성과 지표에 포함하라. 좋은 예로는 "한 달에 최소 한 개의 AI 도구를 시도하기" 또는 "분기마다 최소 한 번 스타트업과의 회의 조직하기"가 있다. 사람들이 이러한 과제를 수행하고 그 결과를 공유하면 그들의 성장은 한층 더 앞서 나가게 된다.
- 주변에 기술 애호가가 있다면 그들을 디지털 홍보대사로 만들어 활동에 참여시켜라. 그들의 열정을 활용해 팀원들에게 영감을 주고 디지털 도구와 혁신적인 기술을 더 효과적으로 도입할 수 있을 것이다.

주변 동료 중에는 기술에 밝지 못한 사람들이 있을 수 있다. 이 경우 그들이 어떻게 단계적으로 삶을 더 편리하게 만들 수 있는지 보여줘라. 간단한 앱부터 시작해 이후에 더 복잡한 도구로 넘어가면 된다. 누군가 배우고자 하는 마음만 있으면 결국에는 배우게 된다.

"모르겠고, 원치도 않고, 상관없다"는 태도를 가진 사람과는 문제가 있을 수 있다. 이 경우, 입증된 변화 관리 방법을 추천한다. "나에게 어떤 이득이 있는가?"의 관점에서 구체적인 이점을 보여주고 변화가 위험해 보일지라도 진정한 위험은 아무것도 하지 않는 것임을 상기시켜라. 여기서 중요한 것은 대면 대화를 통해 문제의 근본 원인을 파악하는 것이다. 일부 사람은 기술 자체를 두려워하고 다른 사람들은 처음에 실수할까 봐, 바보처럼 보일까 걱정할 수도 있다.

그러나 문제를 파악한 후에는 효과적으로 대응할 수 있다. 이미 사고방식을 바꾸고 새로운 스마트 도구를 스스로 사용하고 있는 사람들을 사례로 제시하는 것도 매우 효과적이다. 이러한 성공 사례는 다른 사람들에게 긍정적인 영향을 미치고 변화를 받아들이는 데 도움이 된다.

최후의 방법도 있다. 다른 회사에서 비슷한 직책을 맡고 있으면서 디지털 사고방식을 가진 사람을 초대해 동료들에게 이러한 사람들이 노동 시장에서 그들의 경쟁자임을 강조하는 것이다. 예전에 디지털화에 대한 임원들의 태도에 만족하지 못한 고객을 위해 이 방법을 사용했는데, 그들의 표정은 정말 잊을 수 없었다.

이러한 방법으로도 효과가 없다면, 그 사람을 팀에서 용인해야 할 수도 있겠지만... 알다시피 다른 선택지도 있다. 그러나 무엇보다도 변화에 열의가 있고 사고방식을 바꾸는 데 도움이 되는 팀원을 잊지 마라. 그들은 조직 내 나머지 사람들의 사고방식을 변화시키는 데 중요한 역할을 할 수 있다.

> **부모를 위한 팁**
>
> 자녀가 있습니까? 그들과 함께 새로운 기술에 대해 이야기하고 탐험해 보세요. 자녀가 AI에 익숙하지 않다면 몇 가지 앱을 보여주고 학교나 방과후 활동 등에서 사용할 프로젝트를 직접 생각하게 하세요. 그들이 어떤 아이디어를 내놓으며 당신을 놀라게 할지 모릅니다. 이것은 매일 더 중요해지고 있는 도구들을 미리 익힐 수 있는 좋은 기회가 될 것입니다.

공급자를 잊지 말라

이 장에서 배운 지식은 파트너들에게도 적용된다. 만약 그들이 스스로 새로운 기술을 활용하는 아이디어를 제안하지 않는다면 그들에게 직접 물어보거나 아이디어의 중요성을 설득해 보라. 아니면 새로운 공급업체를 찾아보는 것도 좋다. 스스로 새로운 스마트 도구를 활용하는 업체들 말이다. 그들과 함께 실험을 진행하면 더 많은 가치를 창출할 수 있을 것이다.

우리가 회계 시스템을 변경하고자 했을 때 나는 재정 관련 프로세스의 숨겨진 구석들을 살펴봤고, 그 결과는 정말 충격적이었다. 모든 청구서가 수작업으로 입력되고 있었고, 반복 결제는 매달 다시 입력해야 했다. 요컨대 "똥 묻은 개가 겨 묻은 개 나무란다"는 속담과 완벽히 같은 상황이었다. 나는 회계사와 이 문제를 논의하며 재정 디지털화를 위한 앱들을 보여줬지만 돌아온 대답은 "그건 안 될 겁니다"였다. 내가 새로운 공급업체를 찾겠다고 말한 후에야 그녀는 시도해 보겠다고 했지만 아무리 봐도 진전이 없을 것임은 분명했다.

이후 내가 기대하는 서비스에 대해 생각한 후, 여러 공급체에 연락해 요구사항을 논의했다. 어떤 업체에게는 이 서비스가 미지의 영역인 반면, 어떤 업체는 그들의 전문 분야임이 금방 드러났다. 하지만 나는 우리의 요청을 전달했을 때 그들이 보여준 태도에 가장 큰 비중을 뒀다.

우리는 모두 누군가에게 공급업체로, 직원으로 서비스를 제공한다. 이 점을 기회로 삼아 돋보일 수 있다. 회사들은 디지털 사고방식을 가지고 일하는 협력자를 필요로 한다. 만약 당신이 그중 하나라면, 이를 효과적으로 전달하고 모든 기회에서 강조하는 법을 배워야 한다.

핵심 요약

1. 사고방식의 변화는 새로운 기술을 수용하고 업무 가치를 높이는 혁신적인 방법을 찾기 위해 필수적이다.
2. IES 프레임워크를 활용해 올바른 사고방식을 개발하라.
   - 영감Inspiration – 다양한 영감의 원천을 통해 창의성을 키우고 혁신의 불씨를 지펴라.
   - 실험Experimentation – 직접 실험을 통해 AI의 가능성과 한계를 탐구하라.
   - 공유Sharing – 성공과 도전을 투명하게 공유하며 열린 협업을 촉진하라.

   관리자는 팀과 함께 혁신적인 기술이 미래에 미칠 영향을 논의해야 한다. 이를 통해 조직 전반에 걸쳐 이러한 기술을 어디에서, 어떻게 적용할지에 대한 명확한 계획을 세울 수 있다.
3. 기술에 익숙하지 않은 동료들을 참여시키려면, 구체적인 이점을 보여주고 그들의 특정한 우려를 해결하며, 동료들이 새로운 도구를 성공적으로 도입한 사례를 강조하라. 디지털 역량 강화를 위한 간단하고 야심 찬 목표를 설정하는 것도 도움이 될 수 있다.
4. 비즈니스에서 가장 위험한 말은 "우리는 늘 그렇게 해왔다"이다. 실험과 혁신을 장려하는 문화를 조성해 변화에 앞서 나가도록 하라.

실천 과제

1. 영감, 실험, 공유 시스템을 구축하라. 팀 또는 독립적으로 진행할 수 있다. 관련된 영감을 얻는 자료 출처를 구독하고, AI 기술을 정기적으로 실험하며 새로운 워크플로우를 탐구하라. 경험을 논의하고, 성과를 축하하며, 실패로부터 배우는 지식 공유 세션을 조직하라.

2. AI를 실험할 수 있는 해커톤이나 워크숍을 조직하라. 초보자들에게는 최적의 프롬프트 작성법 탐구, 프로세스 매핑, AI 응용 방안 브레인스토밍에 집중하라. 기술적인 팀은 로우코드 도구와 AI를 활용한 본격적인 해커톤에 도전할 수 있다.

3. AI 트렌드가 당신의 업무나 비즈니스에 미칠 영향을 고려하라. 회사에 있다면 이에 대한 논의를 조직하라. 관리자는 그들의 통찰을 공유할 수 있도록 발표를 준비하고 이를 동료와 나누는 역할을 맡아야 한다.

III.
새로운 초능력

기술의 힘을 부리는 법

7. 새로운 시대를 위한 역량

나는 수백 번의 행사에서 연설했지만 그중 가장 기억에 남는 것은 2017년 프라하에서 열린 디지털 기회와 트렌드 정상회의Digital Opportunities & Trends Summit였다. 그 행사의 주요 연설자는 마이크로소프트 CEO 사티아 나델라Satya Nadella였고 수백 명의 중요한 사업가들이 청중으로 있었다. 나는 개회 기조연설을 할 영광을 얻었고 너무 긴장해서 그때 무슨 말을 했는지 거의 기억나지 않는다.

그러나 나델라의 발표 내용만은 매우 정확하게 기억하고 있는데, 그날 이후로도 그는 여러 번 이를 언급[1]했다. "모든 것을 배우려는 사람은 모든 것을 안다고 떠드는 자보다 항상 더 잘할 것이다." 이 말이 너무 인상 깊어서, 나는 배울 것이 더 이상 없다고 느낄 때마다 스스로에게 상기시키기 위해 사무실에 이 문구를 눈에 띄게 걸어두기로 했다.

하지만 안타깝게도, 나는 그런 태도를 가진 사람을 생각보다 자주 만난다. 노력도 하지 않으면서 당연히 교육이 제공돼야 한다고 생각하는 사람을 만나는 것 말이다. 내가 한 대형 은행이 주최한 행사에서 새로운 기술 습득의 중요성에 대해 이야기하고 있을 때, 청중의 첫 번째 질문은 "그러면 우리 인사부에서는 언제 AI 관련 교육을 제공하나요?"였다. 그들은 인사부장에게 묻고 있었지만 나는 이렇게 답변했다. "그런 교육은 부서에서 제공받을 필요가 없어요!" 왜냐하면 누구나 온라인 강의를 듣고, AI에 더 익숙한 동료와 대화하거나, 저비용으로 거의 모든 것을 해결할 수 있는 커뮤니티에 참여할 수 있기 때문이다.

이때 다시 한번 나는 스스로 성장에 적극적으로 참여하려는 것의 중요성을 상기하게 됐다.

누군가가 당신에게 다음과 같은 질문을 한다면 어떻게 대답할 것인가? "마지막으로 새로운 것을 배운 것이 언제인가요?", "이 지식이 당신의 업무 습관에 구체적인 변화를 가져왔나요?", "마지막으로 무엇을 자동화한 것은 언제였나요?", "하나의 프로세스를 개선한 것은 언제였나요?"

아마도 당신은 우리 고객들처럼 "어떻게 해야 할지 모르겠어요." 또는 "시간이 없어요."라고 대답하고 싶을 것이다. 그러나 개선을 우선순위에 두지 않고 시간을 내지 않으면 변화는 절대 일어나지 않는다. 이메일은 끊임없이 도착하고, 할 일은 쌓이며, 일정은 계속 채워진다. 이때 단 한 가지 줄어드는 것은 바로 당신이 시간을 계획하고, 일을 하고, 원하는 방식으로 인생을 사는 선택의 기회일 것이다.

물론, 당신은 아무 신경 쓰지 않고 그저 이미 알고 있는 것에만 의존해 살아갈 수 있다. 스티브 잡스Steve Jobs조차도 유명한 플레이보이Playboy인터뷰[2]에서 "우리는 다음 세대에게 권한을 넘기고 싶다."고 말했다. 그가 이루고자 했던 목표는 "우아하게 시대에 뒤처지는 것"이었다. 하지만 주의하라. 그가 이 말을 한 것은 1985년의 일이다. 그리고 우리가 알다시피 그때 그의 최고의 순간은 아직 다가오지도 않고 있었다.

당신의 경력이 아직 몇 년 남아 있다면 반드시 스스로를 교육해야 한다. 그렇지 않으면 새로운 도전에 대응하거나 새로운 기회를 활용할 수 없을 것이다. 이것은 우리뿐만 아니라 다음 세대와도 관련된 문제다. 그들이 살아갈 세상은 오늘날과 매우 다를 것이므로, 그들을 미래에 대비시키기 위해 우리는 그들이 성공하는 데 도움이 될 기술이 무엇인지 고민해야 한다.

이것은 우리 모두가 IT 전문가가 돼야 한다는 의미가 아니다. 오히려 그 반대이다. 새로운 스마트 도구들이 점점 더 일반 사용자들에게 접근 가능해지고 있다. 누구나 각자의 방식으로 IT 전문가가 될 것이라고 말할 수 있으며, 그들의 프로그래밍 언어는 자연스러운 인간의 언어가 될 것이다.

문제는 모두가 어느 정도 프로그래머가 되는 세상에서 가장 유용한 기술은 무엇일까 하는 것이다.

여기서 핵심은 자신의 역할을 진지하게 생각하는 것이다. 당신의 재능과 강점[3]은 무엇인가? 어디에서 당신이 뛰어날 수 있는가? AI 시대에 당신이 고용주나 고객에게 어떤 가치를 제공할 수 있는가?

기쁜 소식

이 책의 대부분은 새로운 기술과 관련 있다. 예를 들어 기술을 사용하는 능력(디지털 역량), 더 큰 성과를 이루는 리더십, 그리고 자신의 필요에 맞게 일을 설계하는 직무 설계 등이다. 좋은 소식은, 기술이라는 것은 배울 수 있다는 것이다. 그리고 반드시 어려울 필요도 없다. 그러나 덜 좋은 소식은 무언가를 진정으로 배우기 위해서는 시간, 에너지, 그리고 집중이 필요하다는 점이다. 단순히 기술을 배우는 것뿐만 아니라 이를 실제로 적용할 수 있는 능력이 더 중요하기 때문이다. 몇몇 사람은 여전히 기적의 다이어트 광고를 믿고 있지만 실제로 건강해지기 위해서는 식습관을 바꾸고 꾸준히 운동해야 한다. 새로운 기술을 배우는 것도 마찬가지다. 일부 사람들은 한 번의 강좌를 듣는 것으로 모든 것이 바뀔 것이라고 생각하지만 안타깝게도 세상은 그렇게 간단하지 않다.

다행히 교육은 더 이상 학교에서 배운 것에만 국한되지 않으며, 혹시나 필요할 때를 대비해 배운 내용들로 구성되지도 않는다. 새로운 스마트 도구들 덕분에 필요할 때 언제든지 배울 수 있는 환경이 점점 더 쉬워지고 있다. 우리는 무한한 정보에 접근할 수 있기 때문에 언제든 무엇이건 질문할 수 있다. 이후에 "(거의) 모든 것을 배우는 방법" 장에서 보겠지만, AI는 각자에게 개인 교사나 코치 역할을 하며 원하는 분야에서 조언을 제공할 수 있게 해준다. 구글 검색을 잘 활용하는 사람이 20년간 앞서 있었듯이, 이제는 AI와 편안하게 작업할 수 있는 사람이 선두에 설 것이다.

즉시 학습	사전 대비 학습
구글 유튜브 ChatGPT 상담 …	워크숍 웨비나 컨퍼런스 책 …

내일의 역량, 오늘 준비하기

나는 거의 평생을 성인 교육 분야에 종사해 왔다. 여러 대기업을 위한 역량 개발 프로그램을 설계했고 매년 수천 명의 비즈니스 리더들을 대상으로 워크숍을 이끌고 있다. 우리의 온라인 플랫폼은 다양한 분야의 수만 명의 직원들이 디지털 기술을 개발하도록 돕고 있다. 그뿐 아니라 디지스킬 평가Digiskills Assessment를 통해 기업의 디지털 기술 수준을 측정하고 평가하는 선구자로 자리매김하고 있다.

나는 이 모든 경험을 통해 사람들의 일하는 방식과 학습 방식에 대한 독특한 통찰을 얻게 됐다. 이러한 경험은 두 가지 명확한 결론으로 이어졌는데, 나는 이를 무의식적 무능unconscious incompetence과 관성에 갇힘trapped by inertia이라고 부른다.

1. 사람들은 자신이 무엇을 모르는지 모른다. 종종 디지털 도구를 사용하는 방법을 알고 있다고 생각하지만 실제로 그 도구로 무엇을 할 수 있는지 전혀 모른다.

2. 새로운 것을 배워야 한다는 사실을 깨달아도 종종 '희망 단계'에 머물러 있다. 시간 관리에 어려움을 겪고, 자신의 성공 가능성에 의문을 품거나, 첫걸음을 내딛는 것을 망설이게 된다.

어떤 사람은 현재 상황에 만족하며 AI와 자동화로 인한 명백한 위협에 직면한 그룹에 속해 있으면서도 추가 교육을 받을 동기를 느끼지 못한다. 하지만 당신은 다르다. 어쨌거나 이 책을 읽고 있지 않은가? 하지만 당신은 그런 사람을 알고 있을 수도, 심지어 그런 사람 중 한 명이 당신의 팀에 있을 수도 있다.

AI의 도래는 많은 사람에게 불편함과 두려움을 느끼게 만들었다. 그리고 그들은 마침내 새로운 사고방식과 기술 없이는 경쟁에서 뒤처질 것이라는 사실을 깨달았다. 나는 이러한 불안감이 유용하다고 확신한다. 왜냐하면 이 불안감이 우리로 하여금 마침내 행동을 취하게 하고, 익숙한 영역을 벗어나 도전하게 만들기 때문이다. 하지만 여전히 질문은 남아 있다. 우리가 집중해야 할 기술은 무엇인가?

무엇을 배워야 할까?

노 워크는 단순히 디지털 도구를 이용해 더 스마트하게 일하는 것만을 의미하지는 않는다. 도구는 여전히 도구일 뿐이다. 진정한 목표는 우리가 좋아하고 잘할 수 있는 일을 더 많이 해 우리에게 좋은 삶을 제공해 줄 수 있는 부가 가치를 창출하는 것이다. 일본어로는 *이키가이*^{ikigai}라고 부르며, 이는 "존재의 이유" 정도로 번역할 수 있다. 이키가이는 좋아하는 것, 잘하는 것, 다른 사람에게 도움이 되는 것, 그리고 그로 인해 보상을 받는 것을 모두 하나로 결합할 때 달성된다.

나발 라비칸트^{Naval Ravikant}는 『나발 라비칸트의 부와 행복의 원칙^{The Almanack of Naval Ravikant}』(동아엠앤비, 2024)에서 이렇게 말했다. "당신이 하는 일에서 세계 최고가 돼라. 이 말이 진실이 될 때까지 계속해서 당신이 하는 일을 재정의하라." 그러니 이 목표를 달성하는 데 도움이 될 것에 집중해 보라. "노 워크 탐색기"를 활용할 수도 있고, 스스로에게 다음과 같은 질문을 던질 수도 있다.

어떤 도구와 기술이 목표 달성에 도움이 될까?

더 나은 직장을 원하든, 많은 돈을 벌고 싶든, 또는 일을 절반의 시간에 끝내고 싶든 게이머gamer처럼 생각해 보라. 그들은 새로운 도시를 건설하거나 적군을 물리치기 위해 어떤 캐릭터와 도구가 필요한지 정확히 알고 있다. 당신에게 필요한 것은 거대한 캐릭터 하나인가, 아니면 도끼를 든 난쟁이 다섯 명인가? 디지털 비즈니스 아바타인가, 아니면 비즈니스 프로세스 자동화인가?

자신의 타고난 능력과 개인 브랜드에 진정으로 부합하는 기술을 찾아내 그 기술을 최대한으로 발전시키는 데 집중하라. 다른 분야에서는 기본적인 역량을 갖추는 것을 목표로 하고, 일부 업무는 AI에 아웃소싱하거나 위임하는 것도 고려해 보라. 오늘날의 성공은 모든 분야에서 전문가가 되는 것이 아니다. 리오넬 메시Lionel Messi도 머리로 공을 잘 다루지 못하고, 비너스 윌리엄스Venus Williams도 방향 전환이 빠르지 않다. 그럼에도 불구하고 그들은 살아있는 전설이다.

어떤 도구와 기술이 나에게는 간단하지만, 다른 사람들은 어렵다고 느낄까?

AI 행사에서 사람들이 AI로 자동화를 구축하려고 할 때 우리는 항상 참가자들에게 주로 어떤 것을 배웠는지 물어본다. 가끔 일부 사람들이 "이건 나랑 맞지 않네요. 시도해 본 건 좋지만 더 깊게 파고들지는 않을 것 같아요."라고 대답한다.

물론 AI의 전문가가 될 필요는 없다. 그럼에도 불구하고 어느 정도의 노력은 필요하다. 새로운 것을 배우는 과정에서 느끼는 약간의 불편함을 극복해야 한다. 왜냐하면 원하든 원치 않든 어느 정도는 AI를 다뤄야 하기 때문이다.

최고의 전략은 심도 있는 기술 지식과 디지털 도구의 실용적인 사용에 대한 기본적인 개요 사이에서 자신만의 최적의 지점을 찾는 것이다. 이렇게 하면 학습 과정에서 즐겁게 배울 수 있는 무언가를 발견할 가능성이 더 커진다. 이것이야말로 궁극의 라이프 해킹life Hacking*이며, 큰 이점을 제공할 수 있는 방법이다. 당신이 진정으로 배우고 싶은 것을 찾으면 더 끈기 있게 그 목표를 추구할 수 있을 것이다.

쉬워지기 전까진 무엇이든 어렵다.

또한 기술을 습득하는 것이 반드시 학습을 의미하지는 않는다는 점을 기억하라. 만약 무언가를 배우는 것이 어렵다면 그 기술을 다른 사람이나 AI로부터 고용하거나, 빌리거나, 구매할 수 있다. 오늘날의 아웃소싱 플랫폼[5]과 가상 작업자[6]들을 위한 마켓플레이스 접근이 그 어느 때보다 쉬워졌기 때문이다.

이 질문에 좀 더 잘 답하려면 다음 사항들을 고려하는 것이 중요하다.

1. **기술 능력 및 학습 의지**: 내가 그 기술을 가지고 있는가, 혹은 기술을 배우고자 하는 열의가 있는가?

---

* 라이프 해킹은 일상생활에서 더 효율적으로 시간을 절약하거나, 문제를 쉽게 해결하기 위한 간단한 팁이나 요령을 의미하는데, 주로 집안일, 건강 관리, 기술 사용 등에서 유용한 방법들이 소개되며 일상적인 불편함을 빠르고 창의적으로 해결할 수 있는 아이디어들을 지칭한다. – 옮긴이

2. **역량 및 예산**: 내가 직접 처리할 역량이 있는가, 아니면 아웃소싱할 예산이 있는가?
3. **내부 지원 및 외부 공급자**: 팀으로부터 도움을 받을 수 있는가, 아니면 외부의 지원이 필요한가?

이러한 요소들은 필요한 기술을 습득하는 가장 적절한 방법에 대해 신중한 결정을 내리게 도움을 줄 수 있다.

어떤 도구와 기술이 내 삶에 더 많은 기쁨을 가져다줄까?

'노 워크'의 목적은 우리가 하는 일을 즐기는 것이다. 그렇기 때문에 우리가 행복하게 일할 수 있는 환경을 만드는 것이 중요하다. 번거로운 작업을 줄이고 자유로워질 수 있는 정교한 시스템을 구축하라. 우선순위를 설정하는 법을 배워 필요 이상으로 사무실에서 시간을 보내지 않도록 하라. 우리를 지치게 만드는 모든 활동을 스마트 도구로 대체하라. 내가 일요일 밤에 월요일을 기대하게 되는 것이 나의 주요 목표 중 하나가 된 이유도 바로 여기에 있다.

미래를 대비하는 역량

우리는 새로운 스마트 도구의 잠재적 기회와 위험을 고려하는 방식으로 미래의 역량을 생각해야 한다. 무엇이 변화할 가능성이 높은가? 그리고 무엇이 시대를 초월해 본질적인 가치를 유지할 것인가?

능력 있고 유능한 사람에게는 언제나 수요가 있을 것이다. 최고의 장기적인 커리어 전략은 자신을 매우 유능하게 만들고 그 상태를 유지하는 데 집중하는 것이다. 이는 일반적인 조언처럼 보일 수 있지만 그것이 바로 핵심이다. 중요한 것은 자신이 하는 일에 뛰어나야 하며 새로운 것에 적응하고 배움에 투자하는 법을 아는 것이다.

이것이 내가 모든 사람이 안정된 회사에서 직장 생활을 하는 것뿐만 아니라 스타트업에서의 창의적인 혼란을 경험하거나, 프리랜서로 일해보거나, 최소한 사이드 프로젝트를 시도해보기를 권장하는 이유 중 하나이다. 특별히 전문화된 업무가 아닌 이상, 당신의 역할은 끊임없이 변할 것이며 종종 여러 역할을 동시에 수행하게 될 것이다. 그러므로 모든 경험이 중요하다.

여기엔 무엇을 하든 당신의 시장 가치를 높여줄 기술들이 있다. AI 시대에는 이러한 기술들이 더욱 중요해질 수 있는데, 이는 AI에 의존하는 사람들과 훨씬 더 많은 것을 해낼 수 있는 사람을 구분 짓기 때문이다. 이러한 기술에는 다음과 같은 것이 있다.

- **소통** – 아이디어를 구체화하고 AI에게 지시를 내리거나 이해하기 쉬운 글을 쓸 수 있는 능력을 의미한다.
- **영업** – 우리는 모두 일, 서비스, 아이디어 등 무언가를 팔고 있다. 그래서 공감 능력과 다른 사람을 설득하는 능력이 필요하다.
- **마케팅** – 아무리 뛰어나더라도 사람들이 알지 못하면 소용이 없다. 마케팅은 당신이 하는 일, 당신이 하는 말 그리고 당신에 대해 말해지는 모든 것을 의미한다.
- **심리학** – 사람들의 필요, 행동, 동기는 모두 다르다. 하지만 사람과 사회가 작동하는 근본적인 메커니즘은 변하지 않는다. 이를 이해하면 더 나은 조건을 협상하고 사람들이 기꺼이 구매할 서비스를 창출할 수 있다.
- **의사결정** – 우리는 항상 우선순위, AI의 활용 그리고 함께 일하고 싶은 사람에 대해 결정을 내리고 있다. 좋은 의사결정은 단지 올바른 방식으로 일하게 할 뿐만 아니라 올바른 일에 집중하게 한다. IBM의 AI 관련 기술 연구[7]에 따르면, 오늘날 가장 중요한 기술은 좋은 의사결정을 내리는 능력이다.

- **디지털 기술** – 약간의 고급 기술을 익히는 것은 언제나 도움이 된다. AI가 많은 작업을 간소화하거나 자동화할 수 있지만, 이를 최대한 활용하려면 터미널을 사용하고 스크립트를 다루는 것을 주저하지 말아야 한다. 웹사이트, 데이터베이스, API에 대한 기본적인 이해가 필수적이며 이를 통해 다른 유용한 앱들과 어떻게 연결할 수 있는지 아는 것이 중요하다.

이러한 기술들을 이미 마스터했는가? 그렇다면 훌륭하다. 그렇지 않다면 이를 향상시키기 위해 무엇을 하고 있는가? 이 기술들 중 어느 것이 '노워크' 목표를 달성하는 데 가장 큰 도움이 될지 생각해 보라. 지금 당장 웨비나나 온라인 강좌를 찾아서 등록하라.

성과 vs. 가치

개발하고 싶은 기술과 분야에 대해 생각할 때 업무 중 어떤 부분을 AI에 맡길 수 있을지, 그리고 어떤 작업은 직접 수행하고 싶은지에 대해서도 고민해야 한다.

고객들은 공감과 개인적인 협력을 중시할까, 아니면 단순히 서비스를 구매하기만을 원할까? 나는 특정 고객과 직접 만나거나, 편집자와 의견을 주고받는 것을 좋아한다. 하지만 급하게 번역이 필요할 때는 AI로도 충분하다.

또한 사람들이 감당할 수 있는 비용에 대한 질문도 잊어서는 안 된다. 수천 달러를 들여 전문 스튜디오에 인테리어 디자인을 맡기거나 몇 달러로 AI가 만든 대안[8]을 선택할 수 있다면, 많은 사람의 선택은 분명해질 것이다.

개별 직업의 핵심은 단순히 그들이 생산한 결과물에만 있지 않으며, 그 과정을 수행하는 역할에도 있다는 점을 이해하는 것이 중요하다. 예를 들어 누구나 이미지를 만들거나 웹페이지를 디자인할 수 있지만, 그렇다고 해서 더 이상 그래픽 디자이너가 필요하지 않다는 의미는 아니다. 이 분야에서 뛰어난 사람은 고객의 요구를 통찰하고 아이디어에 대해 신중한 피드백을 제공할 수 있다. 마찬가지로 원하는 텍스트를 AI로 생성할 수는 있지만, 여전히 능력 있는 편집자의 역할이 중요하다. 최고의 편집자는 일종의 상담사이자 중립적인 중재자 역할을 하며 원고를 한 단계 더 발전시킬 수 있게 해준다.

그래서 나는 자신의 분야를 이해하고, 고객이나 고용주의 상황을 파악하기 위해 지식을 넓히며, 협업이 용이하고, 추가적인 부가 가치를 제공할 수 있는 사람의 미래를 걱정하지 않는다.

도처에서 심한 노출, 혼란스러운 레이아웃, 불쾌한 색상과 폰트를 사용하는 끔찍한 광고를 본 적이 있을 것이다. 아마도 고객이 이런 요소들을 고집했고, 그래픽 디자이너는 "안 됩니다"라고 말하지 못했을 것이다. 그들은 창의적 직업군의 가장 기본적인 역할에서 실패한 것이다. 그 역할은 바로 우리가 왜 이 작업을 하고 있는지 끊임없이 고민하는 것이다.

사업의 목적은 판매하는 것이고, 비영리 조직의 목적은 돕는 것이며, 교육의 목적은 가르치는 것이다. 따라서 우리는 이러한 목표를 달성하는 데 필요한 역량에 대해 주로 논의해야 한다.

나는 노 워크를 달성하고, 어떤 시대에서도 성공을 보장해 줄 세 가지 주요 역량 카테고리가 있다고 믿는다.

- 창의력, 상상력, 그리고 아이디어를 실현할 수 있는 능력
- 적절한 기술을 효과적이고 안전하게 사용하는 능력
- 리더십과 주변 세상을 더 나은 곳으로 변화시키고자 하는 열망

다음 장에서 바로 이 주제에 대해 다루겠다.

핵심 요약

1. "모든 것을 배우려는 사고방식"을 기르고 "모든 것을 안다"는 태도를 버려라. 지속적인 학습과 역량 향상은 현업 유지를 위해 필수적이다. 자신의 발전에 적극적으로 참여하라. 지식이 주어지기만을 기다리지 마라.
2. 많은 직업의 핵심 가치는 단순히 그들이 생산하는 결과물이 아닌, 그들이 수행하는 전략적 역할에 있다(예: 디자이너가 방향을 제시하거나, 편집자가 가치 있는 내용을 선별하는 것). 기술적인 능력만으로는 충분하지 않다.
3. AI가 지원하는 세계에서 당신이 제공할 수 있는 고유한 강점, 재능, 부가가치에 대해 신중히 생각하라. 자신의 타고난 능력에 보완되는 기술을 개발하는 데 집중하라. 당신에게는 쉽지만 다른 사람들이 어려워하는 기술을 찾아라.
4. 공감 능력, 의사소통, 아이디어 판매 및 마케팅, 문제 해결, 디지털 역량과 같은 변치 않는 귀중한 기술들을 잊지 말라.
5. AI 시대에 가장 중요한 기술은 다음과 같을 수 있다.
   - 상상력과 창의력: 실험하고 새로운 아이디어를 생성하는 능력.
   - 일반 지식: 다양한 정보를 연결하고 통합하는 능력.
   - 체계적인 생각: 체계적 사고 시스템을 구축하고 개선할 수 있는 능력.

실천 과제

1. 더 많은 판매, 사회적 영향력 확대, 더 효과적인 교육 등 당신의 전문적 목표를 달성하는 데 필요한 기술 개발에 집중하라. 목적이 기술 습득을 이끄는 지침이 되도록 하라.

2. 깊이 있는 기술 지식과 디지털 도구의 실용적 응용 사이에서 최적의 균형을 찾아라. 비즈니스와 기술적 측면 모두를 다루는 교육 세션에 참여하되 익숙하지 않은 영역에 도전하는 것도 두려워하지 말라.
3. 미래 세대에게 필요한 기술에 대해 동료나 친구와 논의해 보라. 그리고 그들에게 이러한 기술을 갖추도록 돕는 데 당신이 어떻게 기여할 수 있을지 고민하라.

8. 창작자의 황금시대에 오신 것을 환영합니다

피터 레벨스Pieter Levels는 Photo AI 및 Interior AI 서비스를 포함해 여러 원격 작업 프로젝트를 개발한 연쇄 창업가이다. 그의 가장 큰 명성은 "12개월에 12개의 스타트업"이라는 실험[1]에서 비롯됐는데, 이 실험에서 그는 창작 전문가 및 기타 사람들에게 공통적으로 직면한 두 가지 주요 문제를 부각시켰다. 바로 프로젝트를 완성하는 것과 실패에 대한 두려움이다. 내면의 완벽주의자는 작업을 시장에 내놓고 가치 있는 피드백을 받는 대신 끝없이 작업을 미세하게 조정하는 방향으로 간다. 이러한 이유로 레벨스는 자신의 재산을 처분하고 디지털 노마드로 살아가며 매달 하나의 새로운 프로젝트를 시작하기로 결정했다.

이는 지나치게 야심 차게 보일 수 있지만 새로운 스마트 도구와 충분한 열정을 가진 사람들에게는 한 달이 여유로운 시간이 될 수 있다. 궁극적으로 레벨스 자신도 이를 입증했다. 그의 프로젝트 중 일부만이 실제로 유료 고객을 확보했음에도 불구하고[2], 그는 2022년에 단 한 명의 직원도 없이 270만 달러를 벌어들였다.

그는 각 프로젝트마다 좋은 아이디어와 기존 기술을 연결하는 능력을 바탕으로 고객이 원하는 것을 만들어내며 개인이 이룰 수 있는 성과의 한계를 계속해서 넓혀갔다.

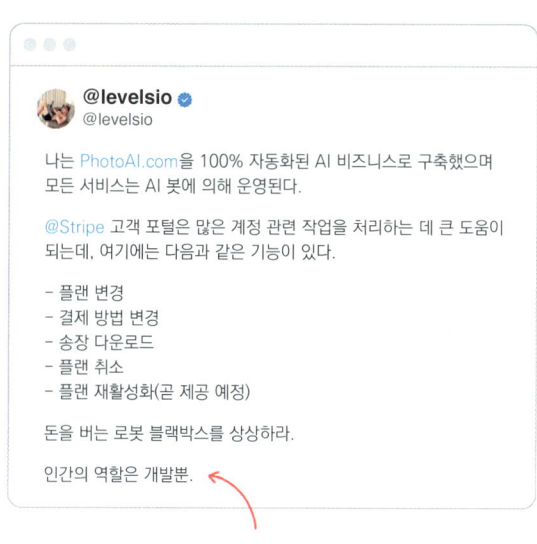

레벨스 또한 인정하듯이 AI가 그 과정에서 도움을 주고 있다.

만약 자신의 일을 개선할 아이디어가 있고 최신 기술에 대한 이해가 있다면 이러한 창의성과 인식을 자신에게 맞는 시스템으로 전환할 수 있는 더 나은 준비를 갖추게 된다. 이는 본업이든, 부업이든 혹은 단순히 창의적 성취를 위해서든 적용될 수 있다.

그러나 이때 먼저 자신이 창조자임을 깨달아야 하며, 실제로 자신의 필요에 맞게 세상을 설계할 수 있다는 것을 인식해야 한다.

우리는 모두 창조자이다

당신의 상황은 어떤가? 스스로를 창조자라고 생각하는가, 아니면 자율 조종 모드로 생활하고 있다고 생각하는가? 아침에 출근하고 저녁에 퇴근하며, 몇 주간의 휴가를 즐기고, '만약…'이라는 생각으로 삶이 어떻게 달라질지 꿈꾸고 있는가?

이제 깨어날 때다. 우리 각자는 생각보다 세상에 훨씬 더 큰 영향을 미칠 수 있다.

그렇다고 해서 직장을 뛰쳐나와 어린 시절의 꿈을 이루기 위해 나아가야 한다는 뜻은 아니다. 새로운 서비스에 대한 아이디어가 있는가? 몇몇 사람들에게 보내 보고 그들이 관심을 갖는지 확인해 보라. 회사에서 무언가를 개선하고 싶은데 동료들이 이를 받아들일지 확신이 서지 않는가? 작은 규모로 테스트하고 팀원들에게 보여줘라. AI가 당신의 업무 중 일부를 처리할 수 있다고 생각하지만 경영진이 듣고 싶어 하지 않는가? 직접 돈을 투자해 한 달간 ChatGPT를 구독하고 매일 사용해 그 잠재력을 완전히 탐구해 보라.

노 워크를 향한 첫걸음은 간단할 수 있다. 여전히 이메일로 스프레드시트를 주고받는 동료에게 다가가 공유 문서로 협력하자고 제안해 보라. 또는 고객에게 시간이 많이 소요되는 회의의 대안으로 더 나은 소통 방식을 제안해 보라. 이것이야말로 진정한 창조자의 특징이라고 할 수 있다. 바로 더 나은 방법을 발견하면 즉시 행동으로 옮기는 것이다. 내가 좋아하는 작가이자 기업가인 데렉 시버스Derek Sivers는 이를 가장 잘 표현했다[3]. "사업을 한다는 것은 당신이 모든 법칙을 통제할 수 있는 작은 우주를 만드는 것이다."

우리의 맥락에서는 "사업을 시작할 때"라는 문구를 "창작자가 될 때"로 쉽게 바꿀 수 있다. 또한 직원으로서도 직접 행동하거나, 동료, 상사 또는 경영진을 내 편으로 만들어 여러 가지를 변화시킬 수 있다. 다른 선택지는 없다. 만약 이러한 방법들이 실패한다면 두 가지 설명만 가능하다. 당신이 더 분발해야 하거나 당신이 잘못된 회사에서 일하고 있는 것이다.

창작자가 된다는 것은 무언가를 만드는 욕구를 충족시키면서 동시에 그 과정에서 즐거움을 느끼는 것을 의미한다. 결국 창의적인 작업의 본질은 아이디어를 실현하고 의식적으로 개선하며, 결과와 과정 모두에서 기쁨을 느끼게 하는 놀이와 같다. 이것이 내가 예술가나 창의적인 직업에 종사하는 사람들뿐만 아니라 지식, 경제에서 일하는 모든 사람을 창작자로 보는 이유 중 하나다. 새로운 스마트 도구는 이 모든 사람이 놀라운 일을 해낼 수 있도록 만들어준다.

그러나 이러한 도구를 최적의 방식으로 사용하기 위해서는 소프트 스킬을 확장할 필요가 있다. 개인적으로 AI 시대에 다음 세 가지 역량이 필수적이라고 생각한다.

미래를 위한 역량

상상력과 창의성	일반 지식	체계적 사고
…우리가 탐구하고 혁신할 수 있도록.	…우리가 이해하고 점들을 연결할 수 있도록.	…우리가 구축하고 관리할 수 있도록.

상상력과 창의성: 항상 "되돌리기"가 있다

내 아들은 9살 때부터 MIT에서 개발한 프로그래밍 언어인 스크래치^{Scratch}로 코딩을 배우고 있다. 이 언어는 프로그램의 개별 요소를 간단한 시각적 편집기에서 조립할 수 있게 해주며, 이를 통해 애니메이션, 이야기, 심지어 전체 대화형 게임까지 만들 수 있다. 이것은 창의적이고 논리적인 사고에 큰 도움을 주며 동시에 매우 재미있다.

어느 날 아들이 오랫동안 게임을 하고 있길래, 스스로 무언가를 만들어 보는 게 어떻겠냐고 물어봤다. 그런데 아들의 대답이 나를 깜짝 놀라게 했다. "아빠, 이 게임 제가 만들었어요." 아들은 AI를 사용해 게임을 디자인했고, 그 결과는 마치 전문 게임 스튜디오에서 만든 것처럼 보였다.

주변에서 이와 유사한 사례를 많이 본다. 창의적인 사람은 언제나 디지털 혁신에 끌리기 마련이며, 예술가나 디자이너 등 모두 그렇다. 마케팅 전문가는 주로 창의성과 기술을 바탕으로 업무를 수행한다. 요즘은 거의 모든 사람이 어느 정도 마케터의 역할을 한다. 판매원은 고객을 위한 프레젠테이션을 준비하고, 전문가들은 소셜 미디어에서 개인 및 전문 브랜드를 구축하며, 관리자는 조직 내부와 외부에서 모두 가시성을 유지해야 한다.

> **자신만의 게임을 만들고 싶다고? 문제없다**
>
> 디자이너 아마르 레시(Ammaar Reshi)는 프로그래머가 아니다. 그럼에도 불구하고 그는 컴퓨터 게임을 만들었다. ChatGPT가 게임 구성 방법을 조언해 줬고, 미드저니(MidJourney)가 그를 위해 그래픽 환경을 만들어 줬으며, 스케치팹(Sketchfab)에서 3D 모델을 수정했다. 리플릿을 사용해 실제 코드를 작성했고 막다른 길에 다다랐을 때는 앤스로픽의 AI 모델인 클로드에게 도움을 받아 사소한 문제들을 해결했다. 아마르는 생성 AI 등장 이전에도 이미 기술에 능숙했기 때문에 대부분의 사람보다 빠르게 작업할 수 있었다. 그러나 이와 유사한 수천 건의 사례들이 우리가 진정으로 창작자의 황금기에 접어들었음을 확인시켜 준다.

창의적인 작업에 전문 도구를 능숙하게 동원해야 했던 기술은 점차 과거의 유물이 돼가고 있다. 불과 얼마 전까지만 해도 좋은 아이디어는 첫걸음에 불과했으며, 이를 실행에 옮기기 위해서는 전문 대행사의 전문가가 필요했다. 이후 이 두 단계가 하나로 합쳐졌고 포스터 아이디어를 떠올리면 포토샵[Photoshop] 같은 앱 덕분에 몇 시간 만에 작업을 완료할 수 있었다. 오늘날에는 그저 원하는 것을 표현하기만 하면 된다. 캔바[Canva]나 포토샵의 AI 같은 앱 덕분에 몇 초 만에 결과물을 얻을 수 있기 때문이다.

프롬프트: 그림에 빈티지 자동차를 추가해.

프롬프트: 이곳에 작은 연못을 만들어 자동차의 일부가 반사되도록 해줘.

이것이 AI가 창작자들의 작업 방식을 변화시키는 방식이다. 그리고 동일한 변화가 사무용 애플리케이션의 세계에서도 일어나고 있다. 여기에서도 창의력과 상상력이 핵심이다.

이러한 변화의 훌륭한 예로 베스트셀러 『The End of Procrastination』(St. Martin's Essentials, 2018)의 저자이자 내 친구인 페트르 루드위그[Petr Ludwig]를 들 수 있다. 그가 AI를 활용해 팟캐스트를 준비하는 방법은 다음과 같다[4]. "인터뷰를 마치자마자 오디오와 카메라 촬영본을 오토팟[AutoPod]에 업로드합니다. 오토팟은 누가 말하고 있는지 인식하고 자동으로 녹화를 편집해 줍니다. 예전에는 3시간이 걸리던 작업이 이제는 4분 만에 완료됩니다."

뛰어난 창작자는 새로운 스마트 도구를 더욱 발전시키고 있다. 심지어 다른 분야에 재능이 있는 우리조차도 과거의 평균 정도의 기술 적응 수준을 훨씬 뛰어넘고 있다.

TV 프로그램의 새로운 시그널 음악을 만들든, 기업 고객을 위한 분석 작업을 하든 본질적으로는 모두 비슷하다. 새로운 스마트 도구들은 거의 항상 더 나은 방향으로 작업을 개선할 수 있다. 내가 일했던 TV 제작팀이 AI를 활용할 방법을 모색할 때, 우리는 최근 프로젝트 목록을 정리하고 각 프로젝트에 맞는 AI 혁신 아이디어를 도출했다. 모든 작업이 본질적으로 매우 창의적이었고 작업을 개별적인 부분으로 나누면 거의 모든 부분을 빠르게 미세 조정할 수 있다는 점이 분명했다.

그중 한 가지 아이디어는 출연진을 캐스팅하는 과정에서 소셜 미디어 프로필을 분석하는 것이었다. 일반적으로 리얼리티 쇼나 TV 시리즈의 새로운 배우를 찾을 때, 잠재적인 후보자를 식별하고 그들의 특성을 탐구하며 적합성을 평가하기 위해 상당한 시간을 웹 검색에 소비한다. 처음에는 이 과정을 모두 관리할 도구를 찾는 것이 어려웠지만, 개별 단계를 중심으로 작업에 집중하자 수많은 가능성이 열렸다.

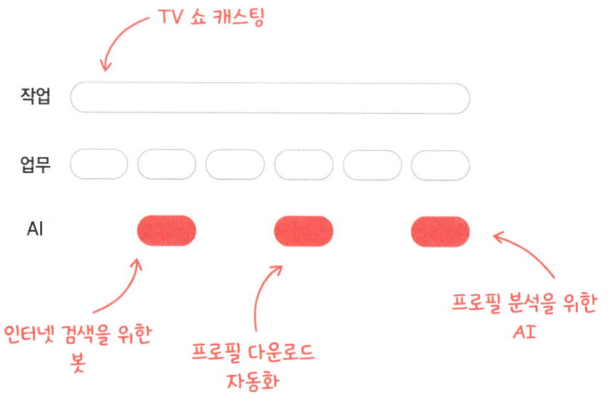

거의 모든 작업 단계가 개선되거나 자동화될 수 있다[5]. 이는 디지털 도구의 잠재력을 이해하고, 이를 실험적으로 활용하는 데 열려 있어야 함이 얼마나 중요한지 보여준다.

동일한 방법론이 새로운 공급업체를 지속적으로 비교하는 구매 부서의 직원이나 잠재적인 직원을 찾고 있는 인사 부서의 직원에게도 적용될 수 있다. 단지 다른 데이터 소스에 봇을 설정하고 다른 프롬프트만 사용하면 된다.

내가 말하고자 하는 바를 이해했는가? 서로 다른 직업과 다양한 활동이 있지만, 기본 원칙은 동일하다. 당신의 작업을 모자이크 조각처럼 보고 새로운 방식으로 조립할 방법을 상상해 보라.

창의성은 마법이 아니다. 어떤 사람들은 기술이라고 하고, 또 다른 사람들은 능력이라고 생각하며, 일부는 삶에 대한 접근 방식으로 본다. 나는 창의성을 세상을 탐구하고 새로운 아이디어를 발견하는 능력이라고 생각한다. 나는 종종 AI에서 성공하려면 끊임없이 새로운 것을 시도해야 한다고 이야기한다. 디지털 세계에서는 이 과정이 더 간단하다. 언제나 "되돌리기" 버튼이 손 닿는 곳에 있기 때문이다. 이는 자신에게 맞는 방식을 찾을 수 있는 수많은 방법이 있다는 것을 의미한다.

일반 지식: 만능의 시대

AI를 사용할 때 가장 큰 제약은 자신의 상상력의 한계다. 그렇다면 상상력을 어떻게 훈련하고 강화할 수 있을까? 가장 좋은 방법은 시야를 확장하는 것이다. 자신의 전문 분야를 넘어서는 지식을 추구하는 것은 창의성에 연료를 공급한다. 이는 새로운 아이디어로 이어지고, 시각화 능력을 강화하며, "아하!" 하는 순간을 맞이할 수 있게 도와준다.

예를 들어 발표 자료에 피에트 몬드리안[Piet Mondrian] 스타일의 그림을 사용하고자 한다고 하자. 혹은 찰스 부코스키[Charles Bukowski]의 책에 나올 법한 문장을 만드느라 어려움을 겪고 있다고 하자. AI는 이러한 작업들을 쉽게 처리할 수 있다. 하지만 이를 위해선 먼저 몬드리안의 스타일과 부코스키의 글쓰기 방식을 알아야 한다. 그래서 일반 지식이 중요한 것이다. 책에서 얻은 것이든, 방문한 박물관에서 얻은 것이든 혹은 수업 중 "실생활에서는 절대 쓰이지 않을 것"으로 생각했던 것이든 상관없다.

외국어에 대한 기본적인 이해는 상상력에 엄청난 자산이 될 수 있다. 잘 알려진 TED 강연[6]에서 언어학자 레라 보로디스키Lera Boroditsky는 인도유럽어족과는 전혀 다른 원리에 기반한 매혹적인 언어들을 소개했다. 이러한 차이점은 단순히 의사소통뿐만 아니라 전체적인 세계관에도 영향을 미친다. 나 역시 모국어인 체코어와 더불어 영어와 스페인어의 문법적 차이를 잘 알고 있는데, 이는 내가 AI에 입력하는 프롬프트와 그 결과에도 영향을 미친다.

나는 이전에 다양한 분야에서 영감을 얻는 것이 중요하다고 언급한 바 있다. 이는 비즈니스에서도 매우 중요한 요소라고 생각한다. 다른 부서나 회사에서 사람들이 무엇을 하고 있는지 감을 잡을 수 있다면 이를 자신의 작업과 연결해 더 잘 해낼 가능성이 높아지기 때문이다. 예를 들어 캡션Captions이라는 회사에서 직접적인 눈맞춤을 연출하는 기술을 발표했을 때, 많은 사람은 이 기술이 유용할 것이라는 생각을 하지 못했다.

그러나 어떤 동료는 즉시 기뻐하며 이제 프레젠테이션 중에 고객이 눈치채지 못하게 자신의 메모를 볼 수 있게 됐다고 말했다. 이것이 바로 상상력의 실질적인 힘이다. 또한 좋은 정보 소스를 갖는 것이 중요한 이유이며, 더 나아가 경력 동안 가능한 많은 종류의 일을 시도해 보는 것이 중요한 이유이기도 하다.

이는 전반적으로 더 나은 시야를 제공할 뿐만 아니라 다양한 역할을 소화할 수 있는 다재다능함과 여러 가지 일을 해보고자 하는 의지를 함께 길러준다. 특정 분야에만 특화된 전문가가 넘쳐났던 시대 이후, 이제는 거의 모든 역할을 수용하며 AI 덕분에 전문가만큼 잘 해낼 수 있는 제너럴리스트generalist가 다시 부상하고 있다.

창의성과 전반적인 시야는 당신을 모든 분야에서 경쟁할 수 있는 비즈니스 10종 경기 선수로 만들어줄 것이다. 여기에 더해 자신만의 시스템을 구축하고 개선할 수 있는 능력까지 갖춘다면, 경쟁자들이 무시할 수 없을 만큼 뛰어난 존재가 될 것이다.

체계적 사고: 시스템을 구축하는 능력

2009년, 기업가이자 투자자인 폴 그레이엄Paul Graham은 「창작자 일정, 관리자 일정Maker's Schedule, Manager's Schedule」(2009)[7]이라는 글을 발표했는데, 이 글에서 그는 두 종류의 사람의 일상을 설명했다. 회의와 일정에 맞춰 시간을 보내는 관리자와 집중된 작업을 위해 더 길고 중단 없는 시간이 필요한 창작자이다. 그레이엄은 프로그래머와 작가를 두 번째 유형의 대표적 인물로 언급했지만, 오늘날의 현실에서는 우리 모두가 이 범주에 속한다고 생각한다. 한 활동에서 다른 활동으로 끊임없이 뛰어다니면 우리를 위해 일하는 시스템을 구축하거나, 심지어 우리의 일을 대신 해주는 시스템을 만들 시간을 확보할 수 없다.

이러한 최적화 능력은 오늘날 직장인들에게 가장 중요한 역할 중 하나가 됐다. 강의를 구성하든, 가격 견적을 작성하든 마찬가지다. 자신의 일을 하나의 시스템으로 인식하는 법을 배우게 되면 더 나은 방향으로 개선하는 방법을 자연스럽게 찾게 될 것이다.

나는 기업가로서 지속적인 개입 없이도 원활하게 운영되는 시스템을 구축하려고 노력한다. 가능한 한 많은 작업을 자동화할 방법을 항상 모색하며, 그 결과 내가 즐기거나 가장 큰 가치를 더할 수 있는 작업에 집중할 수 있게 된다.

우리 모두 이렇게 일을 해야 하지 않을까? 어떤 동료가 출산 휴가를 떠났을 때 나는 "스타트업 데이즈Startup Days"라는 행사의 조직을 맡게 됐다. 이 행사는 고객과 흥미로운 스타트업을 연결하는 세션이다. 하지만 모든 참가자에게 연락하고, 질문에 답하고, 일정을 조율하는 데 엄청난 시간이 걸린다는 것을 알게 됐다. 그래서 나는 이를 다른 방식으로 처리하기로 결정했다. 중요한 정보를 모두 담은 공유 스프레드시트를 만들어, 참가자들이 자주 묻는 질문에 대한 답을 찾고 발표 시간을 선택할 수 있도록 했다. 더불어 짧은 설명 영상을 녹화하고, 모든 사람에게 자동으로 이벤트 알림을 설정해 줬다. 결과적으로 우리는 단 두 개의 메시지와 하나의 스프레드시트만으로 전체 행사를 조직할 수 있었다.

다음 장에서 보겠지만 우리는 이미 맞춤 설정과 소통이 가능한 유연한 도구에 접근할 수 있으며 대부분의 작업을 이러한 도구에 위임할 수 있다. 여기에 코파일럿과 디지털 에이전트를 추가하면 우리의 주요 과제는 이 가상 비서들이 작동할 시스템을 구축하는 것이 된다. 우리의 역할은 그들을 조정하고 시스템이 제대로 작동하는지 확인하는 것뿐이다.

이것이 현대적인 작업 시스템의 모습이다.

댄 시퍼Dan Shipper는 그의 통찰력 있는 글[8]에서 창의성의 미래에 대해 이렇게 표현했다. "이전의 창의성 시대는 대부분 조각과 같았다. 조각가는 한 덩어리의 재료를 천천히, 그러나 확실하게 깎아서 형태를 만들어낸다. 조각가의 손이 없다면 아무 일도 일어나지 않는다. 보조자가 참여하더라도 과정의 모든 단계에서 인간의 개입이 중요하기 때문에 조각가는 프로젝트에 몰두한다. 글쓰기, 프로그래밍, 그림 그리기도 마찬가지다. 하지만 이번 창의성 시대는 정원 가꾸기와 더 닮아가고 있다. 정원사는 식물을 직접 키우지 않는다. 대신 정원이 자랄 수 있는 환경을 조성한다. 토양, 물, 햇빛을 돌보고 나면 식물은 스스로 자라난다." 시스템이란 바로 이런 것이다.

시스템은 단순히 업무뿐 아니라 가사 일부터 정기적인 투자에 이르기까지 모든 것을 간소화할 수 있다. 예를 들어 작업을 나누고 정기적인 '의식'을 설정하거나, 한 달에 한 번 청소 서비스를 부를 수도 있다. 어떤 도구를 사용하는지는 중요하지 않다. 중요한 것은 일이란 상호 연결된 여러 부분으로 구성된 전체라고 보고, 이를 지속적으로 미세 조정해 효율성을 극대화하는 것이다. 이상적으로는 이러한 작업 중 일부를 아예 하지 않아도 되도록 해, 불필요한 잡무에 낭비되는 시간과 에너지를 줄이는 것이다. 목표는 분명하다. 우리는 일에 지배당하는 것이 아니라 일을 통제하고자 하는 것이다.

혼돈에서 질서로

우리의 새로운 기업 프로그램 디렉터는 상상할 수 있는 가장 어려운 시기에 합류했다. 우리는 최신 마스터클래스[9] 등록을 막 시작했고, 디지 챌린지[10]라는 새로운 프로젝트 출범을 준비 중이었으며, 나는 이 책을 쓰기 위해 해외로 출장을 떠난 상태였다. 결과적으로 그녀는 이미 달리고 있는 기차에 뛰어든 셈이고, 나는 그녀를 도울 시간이 거의 없었다. 솔직히 말해 나는 약간 걱정스러웠다. 종종 직관적으로 일을 시작하는 나의 프로젝트는 일종의 '창의적 혼돈'의 특성을 띠는 경향이 있기 때문이다.

그럼에도 불구하고 그녀는 모든 일을 차분하게 처리했다. 그녀는 매우 희귀하고 가치 있는 기술을 가지고 있다는 것을 보여줬다. 바로 혼돈을 질서로 바꾸는 능력이다. 그녀는 약간의 정보만을 필요로 했으며 그 정보를 모아 즐겁게 일할 수 있는 시스템으로 만들어냈다. 내가 새로운 교육 프로그램 자료를 보내고 참가자들과의 소통을 위한 짧은 영상을 업로드하자, 그녀는 신청자를 위한 양식을 만들고 중요한 정보를 담은 페이지를 만들어 등록부터 청구까지 모든 과정을 설정했다. 또한 연락처 관리를 위한 새로운 앱을 도입하고, 소규모 자동화 작업을 통해 우리의 프로세스를 하나의 통합된 시스템으로 만들기 시작했다. 이제 왜 내가 이 기술을 매우 소중하게 생각하는지 알 수 있을 것이다.

혼돈을 질서로 바꾸는 기술은
그 자체로 금처럼 가치가 있다.

창의성 + 인식 = 현실 세계의 시스템을 구축하는 능력

가끔 이 책의 특별판을 만드는 것을 생각해 보곤 한다. 주요 아이디어를 시각화한 인포그래픽과 함께 구성된 버전으로 말이다. 한쪽 페이지에는 핵심 아이디어를, 다른 쪽에는 AI가 생성한 그래픽을 넣고, 이를 포스터로 인쇄해서 사람들이 사무실을 장식하는 것도 상상한다. 사실, 나만 그런 것은 아닐 것이다. 영감을 주는 인용문을 미적으로 아름다운 그래픽과 함께 손쉽게 생성해 주는 도구가 필요한 사람은 많을 것이다. 어쩌면 이를 온라인 서비스로 발전시킬 수도 있지 않을까?

'새로운 사업 아이디어' 목록은 불행히도, 그리고 다행히도 너무 길어서 추구하지 않기로 결정했다. 그러나 이는 창의성과 디지털 도구의 현재 가능성에 대한 지식을 결합하고, 이를 실제로 기능하는 시스템에 연결하는 능력에서 나오는 힘을 보여주는 좋은 예가 될 수 있었다.

그렇다면 이는 어떻게 작동할 수 있을까? 아마도 간단한 웹사이트에서 문서를 업로드하면 AI가 이에 맞는 그래픽을 생성해 주는 방식일 것이다. 또 다른 AI는 내용을 스타일에 맞게 다듬거나, 선택한 작가의 스타일로 다시 작성해 줄 수도 있다. 자동 번역 기능을 추가해 원하는 언어로 번역할 수 있게 하고 오디오북으로 녹음하는 옵션도 제공할 수 있을 것이다. 이것이 바로 내가 원하는 방식이다. 그렇다면 왜 먼저 나를 위해 이 시스템을 구축하고, 즉시 다른 콘텐츠 창작자들에게도 제공해 보지 않을 수 있겠는가?

이 결과를 어떻게 달성할 수 있을까? 전통적인 방식으로는 그래픽 디자이너에게 웹사이트 디자인을 의뢰하고 프로그래머에게 코딩을 맡기는 방법이 있다. 또 다른 방법은 이른바 "노코드^{nocode}" 플랫폼을 사용해 직접 사이트를 구축하는 것이다.

웹사이트는 Webflow에서 구축하고, 텍스트 생성은 ChatGPT, 이미지 생성은 스테이블 디퓨전^{Stable Diffusion}과 통합할 수 있다. 전 세계에서 결제를 받을 수 있는 게이트웨이는 스트라이프^{Stripe}를 통해 구축할 수 있고, 번역은 딥엘^{DeepL}, 오디오북은 일레븐랩^{ElevenLabs}에서 생성할 수 있으며, 고객 지원은 챗베이스^{Chatbase} 가상 비서가 처리할 수 있다. 이 모든 도구들을 연결하고 메이크^{Make}를 사용해 워크플로우를 자동화할 수도 있다. 만약 이 책들을 인쇄된 버전으로 제공하고 싶다면 클라우드프린터^{Cloudprinter}와 연결해 주문 시 전 세계 어디로든 배송할 수 있게 만들 수 있다.

이 시대를 창작자의 황금기라고 부르는 것 외에 무엇이 더 적합할까? 이제 당신에게 필요한 것은 좋은 아이디어뿐이며 나머지는 기술이 처리해 준다. 더 이상 아이디어가 실현 가능한지 확인하기 위해 수백만 원을 투자할 필요가 없다. 대신 기존 서비스들을 연결해 보면 당신이 정말 잠재력이 있는 무언가를 발견했는지, 아니면 현명하게 다른 프로젝트에 집중하는 것이 나을지 빠르게 파악할 수 있다.

핵심 요약

1. 우리는 혁신적인 아이디어를 스마트 도구로 활용해 그 어느 때보다 빠르게 현실로 만드는 창작자의 황금기에 접어들고 있다.
2. 모든 사람은 창작자가 될 잠재력을 가지고 있으며, 이는 직장에서 개선점을 찾거나, 사이드 프로젝트를 추구하거나, 창업을 통해 세상에 영향을 미칠 수 있다. 창작자가 된다는 것은 더 나은 방법이 있다고 생각할 때 행동에 나서는 것을 의미한다.
3. 상상력, 창의성, 그리고 새로운 것을 시도하려는 의지가 AI 시대의 핵심 기술이다. 작업을 작은 부분으로 나누면 AI로 개선할 수 있는 기회가 얼마나 많은지 놀라게 될 것이다. 게다가 디지털 도구가 많아 아이디어를 쉽게 테스트하고 문제를 해결할 수 있다.
4. 폭넓은 일반 지식은 창의성을 자극하며 다양한 아이디어를 새로운 방식으로 결합할 수 있게 해주고 AI 도구를 최대한 활용할 수 있는 능력을 제공한다. 다른 분야와 관점을 이해하면 더 큰 그림을 볼 수 있다.
5. 체계적 사고는 디지털 세계에서 성공하기 위해 중요한 마지막 기술이다. 이는 작업을 지속적으로 개선할 수 있는 구성 요소의 집합으로 보는 것을 의미하며, 목표는 기술이 대부분의 작업을 처리하고 우리는 시스템이 원활하게 작동하는지 확인하고 유지시키는 것이다.

실천 과제

1. 현재 진행 중인 활동이나 프로젝트를 선택해 보라. 이를 개별 단계와 하위 작업으로 나눠보자. 체크리스트에 적거나 프로세스 맵으로 그려 볼 수 있다. 그런 다음 가능한 많은 단계를 AI를 사용해 수행해 보라.
2. 시야를 넓히고 다른 관점에서 혁신을 바라보라. HR에서 일한다면 구직자를 위한 AI 도구를 시도해 보라. 아니면 다른 분야에서 영감을 얻

어 보라. 영업 분야에 종사한다면 고객 서비스에서 AI가 어떻게 사용되고 있는지 살펴보라.
3. 디지털 시스템을 개선할 수 있는 아이디어가 있는가? 행동에 옮겨 변화를 만들어라. 방법을 잘 모르겠다면 AI에게 질문하거나, 연구해 보거나, 온라인 커뮤니티에서 도움을 구하라. 다음 회의에서 손을 들어 변화를 제안해 보라. 기억하라. 당신이 바로 창작자이다.

9. 기술을 당신의 이점으로 활용하라

나는 사무실을 제외한 거의 모든 곳에서 최고의 아이디어를 얻는다. 그래서 가끔씩 업무 환경을 바꾸고 다양한 장소에서 일할 수 있는 자유가 매우 중요하다. 때로는 점심시간을 좀 더 늘려 자전거를 타러 나간다. 머리를 맑게 하고, 의무로부터 벗어나 마음을 자유롭게 하면 내가 찾던 정확한 아이디어들이 떠오르기 시작한다.

바로 그 방식으로 디지 챌린지 이니셔티브가 탄생했다. 나는 방금 팀과 어려움을 겪고 있는 고객과의 미팅을 마친 참이었다. 그 팀의 프로젝트들은 계속 지연되고 있었고, 팀원들은 작업을 더 잘 관리하는 방법을 배우기보다는 너무 바쁘고 일이 많다고 불평만 했다. 그들의 업무 중 얼마나 많은 부분을 자동화할 수 있는지 보여줬을 때조차도 그들은 상당히 망설이는 것처럼 보였다. 나는 '이들은 도대체 왜 이럴까?'라는 생각에 사로잡혔다. 리더의 성격 때문일까, 회사 문화 때문일까? 아니면 사용하는 도구가 문제일까? 마음에 걸렸다. 그래서 머리를 식히려고 자전거를 타러 나갔다. 그러자 첫 번째 언덕에서 바로 생각이 떠올랐다. '팀이 디지털 챌린지를 하도록 동기를 부여해 보는 건 어떨까?' 사람들이 새로운 앱을 탐구하고, 프로세스를 미세하게 조정하고, 이후엔 인공지능을 시도해 볼 수 있지 않을까? 어쩌면 즐길 수 있을지도 모른다.

나는 거시적 관점으로 생각하는 것을 좋아했기 때문에, 이를 경쟁 형식으로 준비해서 적어도 백 개 이상의 팀이 참여할 수 있도록 확장하고 싶었다. 마침 방금 두 번째 사업의 CEO를 고용했기 때문에 나는 이제 자유로워졌고 바로 일을 시작할 준비가 됐다.

나의 원래 계획은 온라인 웨비나를 통해 이 대회를 소개하는 것이었다. 그래서 사용자 친화적인 도구인 웹플로우^{Webflow}를 사용해 등록용 랜딩 페이지를 설정했다. 나는 무료 버전을 선택했고, 깜박이는 광고들도 전혀 신경 쓰지 않았다. 오히려 자랑스러웠다. 나는 항상 고객에게 시간과 에너지를 잘못된 방향에 투자하기 전에 디지털 프로젝트를 실전에서 먼저 테스트해 보라고 조언하곤 한다. 웨비나는 마이크로소프트 팀Microsoft Teams에서 스트리밍했고, 그 후 모든 참가자에게 타입폼Typeform을 통해 예비 등록을 겸한 설문조사 링크를 보냈다.

나는 이 프로젝트가 실제로 실행될지 확신하지 못했기 때문에 '예비'라고 생각하고 있었다. 아직 관심도를 측정하는 중이었고 프로젝트 자체가 무산될 가능성도 있었기 때문이다. 나는 이 설문지를 소셜 미디어에 게시하고 팔로워들에게 댓글을 남기거나 공유해 달라고 요청하며, 이를 통해 소문을 퍼뜨리고자 했다. 나는 그들에게 웨비나 녹화본을 제공했고 이는 큰 호응을 얻어 마케팅 활동이 자연스럽게 해결됐다. 나는 약속을 지키기 위해 드리피파이Dripify*에서 봇을 설정해 댓글을 남긴 사람들에게 약속한 링크를 보내도록 했다.

빠르게 등록이 쌓이자 나는 프로젝트에 본격적으로 뛰어들기로 결정했다. 먼저 매력적인 웹사이트를 만들기 시작했다. 파워포인트에서 페이지들을 구상했지만 그래픽 디자이너에게 넘기기 전에 모든 내용이 명확하고 이해하기 쉬운지 확인하고 싶었다. 그래서 비디오애스크VideoAsk에서 비디오 설문조사를 만들어 내 원래 아이디어를 설명하고 몇몇 친구들에게 보내 피드백을 요청했다. 몇 시간 안에 그들은 비디오 응답을 검토하며 내 지침을 미세 조정할 수 있었다. 이후 디자인의 최종 초안을 받은 후, 내가 자주 사용하는 외주 포털 중 하나인 피버에서 숙련된 프로그래머를 찾아 웹사이트 전체를 코딩하도록 했다. 금요일에 주문을 넣었고, 월요일에는 모

---

* 드리피파이는 링크드인 자동화 도구로, 리드 생성과 잠재 고객에게 자동으로 메시지를 보내는 등의 작업을 도와주며, 사용자는 드리피파이를 통해 연결 요청, 메시지 전송, 후속 메시지 등을 자동으로 설정할 수 있다. - 옮긴이

든 것이 완성됐으며, 비용은 100달러 미만이었다.

유용한 도구들에 대해 더 이야기할 수 있겠지만, 중요한 요점은 그게 아니다. 내가 말하고자 하는 것은 IT 전문가일 필요도, 큰 예산이 필요하지도 않다는 것이다. 잠재적인 기회를 열린 마음으로 받아들이고 적절한 도구를 능숙하게 다루기만 한다면, 무엇을 하든지 큰 성과를 이룰 수 있다.

디지 챌린지가 시작된 후 나는 더 많은 사람을 참여시켰고, 프로젝트 전체를 전문화하기 시작했다. 그리고 그 초기의 작은 실험 덕분에, 더 많은 사람이 이러한 방식으로 일하는 법을 배운다면 우리가 사회에서 얼마나 많은 성과를 낼 수 있을지 다시금 깨달았다. 나는 이 방법을 통해 전 세계 경제의 생산성을 크게 향상시킬 수 있다고 굳게 믿고 있다.

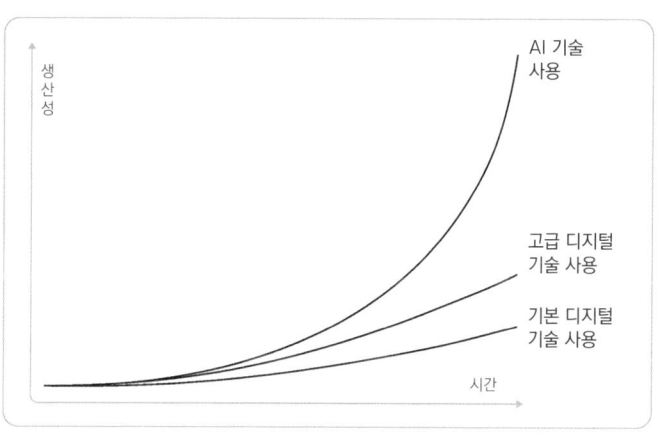

하지만 불행히도 그 반대의 상황도 종종 발생한다. 한 번은 내 아이들이 다니는 학교에서 정기 요금 납부 요청서를 보냈는데 그 납입 정보가 이미지 형태로 왔다. 이 때문에 정보를 복사할 수 없어 모든 부모가 몇 분씩 들여 수작업으로 정보를 옮기고 다시 확인해야 했다. 이는 내 시간 몇 분만 낭비한 것이 아니라 수백 명의 사람의 시간을 낭비한 셈이었다. 한 번의 실수로 수백 명의 인력을 허비한 것이다. 조직 내 직원이 기술을 효과적으로 사용하는 방법을 모르는 것만으로도 얼마나 많은 시간이 낭비되고 있는지 상상할 수 있겠는가?

여러분도 비슷한 상황에 처한다면 주저하지 말고 목소리를 내는 것이 중요하다. 단순히 예의 바른 피드백에 그치지 말고 적극적으로 BHF를 작성해 보라. BHF는 부정적인 것이 아니라 긍정적인 것이다. 결국 더 나은 방향으로 개선할 기회를 잡는 것이기 때문이다! 특히 더 나은 해결책에 대한 제안을 포함한다면 더욱 그렇다. 나는 학교에 더 실용적인 결제 지침 공유 방법을 제안하며 결제용 QR 코드를 생성하는 가이드까지 포함해 의견을 전달했다.

다시 한번 강조하겠다. 피드백은 우리의 친구다. 특히 디지털 도구를 사용할 때 그렇다. 피드백이 없으면 개선도 없다.

당신은 기술을 어떻게 사용하고 있는가?

디지털 기술은 특정 앱에 한정되지 않으며 훨씬 더 보편적인 역량을 포함한다. 여기에는 정보를 효율적이면서도 비판적으로 다루는 능력, 명확하게 소통하는 능력, 유용한 도구를 신속하게 습득하는 능력, 문제를 차분하게 해결하는 능력, 그리고 사이버 공간에서 안전하게 탐색하는 능력이 포함된다.

이러한 기술이 우리의 직업적, 개인적 삶에서 유용하다는 것은 오래전부터 알고 있는 사실이었다. 그리고 이 기술은 더욱 중요해지고 있다. 화면에 보이는 모든 것에 대해 경계하는 능력, 온라인 사기를 알아채는 직감, 그리고 고객 연락처든 개인 사진이든 민감한 데이터를 공유할 때 주의하는 능력 등을 포함하기 때문이다. 이러한 이유로 우리는 위의 주제를 자녀, 부모, 그리고 조부모와 논의할 필요가 있다.

잠시 시간을 내어 생각해 보라. 스스로에게 솔직히 말할 수 있는가?

- 효과적이고 설득력 있는 글을 쓸 수 있는가?
- 온라인에서 정보를 몇 초 안에 찾을 수 있는가?
- 반복적인 작업을 자동화할 수 있는가?
- 온라인 회의를 효율적으로 진행해 시간을 낭비하지 않게 할 수 있는가?
- 온라인 웨비나를 자신 있게 진행할 수 있는가?
- 당신에게 닥치는 모든 디지털 문제의 해결책을 찾을 수 있는가?

AI 기반 도구들이 이미 이러한 기술을 갖추고 있다면 과거에는 초능력이라고 여겨졌을 힘을 제공할 수 있다. 이 도구들은 가상 동료로서 작용하며, 개인 생산성의 한계를 넘어 작업 확장에 기여할 수 있다. 예를 들어 스마트 그래픽 도구는 사실상 디자이너 역할을 수행하며, 스마트 프로젝트 관리 도구는 프로젝트 관리자의 역할을 대체할 수 있다. 이러한 도구들은 창의적 업무 및 관리적 업무를 더욱 효율적으로 수행할 수 있도록 도와주며, 사용자로 하여금 더 높은 수준의 성과를 달성하게 한다.

물론, 이것이 위의 직업들을 완전히 대체한다는 의미는 아니다. 이 도구들은 특정 기능을 대신 수행하며 누군가의 시간이 나기를 기다릴 필요 없이 즉각적인 도움을 제공한다. 이러한 도구는 AI 관련 기능이 지속적으로 향상되고 있으며, 올바르게 설정할 경우 점점 더 많은 이점을 얻을 수 있다.

팀 내 가상 동료로서 앱의 역할

Digiskills.cz 디지털 스킬 훈련을 담당하는 디지털 기술 전문가 역할을 한다.		Digitask.cz AI와 노 워크 채택 전문가로서 AI를 활용한 업무 최적화를 돕는다.
Microsoft Loop[1]	운영 전문가	Notion[2]
GitHub Copilot[3]	커뮤니케이션 전문가	Replit Ghostwriter[4]
MS Teams[5]	커뮤니케이션 전문가	Slack[6]
MS Lists[7]	데이터베이스 전문가	Airtable[8]
Power Automate[9]	자동화 전문가	Make[10]

1. 운영 전문가로서의 역할을 수행하며 팀의 업무 흐름과 프로젝트 관리에 도움을 준다. – 옮긴이
2. 협업과 지식 관리를 위한 도구로, 정보 공유 및 작업 관리를 효율적으로 수행한다. – 옮긴이
3. IT 전문가로서의 역할을 담당해 프로그래밍 및 코드 작성 작업을 지원한다. – 옮긴이
4. AI 기반 코딩 도구로, 개발자 역할을 수행하며 코드 작성 작업을 지원한다. – 옮긴이
5. 커뮤니케이션 전문가로서의 역할을 하며, 팀 내 의사소통을 원활하게 한다. – 옮긴이
6. 실시간 커뮤니케이션을 위한 도구로, 팀 간 협업을 원활하게 한다. – 옮긴이
7. 데이터베이스 전문가로서 데이터를 관리하고 프로젝트와 관련된 정보를 정리한다. – 옮긴이
8. 데이터베이스 관리 도구로, 데이터를 체계적으로 저장하고 분석하는 데 도움을 준다. – 옮긴이
9. 자동화 전문가로서 반복적인 업무를 자동화해 생산성을 높인다. – 옮긴이
10. 워크플로우 자동화를 담당하는 도구로, 다양한 앱과 서비스를 연결해 작업을 자동화한다. – 옮긴이

내 회사들은 다양한 도구를 사용해 운영된다. 하지만 이 도구가 실제로 중요한 것은 아니다. 중요한 것은 이들이 어떤 기능을 수행하며 여러분이 얼마나 이를 효과적으로 활용할 수 있는가이다. 도구는 단순히 작업을 수행하는 수단일 뿐이며 이를 통해 얼마큼 효율적이고 생산적으로 업무를 진행할 수 있는지가 핵심이다.

팀 내 최고 디지털 책임자

기술이 익숙하지 않거나 다른 업무에 집중하고 싶다면, 당신에게는 기술에 능숙하고 도와줄 수 있는 누군가가 필요할 것이다. 그럼에도 불구하고

기술에 대한 최소한의 일반적인 이해는 가져야 한다. 오늘날의 기술이 어떤 일을 할 수 있는지 모르는 이유로 많은 업무가 여전히 수작업으로 진행되고 있기 때문이다. 불행히도 그들의 관리자도 종종 이 점을 간과해 기업은 매주 수천 시간의 인력을 낭비하고 있다.

한 워크숍에서 나는 스프레드시트[1]에서 사용되는 AI 기능을 소개했다. 한 참가자는 이 내용을 흥미롭게 여겼고 몇 주 전에 동료에게 맡긴 업무에 대해 조언을 구했다. 그녀는 고객 지원팀에 가장 빈번히 접수되는 문제점을 요약하고 싶어 했다. 원래 계획은 임시직을 고용해 수천 개의 불만 사항이 담긴 스프레드시트를 수작업으로 검토하고 각각을 적절한 범주로 분류하는 것이었다. 하지만 워크숍 이후, 그녀는 몇 분 만에 모든 항목을 스스로 분류하고 요약 준비를 할 수 있게 됐다. 그 이후로 그녀는 시간이 많이 소요되는 수작업 업무를 수행하기 전에 유사한 스마트 솔루션을 먼저 탐색할 것을 사람들에게 지속적으로 권장하고 있다.

개인적으로 나는 모든 팀에는 자체적인 *최고 디지털 책임자*[CDO, Chief Digital Officer]가 있어야 한다고 생각한다. AI를 채택하고 디지털 도구를 보다 효과적으로 사용하며 팀의 운영을 자동화하는 데 도움을 주는 사람 말이다. 우리 회사는 이와 같은 교육을 체계적으로 시작한 세계 최초의 기업 중 하나로, 직원들을 마이크로소프트 365에서 프로세스 자동화, AI에 이르기까지 다양한 도구의 홍보자로 변모시키고 있다. 이때 단순히 개별 앱을 잘 사용하는 방법을 가르치는 것만이 아니라 이 도구가 무엇을 위해 사용될 수 있는지, 그리고 이 지식을 동료에게 어떻게 전달할 수 있는지를 이해시키는 것이 중요하다.

디지털 홍보자(우리가 부르는 명칭)와 관련해 그들의 동력은 일반적으로 돈이 아니라 새로운 기술을 습득하고 혁신을 발견하는 기쁨, 그리고 종종 다른 사람들의 행복에 기여하는 데서 오는 즐거움이다.

다른 방법은 없다

세스 고딘은 "우리는 능동적인 전문가가 더 이상 기술의 작동방식을 이해하지 않기로 마음먹은 지 오래됐다고 생각한다"라고 했는데, 이는 맞는 말이다. 그 이유는 이러한 기술들이 더 크고 더 나은 일을 할 수 있도록 도와주고 쓸모없는 일에 시간과 에너지를 낭비하지 않게 해주기 때문이다.

새로운 스마트 도구의 가장 큰 이점 중 하나는 아이디어를 현실로 훨씬 더 빠르게 전환할 수 있다는 점이다. 이는 우리가 업무를 개선할 수 있는 새로운 방법을 보다 효율적으로 탐색할 수 있게 해준다.

도구들이 계속 발전함에 따라 이를 사용하기 위해 필요한 기술 수준도 효과적으로 변화하고 있다.

기본 사용자는 거의 모든 앱을 사용할 수 있도록 배우지만, 그들은 앱의 일부 기능만 사용할 것이며 때때로 약간의 교육과 연습이 필요할 것이다.

고급 사용자는 자신만의 방식으로 개별 기능을 발견하고 필요에 따라 앱을 설정하며 다른 도구와 연결하는 방법을 알게 된다. 실제 프로그래밍 없이 사용자 맞춤형으로 설정할 수 있는 플랫폼의 발전에 따라 "시민 개발자citizen developer"라는 용어가 점점 더 일반화되고 있다. 이제 더 이상 사람들이 소프트웨어에 적응해야 하는 것이 아니라 소프트웨어가 사람에게 적응해야 하는 것이다.

전문 사용자는 고급 기능을 프로그래밍하거나 다른 소프트웨어와의 자동 통합을 위한 스크립트를 작성할 수 있다. 이를 통해 그들은 자신의 필요에 맞춰 어떤 온라인 서비스에 연결하거나 수십만 개의 AI 모델[2]에 접근할 수 있다. 그러나 전문 사용자는 더 이상 IT 부서에만 국한되지 않는다. 그들은 종종 자가 학습한 열정적인 사용자로, 유튜브에서 가이드를 보거나 AI와 협력해 고급 기능을 발견한다.

어느 쪽에 속하고 싶은가? 동료들은 어떤가? 조직이 이러한 점을 파악하고 직원 개발에 투자하는 경우, 그들은 엄청난 이점을 갖게 된다. 왜냐하면 이러한 인재들은 전체 회사의 AI 혁신을 촉발할 수 있는 놀라운 잠재력을 가지고 있기 때문이다.

최신 흐름을 앞서기 위해서는 오늘날 가장 중요한 세 가지 디지털 트렌드와 관련된 기술을 개발하는 데 집중해야 한다.

1. 로우코드와 노코드 – 디지털 시스템을 맞춤화하는 방식.
2. 자동화 – 반복적인 작업을 제거하고 활동을 확장하는 방법.
3. AI – 인공지능의 실질적인 활용.

이 모든 분야는 밀접하게 연결돼 있으므로 이를 잘 구성해야 한다.

잘 정리된 데이터 없이는 자동화를 구현할 수 없으며, 자동화 없이는 인공지능을 작업 흐름에 통합시킬 수 없다. 물론 다양한 도구들을 사용할 수는 있지만 결국 이를 제어하고 계속해서 여기저기 클릭하는 것은 사용자 자신이 될 것이다.

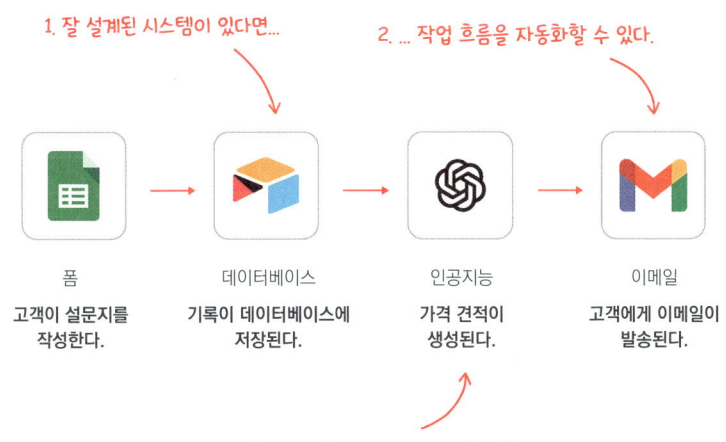

1. 로우코드와 노코드 – 디지털 시스템을 맞춤화하는 방식

1927년부터 매년 타임 매거진은 올해의 인물을 선정해 왔다. 그러나 2006년 표지에는 특정 인물이 등장하지 않았다. 대신 "당신ʸᴼᵁ"이라는 대문자로 빛나는 단어와 함께 컴퓨터 이미지가 우리 모두를 대표했다. 그 아래에는 "그렇다. 당신이다. 당신이 정보 시대를 통제한다."라는 설명이 덧붙여져 있었다. 당시는 우리가 사용할 수 있는 선택지가 오늘날보다 훨씬 제한적이었다. 프로그래밍을 모른다면 통제할 수 있는 것이 많지 않았다.

하지만 소프트웨어 개발자들은 사람들이 자신들의 필요에 따라 쉽게 적응할 수 있는 간단하고 더 유연한 도구가 필요하다는 것을 깨달았다. 그래서 로우코드와 노코드 플랫폼이 등장하기 시작했으며, 사용자는 실제로 프로그래밍을 하지 않고도 간단한 기능이나 전체 시스템을 구축할 수 있게 됐다. 이는 레고 블록으로 건물을 짓는 것에 비유할 수 있다. 미리 만들어진 부품들을 가져와 조립하면 되는 것이다.

엑셀은 초기 로우코드 애플리케이션 중 하나로 생각할 수 있다. 엑셀이 오늘날 이렇게 널리 사용되는 이유는 바로 유연성 덕분이다. 엑셀은 회사 전체의 보너스 계산부터 여름휴가 계획에 이르기까지 다양한 용도로 사용될 수 있다. 시간이 흐르면서 더 많은 도구들이 등장했고, 덕분에 오늘날 대부분의 소프트웨어는 로우코드로 동일한 작업을 할 수 있는 대체 소프트웨어가 됐다. 이러한 이유로 나의 회사들은 가능한 한 이 원칙을 적극적으로 채택하고 있다.

내부 시스템

내 회사 중 하나는 에어테이블ᴬⁱʳᵗᵃᵇˡᵉ 앱을 사용해 인력, 재정, 공급업체 등 거의 모든 것을 관리한다. 또 다른 회사는 마이크로소프트 리스트ᴹⁱᶜʳᵒˢᵒᶠᵗ ᴸⁱˢᵗˢ를 이용해 컨설턴트와 직원이 사용할 수 있는 자동화 프로세스를 관리하고 있다. 이러한 시스템들의 가장 큰 장점은 사용이 매우 간편하다는 점인데, 덕분에 모든 직원이 지속적으로 시스템을 개선해 나가고 있다.

외부 플랫폼

우리는 항상 웹사이트의 최초 버전을 웹플로우나 프레이머Framer로 구축한다. 또한 고객들과의 협력 제안서와 가격 견적을 공유할 때 노션Notion을 사용한다. 우리는 설명 영상을 추가해 이러한 자료를 보완하는데, 이는 불필요한 온라인 회의를 대체해 매달 수십 시간을 절약해 주며 고객들 역시 이에 매우 만족하고 있다.

작은 것부터 큰 것까지

사무용 애플리케이션의 로우코드 기능은 필요한 경우 소규모 자동화나 조정을 가능하게 한다. 워크숍 후속 정보를 기록할 양식을 만들어야 했을 때, 동료는 몇 분 만에 이를 완성했다. 사람들이 양식을 기억해서 작성하지 않아도 되도록 알림이 있으면 좋겠다고 언급하자, 그녀는 몇 분 더 걸려 워크숍이 끝난 직후 양식 링크를 보내주는 간단한 자동화를 만들어 냈다. 나는 매우 기뻤다. *이것이 바로 혁신이 작동해야 하는 이유다.*

회사 전체가 로우코드 기반으로 설립된 경우도 있다. 독립 전문가들을 위한 프랑스의 마켓플레이스인 코메트Comet은 버블Bubble이라는 도구를 사용해 첫 번째 버전을 출시했고, 이를 통해 월 수익 약 백만 유로를 벌어들였다. 사람들의 구직을 돕는 스타트업 틸Teal도 비슷한 방식으로 시작됐다. 창립자인 데이비드 파노David Fano는 "로우코드 접근 방식을 회사 전체의 DNA에 주입했다"고 말했으며 이를 통해 고객의 요구에 유연하게 대응하고 빠르게 성장했다.

로우코드 도구는 우리가 창의성과 창작의 황금기를 경험하고 있는 이유 중 하나다. 이는 비즈니스뿐만 아니라 여가, 자원봉사 활동 등 어떤 종류의 시스템도 구축할 수 있게 해준다. 프로그래밍을 모르는 사람들에게도 프로그래밍의 혜택을 제공하며, 아이디어에서 현실로 가는 시간을 단축시켜 주변에서 더 많은 흥미로운 프로젝트들이 생겨나게 한다.

2024년 인기 로우코드 도구

- **스마트 폼**: Typeform, Videoask, Fillout
- **협업 작업 공간**: Notion, Loop, Evernote
- **웹사이트 제작**: Webflow, Wix, Framer
- **전자상거래**: Shopify, Gumroad, Stripe
- **앱**: Webflow, Bubble, Softr
- **데이터베이스**: Airtable, MS Lists, Tabidoo
- **통합 및 자동화**: Zapier, Make, Bardeen
- **기업 시스템**: MS Power Platform, ServiceNow, Retool

더 많은 애플리케이션을 나열할 수도 있지만 이쯤하고, 마이크로소프트 365와 구글 워크스페이스와 같이 흔히 사용되는 사무용 도구들도 이제 로우코드 세계의 일부가 됐다는 점에 주목할 필요가 있다. 그 결과, 복잡한 시스템을 갖춘 대기업의 직원들도 이제 큰 비용 투자나 프로그래머와의 광범위한 협력 없이도 혁신을 이룰 수 있게 됐다. 이러한 변화는 로우코드 접근 방식 덕분에 가능해졌으며, 이 접근 방식의 가장 큰 장점은 빠른 속도로 사용자에게 더 많은 선택권을 제공한다는 것이다.

속도 – 좋은 로우코드 도구를 선택하면 단순히 약간 더 빨라지는 것이 아니라 훨씬 더 **빠르게** 작업을 진행할 수 있다. 웹사이트나 자동화를 몇 주가 아니라 몇 시간 만에 설정할 수 있다. 또한 개발자와의 불필요한 의사소통이나 지연을 상당 부분 제거할 수 있다.

사용자를 위한 더 많은 선택지 – 업무 시스템을 가장 잘 조정할 수 있는 사람은 누구일까? 당연히 그 일을 실제로 하고 있는 사람이다. 로우코드는 사람들이 자신의 작업 프로세스를 창의적이고 혁신적인 방식으로 세밀하게 조정할 수 있게 해준다. 이는 모든 수준의 근로자들에게 새로운 활력을 불어넣으며, 동시에 개발자들이 사소한 일까지 모두 처리하거나 고민할 필요가 없어 시간을 절약하게 된다.

밝은 미래?

로우코드 시스템에도 한계, 위험, 단점이 존재한다. 장기적으로 보면 자체 시스템을 유지하는 것보다 이러한 시스템을 관리하는 것이 더 복잡할 수 있다. 사용자는 이 시스템을 다루는 방법을 배워야 하며, 종종 더 많은 기술 지원이 필요하기도 하다.

그러나 작업 흐름을 빠르고 유연하게 조정하고자 하는 사람들에게는 로우코드 시스템이 필수적이다. 내 생각에 로우코드 시스템은 핵심 역량을 지원하거나 상당한 비용 절감을 가져오는 시스템이 맞춤형으로 구축돼야 한다.

그러기 위해선 항상 다음 세 가지 질문을 스스로에게 던져야 한다. '맞춤형 솔루션이 더 높은 가치를 제공할 것인가?' '이를 통해 경쟁 우위를 확보할 수 있을 것인가?' '장기적으로 상당한 이점을 가져다줄 것인가?' 이 세 질문에 대한 답이 모두 "아니오"라면 선택은 명확하다. 로우코드를 선택하라.

그리고 목표가 IT 전문가에게 의존하지 않고 첫 번째 버전의 디지털 솔루션을 빠르게 출시하고 반복적으로 개선하는 것이라면, 이 질문들은 더 이상 중요하지 않다.

> **시스템을 숙달하라**
>
> 디지털 생산성은 스마트 기기를 완벽하게 활용하는 것에서 시작된다. 이 기기들은 놀라운 유연성을 제공하며, 점점 더 인공지능에 의해 구동되고 있다. 이때 없어서는 안 될 몇 가지 팁은 다음과 같다.
>
> **키보드 단축키** - 텍스트 받아쓰기 활성화, 인공지능 빠르게 실행, 반복 작업을 위한 스크립트 실행.
>
> **음성 제어** - 타이핑 대신 받아쓰기하고 음성 비서와 대화.
>
> **텍스트 대체** - 자주 사용하는 구문과 명령어에 대한 단축키를 사용해 작업 흐름을 간소화.
>
> **스크린샷** - 스크린샷으로 빠르게 캡처해 인공지능 도구에 입력해 후속 작업 수행.
>
> **브라우저 애드온** - 온라인 작업을 위한 수십 개의 확장 기능과 새로운 기능들.
>
> **고급 앱 실행기**[3] - 하나의 장소에서 시스템 전체를 제어.

2. 자동화 – 반복적인 작업을 제거하고 활동을 확장하는 방법

어느 워크숍에서 은행 임원이 자부심 가득하게 "가능한 모든 것을 자동화했다"며 "더 이상 자동화할 것이 있을지 상상할 수 없다"고 말했다. 나는 이러한 상황에서 동료가 종종 던지는 질문을 떠올렸다. "그런데 왜 아직도 일하고 계시죠?"

자동화가 비록 노 워크의 핵심이지만, 많은 사람이 그 실질적인 의미를 이해하는 데 어려움을 겪는다. 물론 자동화는 모든 사람에게 최우선 과제가 돼야 한다. 자동화는 우리의 활동을 확장하고, 정신적 에너지를 절약하며, 무엇보다도 낮과 밤을 가리지 않고[4] 우리를 위해 일하기 때문이다. 이를 통해 사람들은 진정으로 즐기는 일과 가장 큰 가치를 창출하는 작업에 집중할 수 있게 된다.

내가 잔^Jan을 디지스킬^Digiskills 팀에 영입했을 때, 그가 특별하다는 것을 알고 있었다. 그는 디지털 생산성에 열정을 가지고 있었지만 전형적인 기술 전문가처럼 보이지 않았다. 오히려 그는 누구나 이해할 수 있는 방식으로 말하는 탁월한 재능을 지니고 있었다. 잔은 즉시 우리 팀의 핵심 멤버가 됐고 컨설턴트 팀을 이끌며 가장 큰 고객들의 프로젝트를 담당했다. 몇 년 후, 그의 타고난 재능을 개발하는 것에 대한 투자가 결실을 맺었고, 나는 파트너들과 함께 그를 회사 전체를 이끄는 리더로 승진시킨 것에 축하하면서 무척이나 뿌듯했다.

잔이 팀을 이끈 것 중 하나는 자동화에 대한 집중이었다. 그는 자신의 업무와 개인 생활의 모든 측면을 완전히 자동화했기 때문이다. 마이크로소프트가 자체 자동화 도구 세트를 출시하자마자 우리는 이 주제를 대규모로 다루기 시작했다. 그리고 어디에서 시작할까 고민할 필요도 없이 우리 자신부터 시작했다.

우리는 피드백 양식 작성, 과정 참가자들에게 알림 보내기, 회사 회의록 생성과 같은 자주 반복되는 작업부터 시작했다. 그다음으로는 시스템 간 데이터 동기화, 보고서 생성, 대형 고객 프로젝트를 위한 관리 시스템과 같은 더 복잡한 프로세스에 주목했다. 이러한 접근 방식 덕분에 소규모 팀으로도 주요 프로젝트를 처리할 수 있었다.

예를 들어 우리가 폭스바겐 그룹에 속하는 자동차 제조사의 마이크로소프트 365 도입을 도왔을 때, 개별 팀과 부서를 위한 맞춤형 두 달짜리 개발 프로그램을 만들었다. 이것이 어느 시점에서는 370개 이상의 프로그램으로 동시에 실행됐으며, 이는 단 한 명의 직원이 관리했다. 어떻게 가능했을까? 물론, 완전한 자동화 덕분이었다. 파워 오토메이트^Power Automate 도구를 도입한 지 불과 3개월 만에 우리 팀은 매달 5천 개 이상의 자동화된 작업을 처리했고, 반년 후에는 거의 4만 개의 작업을 처리했다.

이 경험을 통해 나는 모든 팀에 늘 자동화의 여지가 남아있다는 것을 배웠다. 중요한 점은 사소한 자동화라도 과소평가하지 않는 것이다. 이러한 조정은 궁극적으로 많은 작업을 절약하고 정신적 여유를 크게 확보할 수 있게 도와준다. 넷플릭스Netflix에서 쇼를 볼 때 '건너뛰기' 버튼을 본 적이 있을 것이다. 한 번 클릭하면 30초, 길어야 1분 정도를 절약하지만 사람들이 이 버튼을 1억 3천만 번 이상 클릭하기 때문에 하루에 거의 200년에 해당하는 시간을 절약할 수 있다.

업무에서도 마찬가지다. 모든 마우스 클릭은 시간이 걸리며, 그렇기에 자동화할 수 있다면 반드시 시도해 봐야 한다.

자동화는 사고방식이다

자동화는 일종의 삶의 철학에 가깝다. 그렇기 때문에 자동화를 습관처럼 만드는 것이 중요하다. 개인적으로 나는 반복 작업을 싫어하기 때문에 자동화에 집착한다. 모든 것을 위한 앱이 있다는 것을 알기 때문에, 결국 모든 것이 자동화될 수 있으며 나는 이를 매일 실천하려고 노력한다.

자신의 업무를 하나의 시스템으로 보기 시작하는 순간, 주변에서 반복적으로 수행하는 많은 작업들을 깨닫게 될 것이다.

- 잠재 고객에게 나의 서비스를 제안할 때
- 새로운 팟캐스트podcast 에피소드를 공개하고 이를 유튜브YouTube 채널에 공유할 계획을 세울 때
- 내가 무언가를 구매를 한 후 회계사에게 영수증을 전달해야 할 때

이것은 항상 다음을 의미한다.

- 문의가 들어오면 견적서를 작성하기 시작한다. 반복적.
- 팟캐스트를 진행하고 그 영상을 유튜브에 업로드한다. 반복적.

- 영수증을 찍고, 지출 관리 앱을 열어 업로드한다. 반복적.

자동화는 우리가 정기적으로 수행하는 작업뿐만 아니라, 한 번만 수행하는 일괄 작업에도 적용될 수 있다. 예를 들어, 전체 이미지 갤러리를 편집하거나 폴더의 모든 파일 이름을 변경하는 작업 등이 해당된다.

이러한 작업을 앞두고 있을 때는, 해결책으로 "대량bulk" 또는 "배치batch"와 같은 단어를 포함해 검색해 보라. 예를 들어, "배치 이미지 크기 조정"이나 "대량 파일 이름 수정"을 검색해 보는 것이다.

이와 같은 상황에 직면할 때마다 가장 먼저 해야 할 일은 이것이 자동화될 수 있는지 생각하는 것이다.

무엇보다 중요한 것은 절대 수작업하지 말라는 것이다!

일상적인 작업은 시작에 불과하다

생성형 AI가 등장하기 전까지 사람들은 일반적으로 자동화를 애플리케이션 간 정보 복사, 시스템에 데이터 입력, 보고서 작성과 같은 일상적인 작업에서 시간을 절약하는 수단으로 인식했다. 하지만 이제는 훨씬 더 많은 것을 자동화할 수 있다.

- 이메일[5] 또는 소셜 미디어[6]를 통해 개인화된 메시지 발송
- 그래픽[7], 광고[8] 생성 또는 텍스트 번역[9]
- 팟캐스트[10] 및 프레젠테이션[11] 녹음, 외국어 번역 포함
- 노래 제작[12], 비디오 아바타 생성[13], 또는 영화 전체 제작[14]

팟캐스트와 유튜브 영상의 전사transcription 작업을 위해 앱을 사용하기 시작했을 때 우리는 간단한 자동화를 구축했다. 누군가 회사 채팅에 흥미로운 영상 링크를 공유하면 시스템이 자동으로 콘텐츠를 분석하고 요약을

생성한다. 이 요약에는 중요한 정보뿐만 아니라 특정 동료들에게 왜 유용할 수 있는지, 그리고 그들이 이를 어떻게 활용할 수 있을지도 제안한다. 이는 단순히 일상적인 작업을 제거하는 것 이상이다.

그러나 거의 모든 것을 자동화할 수 있다는 사실이 반드시 모든 것을 자동화해야 한다는 것을 의미하지는 않는다. 다음 장에서는 AAAI라는 개념을 다룰 예정이다. 이 개념은 자동화를 어디에 적용할지, 그리고 언제 인간의 손길을 포함시키거나 자동화를 완전히 피하는 것이 더 나을지 결정하는 데 도움을 줄 것이다.

이때 다음과 같은 질문들이 도움이 될 수 있다.

- 이번 한 번만 하는 작업인가, 아니면 반복적인 작업인가?
- 컴퓨터가 나보다 더 빠르고 저렴하며 잘할 수 있는가?
- 이 작업을 즐기는가, 아니면 귀찮다고 느끼는가?

핵심은 단기적인 일회성 해결책에 우선순위를 두는 것을 멈추는 것이다. 그렇지 않으면 동일한 문제를 반복해서 처리해야 한다.

자동화할 것인가, 말 것인가? 그것이 문제다

새로운 스마트 도구들이 발전함에 따라 영감을 실현하는 시간이 짧아졌다. 단지 작업 흐름을 설명하기만 하면 다양한 AI 앱들[15]이 자동화 제안을 하기 때문이다. 하지만 나는 기본적인 점을 다시 한번 강조하고 싶다. 무엇을 자동화할지 상상하고 파악하는 능력이 어떻게 하는지에 대한 방법론을 공부하는 것보다 더 중요하다는 것을.

문제는 자동화 회사 자피어[Zapier]의 연구[16]에서 나타난 바와 같이, 전체 직원 중 3분의 1이 "명백히" 자동화의 유용성을 이해하지 못한다는 점이다. 실제로는 그 비율이 더 높을 가능성도 큰데, 이는 사람들이 자신이 모른다는 사실을 모르는 경우가 많다는 의미다.

이것이 바로 우리가 영감을 꾸준히 찾고 가능한 한 많이 구체적인 사례에 대해 이야기하는 것이 중요한 이유다. 예시로 우리가 봇이 수행하는 작업들을 보여주기 시작하자, 사람들은 자신들이 자동화할 수 있는 유사한 작업에 대한 아이디어를 점점 더 많이 생성하기 시작했다.

- 웨비나가 시작될 때, 자동 알림이 직원들에게 시청을 권유한다.
- 새로운 계약이 성사되면, 자동 메시지가 실행 팀에 통보된다.
- 월말이 다가오면, 자동화된 청구 요청이 외부 공급업체에 전송된다.
- 일정이 매일 캘린더에서 내보내지며, 강사와 교수의 작업량에 대한 보고서가 생성된다.

당신은 어떤가? 자동화할 수 있는 아이디어가 있는가? 앞서 언급한 도구들의 웹사이트에서 수많은 예시를 찾을 수 있을 것이다. 그들의 뉴스레터에 가입하면 충분한 영감을 얻을 수 있다. 아니면 노 워크 탐색기에서 제시한 질문들을 스스로에게 던져보라. 내가 가장 좋아하는 질문은 다음과 같다. "내일의 업무를 더 쉽게 만들기 위해 오늘 무엇을 할 수 있을까?" 이 질문을 매일 또는 매주 일정에 추가해 알림을 설정하라. 그렇게 하면 새로운 도전에 직면할 수 있다. 다른 말로 하면, 발견하는 기회들이 너무 많아 감당하기 어려울 수도 있다는 뜻이다.

반자동화

첫 단계로, 단축키와 템플릿을 사용해 더 작은 작업들을 자동화할 수 있다.

단축키와 텍스트 대체 기능[17]은 반복적인 구문, 문장 또는 전체 메시지를 작성할 때 많은 시간을 절약해 준다. 나는 개인적으로 이러한 기능을 휴대폰과 컴퓨터에 모두 설정해 둬, 한 번의 클릭으로 송장 정보를 입력하거나 자주 묻는 질문에 답하게 해놨다.

표준 단축키만 사용하던 것에서 벗어나라. 쉽게 자신만의 단축키를 만들 수 있다. 예를 들어 나는 웹 페이지를 스냅샷으로 찍고, 이를 내가 어디에서든 활성 링크로 전환할 수 있게 붙여 넣는 단축키를 만들었다. 덕분에 워크숍 참석자들을 위해 흥미로운 웹사이트의 팁을 프레젠테이션에 쉽게 추가할 수 있게 됐다. 이 단축키는 업워크 포털에서 5달러를 주고 만들어졌지만, 나에게는 매달 수백 번의 클릭을 절약해 주는 '건너뛰기' 버튼과 같은 역할을 한다.

나는 AI 프롬프트를 작성할 때도 텍스트 대체 기능을 사용한다[18]. 그리고 이메일을 작성할 때, 소셜 미디어 게시물을 편집할 때, 동료들에게 작업을 할당할 때 사용한다. 기본적으로 자주 하는 모든 활동에서 동일한 프롬프트를 반복해 입력 시간을 낭비하고 싶지 않을 때 이 기능을 활용한다 (여기에서 내가 사용하는 프롬프트의 예시를 찾을 수 있다[19]).

기성 템플릿도 훌륭한 선택지다. 이것들은 노 워크의 본질과 같다. 어느 면에서는 다른 누군가가 당신을 위해 해둔 작업인데, 그 누군가가 과거의 당신일 수도 있다.

- **텍스트 템플릿** – 메시지, 링크, 워크숍 설명 등 자주 작성하는 모든 것들.
- **프롬프트 템플릿** – AI 도구에서 자주 사용하는 명령어.
- **문서 템플릿** – 각 워크숍마다 하나의 마스터 프레젠테이션을 사용한다. 고객에게 제공하는 가격 견적도 같은 형식으로 준비한다.
- **디자인 템플릿** – 우리는 소셜 미디어 게시물을 위한 전문적으로 제작된 템플릿을 가지고 있으며, 동료들이 필요에 따라 이를 조정한다.

- **애플리케이션 내 템플릿** – EX) 교육 과정을 조직하기 위한 체크리스트.
- **데이터베이스 템플릿** – 우리 회사에서는 코치 명단, 내부 자동화 목록 등이 해당된다.
- **활동 템플릿** – EX) 수업에서 개별 연습 항목을 기록하는 템플릿.
- **전체 애플리케이션 템플릿** – 로우코드 시스템에서 사전에 만들어진 애플리케이션.

특별한 템플릿 범주 중 하나는 동기화 블록으로, 노션이나 마이크로소프트 루프 같은 앱에서 사용할 수 있다. 이 블록의 내용을 한 문서에서 다른 문서로 복사해 넣으면 원본 소스와 동기화된 상태로 유지된다. 그리고 원본만 수정하면 모든 곳에서 내용이 변경된다. 또는 작업 목록을 한 앱(예: 루프)에서 가져와 이메일이나 MS 팀 메시지에 붙여 넣을 수도 있다. 사람들이 그 자리에서 목록을 편집할 수 있고, 그 변경 사항은 원본 목록에도 반영된다. 이 방식은 시간 절약과 함께 일관된 품질의 결과물을 보장하는 데 도움이 된다.

처음부터 자신만의 템플릿을 만들 필요는 없다. 무료로 다운로드하거나 구입할 수 있으며 직접 만들어 수익을 올릴 수도 있다. 여기서는 앱과 동일한 규칙이 적용된다. 문서[20], 애플리케이션[21], 데이터베이스[22], 프롬프트[23], 팀 활동[24] 등 모든 것에 대한 템플릿을 찾을 수 있다.

완전 자동화

대부분의 현대 앱에서 if-then 규칙에 기반한 *기본 자동화*를 찾을 수 있다. 이것은 특정 소프트웨어나 서비스를 사용할지 결정하는 중요한 요소다. 이러한 기능을 제공하지 않으면 나는 보통 대안을 찾는다.

이러한 자동화는 간단한 작업을 자동화할 수 있게 해준다.

- 누군가 연락처 양식을 작성하면 채팅에 알림이 나타난다.
- 이메일을 플래그 하면 첨부 파일이 지정된 폴더에 저장된다.
- 퇴근해서 집에 도착하면 휴대폰이 자동으로 무음 모드로 전환된다.

고급 자동화는 서로 연계된 여러 단계가 포함된다.

- 휴대폰을 탭 하면 받아쓰기 앱이 열리고, 받아쓰기가 끝난 후 메모가 저장되며 할 일 목록에 추가된다. 그 후 저녁에 이와 관련된 알림을 받는다.
- 온라인 회의가 끝난 후 영업 담당자는 CRM 시스템에 기록을 저장할 기회를 얻는다. 확인 후 간단한 요약이 생성되고 활동 개요에 추가된다.
- 교육 세션이 끝나면 자동으로 피드백 양식이 생성돼 참가자들에게 배포된다. 첫 번째 응답을 받은 지 10일 후, 결과, 응답 요약, 평가 차트를 포함한 보고서가 작성된다. 강사는 이 정보의 요약본과 피드백을 바탕으로 한 개선 제안을 받는다. 평가가 일정 기준 이하일 경우, 상사가 통보받아 강사와 함께 향후 세션 개선을 논의할 수 있다.

만약 사용하는 도구들이 이러한 기능을 제공하지 않는다면 범용 자동화 서비스[25]와 연결해 볼 수 있다. 이러한 서비스는 서로 상호작용하지 않는 앱들도 연결할 수 있다.

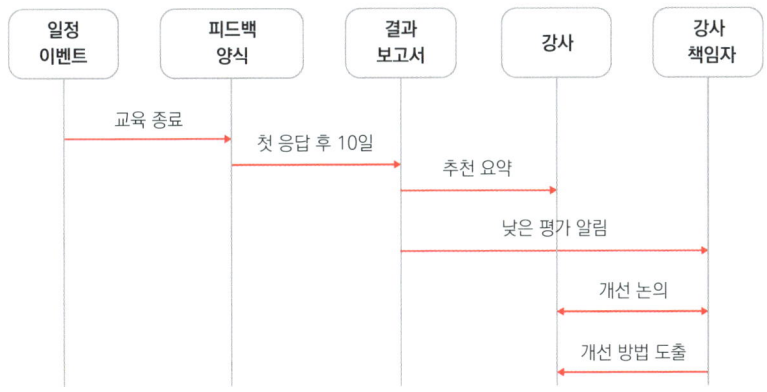

이것이 비교적 간단한 프로세스 자동화의 예시다. 하나의 단계부터 시작해 점차 더 많은 작업 단계를 자동화로 대체할 수 있다.

일부 도구는 여전히 수작업 개입이 필요하지만, 다른 도구들은 스크립트나 코드를 입력할 수 있으며 AI가 이를 쉽게 생성하도록 도와준다. 점점 더 많은 도구가 문제를 설명하는 것만으로 자동화 방식을 스스로 제안해 준다. 그렇기에 자동화할 아이디어를 생성하는 능력이 실제로 자동화를 구현하는 방법을 아는 것보다 더 중요하다.

하지만 스스로 감당할 자신이 없다면 이를 처리할 수 있는 사람이 반드시 필요하다. 각 팀에 최고 디지털 책임자가 있어야 한다는 것을 기억하라.

	자동화 가능성	
컴퓨터	컴퓨터 자동화	Windows PowerShell, Apple Script
모바일 기기	모바일 기기 자동화	Apple Shortcuts, Tasker
웹 브라우저	페이지 탐색, 양식 작성 및 데이터 다운로드	Chrome 또는 Edge 애드온

	자동화 가능성	
사무 애플리케이션	일상 업무의 반복 작업 자동화	Microsoft Power Automate, Google Workspace Automation
스프레드시트 자동화	행정 업무 및 기타 활동의 고급 자동화	Google Sheets 애드온, Excel의 Automation Dock
범용 앱	다양한 애플리케이션 연결, 작거나 복잡한 프로세스 자동화	Make, Zapier
특화된 앱	그래픽에서 커뮤니케이션까지의 전문 활동 자동화	Canva, Mixmax, Superface
소프트웨어 로봇	사람이 할 수 있는 모든 컴퓨터 작업 자동화	UiPath, Automation Anywhere

3. AI - 인공지능의 실질적인 활용

AI와 관련된 분야는 너무 빠르게 발전하고 있어 로봇 공학이나 머신러닝과 같은 실제 기술을 제외하고는 어떤 확실한 기술에 대해 논하기가 어렵다. 이러한 기술은 수십 년간 발전해 왔지만 주로 프로그래머와 관련된 분야다.

그렇기에 대부분의 사람에게는 AI를 활용할 수 있는 가능성과 이를 다루는 도구를 숙달하는 데 도움이 되는 변하지 않는 원칙을 이해하는 것이 더 중요하다.

1. 기존 애플리케이션에서 AI 사용

대부분의 인기 도구 제작자는 제품에 AI 기능을 추가하고 있다. 예를 들어, 노트 작성 앱인 노션에서는 텍스트를 생성, 요약, 또는 자동 번역할 수 있다. 마찬가지로, 가상 화이트보드인 미로Miro에서는 단 한 번의 클릭으로 마인드맵을 만들거나 브레인스토밍 세션 중 생성된 아이디어들을 그룹화할 수 있다.

인공지능은 노션과 미로 같은 인기 앱의 중요한 부분을 차지하고 있다.

이러한 도구들은 생산성을 크게 향상시킬 수 있으며 작업 흐름을 개선할 아이디어를 제공할 수 있으므로 주목할 만하다. 체코에서 가장 성공적인 스타트업 중 하나인 프로덕트보드Productboard는 제품 관리자 도구에 AI를 도입했다. 디지털 제품이나 서비스를 개발하는 경우 AI는 사용자들의 인사이트를 새로운 기능으로 연결하고, 트렌드에 관한 피드백 주제를 자동으로 모니터링하며, 사용자 피드백을 요약해 무엇을 개선해야 할지 알려준다.

좋아하는 앱 이름과 "AI"를 함께 구글에 검색해 보라. 아마 해당 앱의 AI 기능을 설명하는 페이지나 그 앱에서 AI를 사용하는 방법에 대한 가이드를 찾을 수 있을 것이다. 몇 가지 예시를 직접 시도해 보고 그 스마트 기능들이 추가 비용을 지불할 만한 가치가 있는지 고려해 보라.

2. 일반 AI 앱에서 AI 사용

ChatGPT, 클로드, 제미나이와 같은 인기 있는 AI 모델을 기반으로 한 앱들은 글쓰기, 프로그래밍, 데이터 분석, 그림 그리기 등 광범위한 작업을 처리할 수 있다. 이러한 앱들은 제3자 서비스와의 통합 덕분에 마인드맵 mind map 작성부터 휴가 계획에 이르기까지 수백 가지의 '추가 기술'을 제공하기도 한다.

대부분의 사람은 이러한 앱들을 수동으로 사용하며, 출력물을 다룰 때는 단순히 익숙한 복사-붙여넣기를 사용한다. 나는 새로운 작업 방식을 실험하고 테스트할 때 이 수동 방식을 추천하는데, 이는 AI가 해당 작업에 적합한지 빠르게 평가할 수 있게 해주며, 무엇보다도 워크플로우나 자동화에 통합하기 전에 프롬프트를 정교하게 다듬을 수 있기 때문이다.

우리 팀은 항상 이런 방식으로 일한다. 앞서 우리는 고객에게 AI 앱을 추천해 주는 시스템을 어떻게 구축했는지 이야기했다. 아이디어는 사람들이 자신의 업무를 설명하면, 우리 시스템이 그들의 삶을 더 쉽게 만들어 줄 적합한 AI 도구를 추천해 주는 것이었다. 먼저 간단한 설문을 만들어 고객이 그들의 업무 장소, 하는 일, 목표 등을 답하게 했다. 그런 다음 설문에서 나온 첫 번째 데이터를 기반으로 프롬프트를 실험해 봤다. 그리고 실험 결과에 만족한 후, 동료가 수백 명에게 한 번에 이러한 추천을 생성할 수 있는 간단한 자동화를 구축했다. 하지만 가장 중요한 부분은 프롬프트를 제대로 설정하는 것이었다.

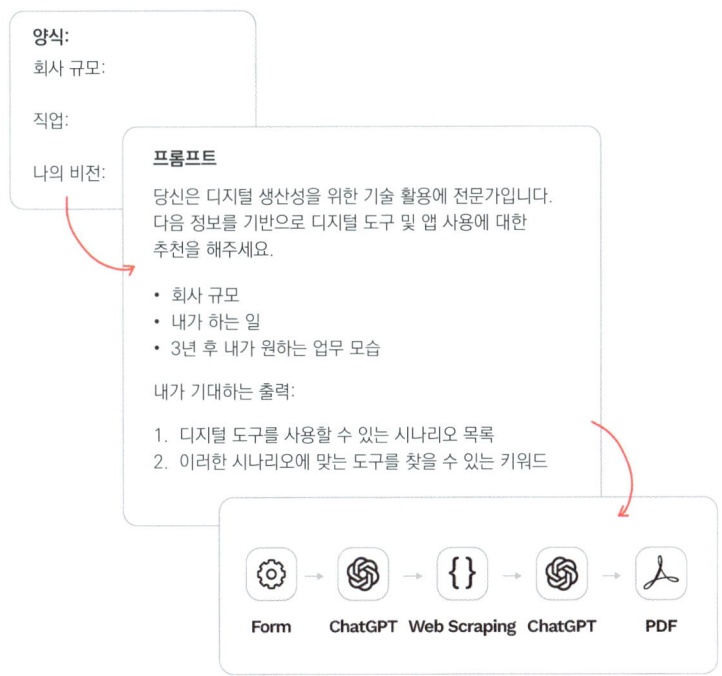

3. 단일 목적 앱에서의 AI 사용

종종 발생하는 문제에 대한 빠른 해결책이 필요하다면 수많은 솔루션이 이미 존재한다. 이것은 특정 문제에도 적용되는데, 예컨대 한 고객이 전자책 제작 과정 개선에 도움을 필요로 한 적이 있다.

이런 상황에 직면했을 때 두 가지 주요 선택지가 있다. 일반적인 AI 앱을 사용해 과정의 특정 부분을 간소화하는 것(예: 브레인스토밍, 편집, 시각 자료 제작), 혹은 "AI 기반 전자책 제작 도구"처럼 특정 요구에 맞게 설계된 솔루션을 찾아보는 것이다.

"TAAFT"[26] 포털을 방문하거나 이미 만들어진 봇[27]을 찾아보면 거의 모든 문제에 대한 해결책을 찾을 수 있다.

4. 로우코드 시스템에서의 AI 또는 자동화의 일환으로 AI 활용

얼마 전 한 고객이 그의 야심 찬 비전을 나와 공유했다. 그는 관리자의 피드백을 각 직원에게 맞춤형 개발 계획으로 변환할 수 있는 시스템을 만들고 싶어 했다. 몇 달 전이었다면 나는 수십만 달러의 예산을 마련하고 1년 정도의 시간이 필요할 것이라고 말했을 것이다. 그러나 대화 중 우리는 ChatGPT 봇을 조정해 이 작업을 충분히 수행할 수 있도록 했다. 그의 회사는 로우코드 오피스 앱을 사용하기 때문에 이제 그는 유사한 자동화를 설정해 모든 관리자들이 이 혁신에 접근할 수 있도록 하면 됐다.

이것이 바로 미래의 앱이 어떤 모습일지에 대한 예시일 수 있다. 프로그래밍 대신 우리는 AI 프롬프트를 세밀하게 조정하고 이를 로우코드 애플리케이션과 자동화 시스템에 통합하게 될 것이다. 이러한 시스템을 통해 여러 앱을 상호 연결할 수 있으며, 복사하고 붙여넣기를 반복하는 대신 AI를 직접 프로세스에 통합해 최소한의 노력으로 전면적인 활용을 할 것이다.

> **데이터 분석에서 AI 워크플로우로**
>
> 케볼라(Keboola)는 오랫동안 나의 관심 밖에 있었던 가장 유망한 체코 스타트업 중 하나다. 최근까지 이들은 주로 데이터 분석가들을 위해 다양한 시스템에서 데이터를 연결하고 데이터를 더 쉽게 다룰 수 있게 해주는 도구를 개발해 왔다. 그러나 AI가 등장하면서 그들의 플랫폼은 완전히 새로운 차원으로 발전했다. 여러 출처의 데이터에 접근하고 이를 결합해, 로우코드와 자동화 애플리케이션이 완전한 잠재력을 발휘할 수 있도록 한 것이다. 그래서 오늘날 케볼라 사용자들은 데이터를 분석할 뿐만 아니라 AI 도구와 결합해 활용할 수 있게 됐다. 이것은 단지 비즈니스에만 국한되지 않는다. 나는 14세 소피아가 보드게임에 대한 다양한 데이터 소스를 연결하고, 이 게임들을 안내하는 챗봇을 만드는 것을 발표하는 것을 목격했다.

5. 맞춤형 앱에서 AI 사용

고급 기술은 더 이상 우리가 과거에 알던 이론적 AI 지식이나 머신러닝에만 국한되지 않는다. 수십만 개의 AI 모델이 사용 가능해지면서[28] IT에 익숙한 일반인도 이제 AI를 자신의 애플리케이션에 통합할 수 있다. 이러한 활용 가능성은 전문가 커뮤니티들이 자신들의 노하우와 구체적인 사용 사례를 공유하면서 더욱 확대되고 있다.

만약 이러한 활용 방법을 시각화하는 데 어려움을 겪고 있다면 몇 가지 예시를 들어보겠다. 수많은 문서를 검토하고 그 사이에서 특정 연결을 찾아야 한다고 상상해 보자. IT 팀이 이 문서들을 OpenAI 모델에 연결하는 간단한 앱을 만들 수 있을 것이다. 그러면 궁금한 사항에 대해 질문할 수 있게 된다. 농부는 세그먼트 애니싱Segment Anything 모델*에 연결된 웹캠을 설치해 탈출한 동물을 감시할 수 있고, 물류 관리자는 창고 직원에게 헤드

---

* 세그먼트 애니싱 모델(Segment Anything Model)(SAM이라고도 부른다)은 메타(Meta) AI에서 개발한 시각적 객체 분할 모델로써 이미지를 분석해 객체의 경계를 자동으로 찾아주는 기술이다. 간단한 사용자 입력(예: 클릭, 박스 드래그)만으로도 높은 정확도의 객체 마스크를 생성할 수 있다. - 옮긴이

셋을 제공하는 시스템을 구축할 수 있다. 이 헤드셋은 휴대폰에 연결돼 컴퓨터를 사용하지 않고 음성으로 시스템과 "대화"할 수 있다. 어떻게 가능할까? 위스퍼Whisper 모델을 통합해 질문을 텍스트로 전사하고 플레이Play HT 모델을 사용해 자동 음성 응답을 생성하는 시스템을 구축하면 된다.

과거와 달리 이제 이러한 앱의 첫 번째 버전을 몇 시간 만에 만들 수 있다. 하지만 약간의 프로그래밍 지식이 필요하거나, 그러한 지식을 가진 사람이 주변에 있어야 한다.

> **더 빠른 AI 개발을 위한 도구들**
>
> 정확하며 신뢰할 수 있는 프롬프트를 만드는 것은 매우 중요하며, 특히 자신만의 앱이나 내부 시스템을 구축하는 사람들에게 더욱 그렇다. 다행히도, ChatGPT Playground, Anthropic Console, Langtail과 같은 훌륭한 도구들이 있어 사람들은 더 빠르게 실전용 프롬프트를 생성할 수 있으며, 이를 통해 AI 개발 워크플로우를 가속화할 수 있다.

다음 장에서는 새로운 스마트 도구를 효과적으로 활용하기 위한 여러 가지 팁을 살펴볼 것이다. 당신이 만약 이 도구들을 진지하게 사용하려면 AI가 데이터를 어떻게 처리하고 학습하는지, 그리고 이 결과에 어떤 요소들이 영향을 미치는지 이해하는 것이 중요하다. 또한 IT 보안 문제뿐만 아니라 프롬프트의 소유권, 저작권 문제 그리고 개별 모델 사용에 대한 라이선스도 반드시 인지해야 한다.

이것이 바로 현명하고 안전한 결정을 내릴 수 있도록 도와주며 AI에 올바르게 투자하고 있는지 확인해 줄 사람이 주변에 있는 것이 중요한 또 다른 이유이다.

> **다음 프롬프트를 ChatGPT나 Bing AI에 입력해 보라**
>
> 인공지능(AI)의 비즈니스 활용에 대한 지식수준을 5단계로 나눠 표로 만들어 줘. 표는 다음의 4개의 열로 구성해 줘. 수준(Level), 직함(Title), 설명(Description: 해당 수준의 사람이 AI로 할 수 있는 일), 실질적인 예시(Practical Examples).
>
> 수준은 다음과 같아.
>
> 1. AI 애플리케이션 기본 사용자
> 2. AI 애플리케이션 프롬프트 엔지니어
> 3. 로우코드 AI 애플리케이션 개발자
> 4. AI 및 머신러닝(ML) 개발자
> 5. AI 박사 학위 소지자

이러한 기술을 가진 사람에 대한 수요는 점점 더 증가할 것이 분명하다. 이는 물론 큰 기회다. 2023년 할리우드 작가 파업이 시작됐을 때, 넷플릭스와 디즈니 같은 기업은 즉시 더 많은 AI 전문가를 찾기 시작했다. 우리도 프로젝트에서 같은 일을 하고 있다. 일부 역할에서는 실제 작업을 수행할 사람과, 그 작업을 훨씬 더 큰 규모로 처리할 AI를 미세 조정할 사람, 두 가지 유형의 인재를 찾고 있다. 나는 이렇게 함으로써 작은 팀들도 이전에는 상상할 수 없었던 성과를 달성할 수 있을 것이라고 믿는다.

핵심 요약

1. 디지털 기술 개발에 투자하라. 이는 오늘날의 세상에서 개인적, 직업적 성공에 필수적이다. 디지털 기술에는 정보를 효율적으로 다루고, 명확하게 소통하며, 유용한 도구를 숙달하고, 안전하게 사이버 공간을 탐색하는 능력이 포함된다.
2. 로우코드와 노코드 도구를 수용해 프로그래머에 의존하지 말고 디지털 시스템을 빠르게 구축하고 맞춤화하라. 이러한 도구는 빠른 혁신을 가능하게 하며 사용자가 워크플로우를 세밀하게 조정할 수 있게 해준다.
3. 자동화 사고방식을 개발하라. 자동화할 수 있는 작업을 끊임없이 찾아보라. 자동화는 시간을 절약하고, 활동을 확장하며, 더 중요한 일에 집중할 수 있는 정신적 여유를 제공한다.
4. 기존 앱에서 AI 기능을 강화하라. 일반 AI 챗봇을 사용하거나 필요에 맞는 특정 AI 도구를 찾아내는 방법을 배워 활용하라.
5. 디지털 도구와 AI를 사용할 때 실험적이고 반복적인 사고방식을 길러라. 워크플로우나 자동화를 통합하기 전에 아이디어를 생성하고 프롬프트를 다듬는 데 집중하라. 각 팀에 최고 디지털 책임자가 있는 것이 AI 활용을 극대화하고 디지털 도구를 최적화하는 데 크게 도움이 된다.

실천 과제

1. 자신이 디지털 도구를 얼마나 잘 다루고 있는지 솔직하게 평가하라. 이는 일반적인 기술(예: 온라인 회의를 효과적으로 진행할 수 있는가?), 기술적 능력(예: 스프레드시트를 잘 다루는가?)이 해당된다. 자주 사용하는 도구라면 능숙해야 한다. 튜토리얼을 시청하거나, 디지털 코칭 세션

을 마련하거나, 코스에 등록하라.

2. 이 장에서 언급된 로우코드 도구들을 탐색하고 이를 자신의 활동이나 프로젝트에 활용할 수 있을지 고민해 보라.

3. 반복적으로 수행하는 작업 목록을 작성하고 현재 사용하는 도구가 이를 자동화할 수 있는지 확인하라. 이는 몇 번의 클릭으로 처리되는 간단한 작업에서부터 더 복잡한 프로세스까지 포함될 수 있다. 그리고 언급된 자동화 도구들이 도움이 될지 조사해 보라.

10. AI를 잘 다루는 법

우리는 세계 최초로 "프롬프트 공학Prompt Engineer"이라는 새로운 직책을 만든 조직 중 하나였다. 그러나 이 용어는 당시 널리 알려지지 않았기 때문에 대신 "AI 위스퍼러Whisperer"라고 부르기로 했다. 우리는 이 직책을 새로운 스마트 도구를 매우 잘 다루고 동료와 고객이 더 효과적으로 사용할 수 있게 도와주는 사람으로 상상했다. 일부는 이 직업의 미래가 밝을 것으로 예측했다. 그러나 결과는 달랐다. 프롬프트 공학은 등장한 해에 바로 사라진 세계 최초의 직업[1]이 됐다. 이는 하나의 직업이 아니라 거의 모든 사람에게 필요한 핵심 기술로 자리 잡았기 때문이다.

훌륭한 AI 프롬프트를 만드는 것은 시작에 불과하다. 먼저 AI를 언제 사용하고 언제 사용하지 말아야 할지 판단하는 것이 필요하다. AI가 한 번 틀린 답을 줬거나 특정 사실을 포함하지 않았다는 이유만으로 AI를 신뢰하지 않는다는 사람을 본 적 있을 것이다. 그들은 아마도 단순히 잘못된 작업에 잘못된 도구를 사용했을 가능성이 크다.

거의 모든 사람이 AI를 사용할 수 있다는 사실은 AI의 가장 큰 강점이자 약점이다. 사용이 간단하고 특별한 전문 지식이 필요하지 않으며 경험보다는 새로운 것을 시도하려는 용기만 있으면 되기 때문이다. 그렇다고 해서 학습이 필요 없는 것은 아니다. 오히려 그 반대다.

AI 사용을 고려할 때, 답해야 할 여러 질문들이 떠오를 것이다.

- *AI는 언제 사용해야 하며, 그러지 않고 직접 작업하는 것이 더 나은 경우는 언제일까?*
- *AI의 출력물을 얼마나 철저하게 확인하고 검토해야 할까?*
- *사람들과 직접 소통하는 것을 우선시할 때와 아바타를 사용하는 것이 더 적절한 때는 언제일까?*

- 고객에게 가능한 한 빨리 응답하는 것이 나을까, 아니면 최고의 답변을 제공하는 것이 더 나을까?

많은 경우 답이 모호할 것이다. 어떤 때는 AI의 처음 결과가 충분할 때도 있고, 어떤 때는 이를 미세 조정하거나 최소한 다시 확인해야 할 필요가 있다. 어떤 사람은 아바타를 전혀 신경 쓰지 않지만, 어떤 이는 이를 불쾌하게 느낄 수도 있다. 그러니 장단점을 신중히 따져야 한다. 그런 다음 한 걸음 더 나아가 실제 상황에서 몇 가지 시나리오를 테스트해 무엇이 효과적인지 확인해 보라.

AI를 고려할 때 고객들이 이를 실용적으로 적용할 시점과 장소를 이해할 수 있도록 돕기 위해 내가 만든 개념인 "AAAI" 프레임워크를 소개하겠다.

AAAI: 창작 → 승인 → AI		
범주	설명	예시
창작	직접 결과물을 창작	- 전략적 워크숍 진행 - 책 원고 작성
승인	결과물은 AI가 생성하지만, 확인 및/또는 세부 조정함	- 고객 문의에 응답 - 책 번역 수정
AI	작업을 완전히 AI에 맡김	- 정기 팀 회의 요약 - 아바타로 출판사에 보낼 비디오 메시지 생성

이 프레임워크는 AI를 책임감 있게 사용하는 데 있어서도 핵심이다. 이는 생성된 데이터의 정확성뿐만 아니라 '어투'와 같은 요소도 다뤄 AI로 만든 콘텐츠가 누구나 순식간에 작성할 수 있는 일반적인 텍스트가 아니라 실제로 당신의 목소리처럼 들리도록 보장해 준다.

예를 들어 우리가 디지 챌린지 프로젝트에서 AI를 어떻게 사용했는지 알려 주겠다. 모든 참가자는 팀과 개인 과제를 완료하고 그 경험에 대한 월간 보고서를 제출해야 한다. 종종 분량의 길이가 길고 방대하다는 점을 고려해, 우리는 AI를 활용해 이를 요약하고 참가자가 가장 활발히 참여하는 분야에 대한 통찰을 제공하는 통계와 보고서를 생성한다.

AI로 만든 요약은 내부 용도로 충분히 유용하다. 우리는 참가자와 이 요약을 공유해 다른 사람이 무엇을 하고 있는지 볼 수 있게 하지만, 이때 AI가 생성한 것임을 솔직히 밝힌다. 가장 유익한 보고서는 신중히 검토하고 수작업으로 게시하는데, 이는 파트너에게 중요한 자료이기 때문이다. 소셜 네트워크에 게시할 콘텐츠도 자동으로 생성되지만 사실 검증을 위해, 그리고 팬에게 더 흥미롭고 영감을 줄 수 있도록 항상 우리 중 한 사람이 세밀하게 조정한다.

기술 발전에 따라 이러한 범주 간의 경계는 점점 더 흐려지고 있다. 더 많은 활동이 한 범주에서 다른 범주로 이동할 것으로 예상되며, 이는 우리가 지속적으로 접근 방식을 적응하고 세밀하게 조정할 필요가 있음을 의미한다.

학계의 클라이언트와의 경험을 통해 개별적인 접근 방식이 효과적으로 결합될 수 있음을 확인했다. 대학 강사들과의 워크숍에서 AI가 학생 과제를 채점하는 가능성에 대해 논의했다. 교수들은 각 과제의 약점, 예를 들어 출처 부족, 논증 부족 등을 스프레드시트에 간단히 메모했다. 그러면 AI가 이러한 메모를 바탕으로 각 학생에게 문제를 해결하는 데 도움이 될 맞춤형 보고서를 생성해 준다.

우리는 이 방법이 교사와 학생 사이에 중재자를 생성해 상호작용을 더 비인격적으로 만드는 것은 아닌지 윤리적인 경계를 넘는 것은 아닌지에 대해 논의했다. 나는 나의 직업적 영감으로부터, 교육 프로그램에 참여하려는 문의에 대해 내가 어떤 식으로 응답하는지 보여줬다. 나는 완전히 자동화된 시스템을 원하지 않았는데, 그 이유는 등록하는 사람이 누구인지 직접 확인하고 싶기 때문이다. 또한 잠재적 참가자와의 모든 상호작용을 프로그램의 가치를 보여줄 기회로 여기고 있었다. 그래서 간단한 단축키로 불러올 수 있는 두 가지 응답 템플릿을 준비해 뒀는데 하나는 기업가용, 다른 하나는 조직 내 관리자용이다. 각각의 템플릿 시작 부분에는 개인적인 메시지를 작성할 수 있는 빈 공간이 있다. 나는 그 메시지를 작성하거나 말하는 데 몇 초밖에 걸리지 않지만, 그들이 참여하고 싶어 할 가능성을 크게 높인다.

이 예시로부터 영감을 얻은 대학 강사들은 학생을 평가하기 위한 자신들만의 시스템을 만들었다. 피드백의 일부는 AI가 생성하고, 나머지는 교수들이 직접 작성하는 방식이다. 이를 통해 채점에 소요되는 시간이 절반으로 줄어들고 학생에게는 더 가치 있는 피드백을 제공할 수 있게 됐다.

효과적인 프롬프트 작성 팁

AI를 잘 다루는 것은 단순히 프롬프트를 암기하는 것이 아니라 프롬프트를 세밀하게 조정하고 최적화하는 방법을 아는 것이다. 이는 "AI와 대화하는 방법"이라고도 할 수 있다. 언젠가 더 스마트하고 사용자 친화적인 인터페이스가 개발돼 프롬프트 작성이 불필요해질 수도 있지만 그때까지는 대체 불가능할 것이다. 게다가 프롬프트 작성은 본질적으로 자신의 아이디어를 잘 표현하는 능력을 의미하며 이는 언제나 가치 있는 자산으로 남을 것이다.

곰곰이 생각해 보면 모든 작업 지시는 사실 하나의 프롬프트다. 동료에게 "평소대로 해"라고 요청한다면 한 문장만 보내면 된다. 하지만 팀에 새로 합류한 사람이 있다면, 그들과 협력하는 방법을 찾아야 하고, 작업을 할당하고, 그들의 작업을 검토하며 점진적으로 올바른 해결책으로 이끌어야 한다.

다음은 AI를 최대한 활용하기 위한 몇 가지 팁이다.

1. 노력하라. 최소한 계속 시도하라

고통 없이는 얻는 것도 없다. AI도 마찬가지다. 특히 처음 사용할 때는 보통 첫 시도에서 완벽한 결과를 얻기 어렵다. 나는 '1 프롬프트'라는 노력 단위를 생각하기 시작했으며, 작업에 얼마만큼의 시간과 에너지를 투자할지 고민할 때 그 중요성에 따라 시도 횟수를 정해 할애한다.

단순한 작업을 처리할 때는 짧은 프롬프트를 작성하고 첫 번째 결과를 그대로 받아들인다. 하지만 중요한 일이라면 만족할 때까지 추가로 여러 프롬프트를 사용해 결과를 수정하고 세밀하게 조정한다.

2. 구체적으로 작성하라

"직책 X에 대한 구인 공고를 작성해 줘"와 "직책 X에 대한 구인 공고를 작성해 줘. 이 직책은 특정 조건 아래 이러한 업무를 담당하게 될 거야"라는 프롬프트에는 큰 차이가 있다. 더 구체적으로 작성할수록 더욱 적합한 결과를 얻을 수 있다.

많은 도구가 이제 사용자의 의도에 따라 좋은 프롬프트를 자동으로 생성하지만, 나는 다른 접근 방식을 선호한다. 첫 번째 프롬프트로 명세서를 생성한 후(예: 피드백 설문지가 포함해야 할 내용), 이를 다듬어 두 번째 프롬프트(이 정보를 포함하는 피드백 설문지 초안을 작성해 주세요)의 기반으로 사용하는 방식이다.

3. 더 많은 맥락을 제공하라

AI에게 내가 발표를 하고자 하는 공유 사무실의 관리자에게 보낼 이메일을 작성해 달라고 요청할 때, 먼저 나 자신에 대한 설명, 내가 하는 일 그리고 달성하고자 하는 목표를 설명하는 것부터 시작한다. 이때 모든 정보가 도움이 된다.

일부 도구는 설정에 "사용자 지정" 내역을 저장하거나 개인 지식 데이터를 사용할 수 있게 해줘, 매번 프롬프트를 작성할 때마다 맥락을 고민할 필요가 없도록 한다. 나는 이러한 기능을 적극 활용할 것을 권장한다.

4. 예시를 제공하라

결과가 어떤 모습이어야 하는지에 대한 세부 설명을 제공하는 것을 두려워하지 말라. 표를 만들어야 한다면 열 이름을 적거나 첫 번째 행의 데이터가 어떻게 보여야 할지 설명하라. 이때 잘 알려진 예술가나 특정 어조, 예술 스타일을 언급해 AI가 올바른 방향으로 작업할 수 있도록 유도할 수도 있다.

확신이 서지 않는다면 AI에게 예시를 제공하는 것으로 시작하라. 예시를 분석하게 한 다음 AI가 수용 가능한 결과를 만들어 내도록 시도하라. 내가 이메일 작성이나 링크드인 게시물 초안을 위한 프롬프트를 조정할 때도 실제 메시지와 게시물에서 가져온 예시를 주로 사용했다.

5. 놀이를 잊지 말라

다양한 프롬프트 대안을 테스트하기 시작하면 예상치 못한 기법과 새로운 요령을 발견할 것이다. 그래서 나는 "프롬프트 공학"보다는 "프롬프트 공예crafting"라는 용어를 선호한다. 현재 AI와의 실제 작업은 공학보다는 공예에 더 가깝기 때문이다. 그리고 이는 모든 공예와 마찬가지로, 꾸준한 연습과 헌신을 통해서만 숙달될 수 있다.

	샘플 프롬프트		
	단순	고급	복잡
텍스트 생성	AI에 대한 기사를 작성해 줘.	"AI 시대의 노 워크 혁명"이라는 책에 대한 홍보 동영상의 스크립트를 작성해 줘.(이 책은 AI 시대에서의 일의 미래에 관한 내용이야.) 약간 비공식적이고 대화체 스타일로 작성해 줘. 마지막에 시청자들에게 웹사이트에서 책을 구매하도록 권장해 줘.	세계적인 카피라이터이자 TV 스크립트 작가 역할을 해줘. TV 진행자(내 아바타)가 일반 대중에게 책의 내용을 소개할 수 있도록 스크립트를 작성해 줘. 1. 책의 발췌본을 분석해 줘. 2. 책에서 가장 중요한 5가지 통찰력으로 구성된 요약을 만들어 줘. 3. 이러한 통찰력을 일반 대중(특히 AI에 관심 없는 사람들)에게 설명하는 TV 진행자용 스크립트를 작성해. 4. 영상은 최대 3분 이내로 긍정적이고 동기부여가 되며 복잡한 기술 용어를 포함하지 않아야 해. 5. 마지막으로 시청자들이 책의 제안을 기반으로 AI를 활용할 수 있는 3가지 팁을 제공해 줘.
이미지 생성	산속의 작은 집	상추와 치즈가 들어간 비프 햄버거, 픽셀 아트, 아이콘 스타일, 정면 뷰, 흰색 배경	"사람과 로봇이 함께 일하는 하이테크하고 재미있는 세상"이라는 그래피티를 빈 벽에 그려 줘. 스트리트 아트, 그래피티(graffiti), 흑백, 페인트, 스프레이 페인트, 뱅크시(Banksy) 스타일 --ar 3:2 --v 5.2 --q 2*

거의 모든 AI 도구는 효과적인 프롬프트를 작성할 수 있는 가이드[2]를 제공한다. 이를 활용해 자신의 프롬프트 작성 능력을 향상시키거나, 동료들에게 지침을 제공하거나, 심지어 프롬프트의 일부로도 사용할 수도 있다. 단순히 의도를 설명하고 지침을 첨부한 뒤 AI에게 제공된 가이드라인을 바탕으로 초기 프롬프트를 다듬어 달라고 요청하라. 때로는 몇 분만 투

---

*   --ar 3:2 --v 5.2 --q 2는 미드저니와 같은 이미지 생성모델에서 사용하는 매개변수이다. 비율, 버전, 품질에 대한 값을 조절한다. – 옮긴이

자해도 몇 시간의 좌절을 줄일 수 있다. 이것이 프롬프트의 미래가 될 수도 있지만, AI에게 맡겨 보라! 이것은 바로 AI가 가장 잘하는 일이기 때문이다. 당신은 필요로 하는 것을 AI에게 설명하고, 그저 AI가 프롬프트를 완벽하게 조정하는 과정을 지켜보기만 하면 된다.

여기 깔끔한 요령이 있다. AI로 동료에게 줄 작업 지시서를 작성하게 하라. 그런 다음 이 출력을 프롬프트로 사용하라. 예를 들어 내 책의 가상 공동 편집자에게 복잡한 프롬프트가 필요했을 때, 나는 가볍게 "내 책을 편집할 동료를 위한 자세한 지시 사항이 필요하다"라고 말한 다음 중요한 몇 가지 핵심 사항을 나열했다.

거대 언어 모델(LLM)의 작동 방식

이 책은 일반 사용자를 위해 쓰였지만 AI 챗봇, 즉 거대 언어 모델(LLM)이 실제로 어떻게 작동하는지 알아 두는 것은 유용하다. 이를 알면 이러한 모델들이 잘하는 것과 어려움을 겪을 수 있는 부분을 이해하는 데 도움이 되기 때문이다.

ChatGPT, 제미나이, 클로드, 미스트랄과 같은 대형 언어 모델(LLM)은 본질적으로 방대한 학습 데이터를 바탕으로 주어진 프롬프트에 대한 가장 가능성 있는 응답을 생성한다. 우리 인간도 이런 방식을 항상 사용한다. 누군가 "똑똑"하며 노크소리로 농담을 시작하면, 누구나 "누구세요?"라는 반응이 나올 것을 바로 안다.

문제는 "가장 가능성 있는 답변"이 항상 올바른 답변은 아니라는 점이다. 그래서 LLM은 "프랑스의 수도는 어디인가?"와 같은 일반적인 지식 질문에는 매우 뛰어난 성능을 보인다. 그러나 덜 알려진 사실이나 더 많은 조사가 필요한 질문, 예를 들어 "밤 9시에 에펠탑에서 몽마르트로 가려면 어떻게 해야 하나요?"라는 질문을 하면 사실이 아닌 내용을 만들어낼 수 있다. 그럴듯한 답변을 주지만 실제로는 사실이 아니며, 이러한 현상을 "환각(hallucinate)"이라고 부르기도 한다.

하지만 이것이 항상 나쁜 것은 아니다. 그런 질문에는 검색 엔진, 지도, 버스 시간표와 같은 다른 도구들을 사용하면 된다. 그러나 브레인스토밍을 하거나 새로운 아이디어를 개발하거나 정보를 다루고자 할 때는 LLM의 강점이 발휘된다.

2024년 시점의 LLM은 수학 문제에서도 어려움을 겪었다. 기본 산술은 잘 처리하는데, 이는 훈련 과정에서 많은 양의 단순한 수학 문제를 봤기 때문이다. 이것이 반드시 문제인 것은 아니지만 염두에 둬야 할 점이다. 그렇기에 LLM은 계산기, 스프레드시트, 일부 AI 앱의 특수 기능(예: ChatGPT의 "분석" 도구)으로 사용할 수 있으며 계산 방법을 설명하거나 스프레드시트 공식을 작성하는 데도 유용하다.

LLM의 마지막 주요 제약은 이른바 "문맥(context) 윈도우"다. 이러한 모델은 응답을 생성하는 데 많은 연산 자원을 사용하므로 한 번에 처리할 수 있는 대화량이 제한적이다. 텍스트 조각(언어에 따라 단어 또는 음절)으로 이뤄진 전체 토큰 수가 이 한도를 초과하면, 모델은 대화의 초기 부분을 "잊어버리거나" 무시하기 시작한다. 따라서 긴 대화를 하거나 모델에 많은 정보나 지시를 줄 때는 문맥 윈도우를 염두에 두는 것이 중요하다.

문맥 윈도우는 무료 버전에서는 수천 개의 토큰부터 최신 모델에서는 수십만 개의 토큰까지 다양한데, 이는 모델 이름 옆에 100k나 200k 같은 표시로 나타난다. 이 상한선은 거의 매달 증가하고 있으며, 이 제한을 "우회"하거나 보완할 수 있는 기술도 함께 발전하고 있다. 이로 인해 이 도구로 할 수 있는 일의 실질적인 활용도 점차 확대되고 있다.

AI와 함께 작업할 때의 추가 팁과 요령

- AI에 특정 역할을 부여: "세계적인 코치", "기업가" 등 작업과 관련된 인물로 AI가 행동하도록 지시하라.
- 형식 실험: 정보를 표, 마인드맵, 또는 불릿bullet 포인트 형식으로 제시하도록 AI에 요청하라.
- 다양한 스타일 탐색: 특정 작가나 아티스트의 스타일로 결과를 요청해 보라(예: "이 텍스트를 팀 페리스 스타일로 다시 작성" 또는 "이 그래픽을 바스키아Basquiat 스타일로 편집"). 단, 저작권을 존중하며 올바르게 사용해야 한다.

- AI가 주도하도록 허용: AI가 프롬프트를 생성하거나 작업을 완료하기 위해 추가 정보를 요청하도록 허용하라.
- 검증된 방법 활용: 이미 확립된 프레임워크나 프로토콜을 통합하고 이에 따라 작업을 완료하도록 지시하라. 나는 워크숍의 연습을 강화하고자 할 때, 앤드류 허브만 박사Dr. Andrew Huberman의 신경가소성(뇌가 적응하는 능력) 프로토콜[3]을 사용해 AI가 이를 바탕으로 연습하도록 조정했다.
- 다양한 지식 소스를 제공: 새 TV쇼의 대본 개선 방법을 논의할 때 픽사Pixar 스튜디오의 유명한 스토리텔링 규칙 목록을 활용했다. 마찬가지로 이 책의 킨들Kindle 미리보기를 제작할 때 기존 책을 ChatGPT에 업로드하고 이를 기반으로 출력 형식을 조정했다.
- 고급 기법 수용: 익숙해진 후에는 더욱 향상된 결과를 위해 가법적 프롬프트additive prompting나 사고-체인 프롬프트chain-of-thought prompting와 같은 고급 프롬프트 기법을 시도하라.
- 프롬프트 관리 도구 활용: 프롬프트 관리 도구[4]를 사용하거나 필요한 경우 몇 가지 프롬프트를 구매[5]하는 것도 고려하라.

AI와 함께 작업할 때는 이러한 접근 방식을 혼합하는 경우가 많다. 예를 들어 이 책에서 100% AI로 생성된 유일한 요소인 표지 디자인을 만들 때, ChatGPT가 프롬프트 작성의 기초를 제공했다. 나는 각 장에 대해 "열 살짜리 아이가 [장 제목]을 어떻게 그림으로 그릴까?"라고 질문하며 기본적인 설명을 만들었다. 이후 내가 선호하는 예술 스타일을 기반으로 그래픽을 생성할 수 있는 프롬프트를 구매해 앞서 만든 설명을 삽입했다. 이렇게 한 오후 동안의 창의적인 실험을 통해 멋진 디자인 옵션을 여러 개 얻을 수 있었다.

텍스트 이상의 AI 활용

AI 사용에서 가장 큰 발전 중 하나는 AI에 인터넷 접근 권한을 부여하고 "외부 세계"와 연결할 수 있는 능력을 제공한 것이다. 또 다른 중요한 발전은 분석 기능의 도입으로, 이는 AI가 미래에 나아갈 방향을 암시한다. 이 기능은 처음에는 코드 인터프리터$^{Code\ Interpreter}$로 불렸는데, 사용자가 이 기능이 프로그래밍과 관련이 있다고 생각하게 만들어 다소 혼란을 일으켰다. 하지만 사실 그 반대다. 이 기능은 코딩을 수행하긴 하지만 오히려 사용자가 직접 코딩할 필요가 없도록 돕기 위한 것이기 때문이다. 마치 AI가 숙련된 프로그래머와 데이터 분석가와 협력하는 것과 비슷하다고 볼 수 있다.

이 기능을 사용하려면 프롬프트를 "코드 인터프리터를 사용해" 또는 "분석을 사용해"로 시작해야 한다. 그러면 ChatGPT가 데이터를 분석하거나 계산을 수행하고 다양한 용도로 매크로나 스크립트를 생성할 수 있는 코드를 만들어줄 것이다.

- **분석 생성** – 최종 원고를 AI에 입력하고 오류와 복잡한 문장을 찾아내게 했다.
- **시각화 생성** – AImpact 설문조사 데이터를 업로드하자 이해하기 쉬운 그래프를 만들어 보고서에 포함시켰다.
- **웹 페이지, 전자책 또는 기타 디지털 형식 생성** – 이 책의 전자책 버전을 킨들용으로 만들 수 있는지 요청했다. 이후 다른 책을 업로드하기만 하면 동일한 형식으로 구성^{format}됐다.
- **매크로나 스크립트 생성** – 프레젠테이션 제작 과정을 간소화하기 위해 콘텐츠를 불릿 포인트로 변환하고 이를 파워포인트나 키노트^{Keynote}에서 직접 슬라이드를 생성하는 스크립트로 변환하는 프롬프트를 만들었다.

이 기능을 최대한 활용하기 위해서는, 다음과 같은 두 가지 방법 중 하나를 사용해 보기를 권한다.

1. 간단한 지시를 작성하고 AI가 이를 이해하고 작업을 수행하기를 기대한다. ("데이터를 검토하고 해석하라. 시각적 표현을 만들라. 상세한 통계 분석을 수행하라. 결과와 시사점을 설명하라.")
2. 단계별로 자세한 지시를 작성하라. 이 방법은 더 효과적이지만, 더 많은 시간과 점진적인 디버깅이 필요하다.
   (모든 세부 사항을 포함한 체크리스트처럼, AI가 수행해야 할 작업을 하나하나 설명하는 방식이다. 마치 누군가에게 자신의 작업 과정을 단계별로 설명하며 정확히 작업을 수행하는 방법을 보여주는 것과 같다.)

이 기능을 최적으로 사용하려면 실제 사람과 대화하듯 AI와 소통하는 것이 가장 좋다. 때로는 올바른 방향으로 살짝 유도하거나 작은 실수를 수정해 줄 필요가 있지만, 대부분의 경우 그냥 지켜보며 작업을 맡기면 된다. 그러나 결과가 의미 있는지 확인하기 위해 항상 결과물을 다시 검토하는 것이 좋다. 재무 보고서를 이해하려 하든, 코드를 작성하려 하든, 작업하는 분야의 기초를 배우는 것이 중요하다.

에이전트의 등장

AI 도구 사용 방식을 바꾼 것 중 하나는 봇^{bot}의 출현이다. 개발자들은 한동안 봇을 연구해 왔지만 OpenAI가 "GPT"를 출시하고 Poe.com이 사용자 맞춤형 "봇"을 제작할 수 있는 기능을 제공하면서 대중에게 널리 사용될 수 있게 됐다.

나는 이러한 봇을 자주 사용하는데, 이는 사전 설정된 지시 사항(하려는 일), 추가 지식(자신의 데이터 포함), 그리고 (다른 도구와의 연결을 통해) 다양한 기술 집합과 결합하기 때문이다. 이러한 봇은 AI 직원 또는 에이전트[agent]라는 미래지향적 개념에 한 걸음 더 다가가게 해준다고 믿는다.

희소식은 코딩 없이도 손쉽게 자신만의 봇을 만들 수 있다는 것이다. 개인 용도, 회사 내부 사용, 또는 모두를 위한 용도로(무료로 제공하거나 부업의 일부로) 만들 수 있다. 봇을 만드는 것은 대화를 시작하고 지시 사항과 추가 지식을 제공한 다음 웹 검색, 이미지 생성, 데이터 분석 등 할 수 있는 일과 할 수 없는 일을 결정하는 것만큼 간단하다.

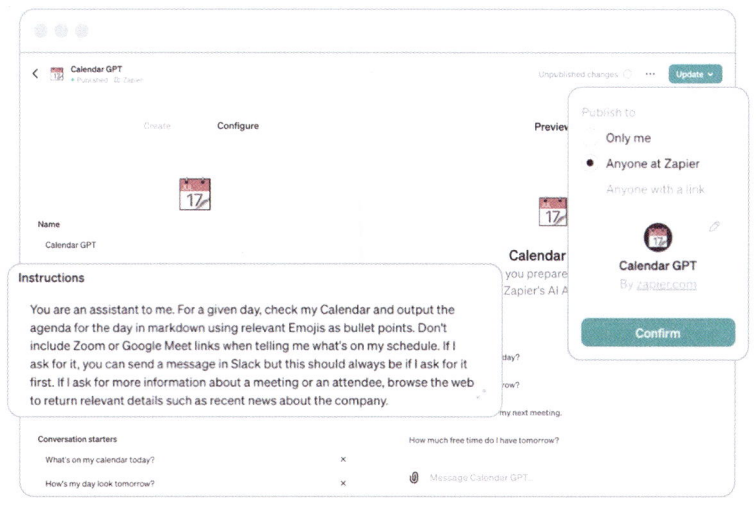

이 그림은 자피어에서 만든 커스텀 봇[6]의 예시이다.
그림에서 보듯 실제 비서에게 지시를 내리듯이 설명을 제공해 설계할 수 있다.

오늘날 시중에는 이러한 봇이 수십만 개[7] 있으며 일부는 마치 코파일럿처럼 작동한다. 이들은 사용자가 주는 모든 작업을 수행할 준비가 돼 있다. 현재 자율 에이전트의 수는 급격하게 증가하고 있는데, 이들은 로우코드 방식으로 프로그래밍 지식 없이도 제작할 수 있어서 그 수가 기하급수적으로 증가하고 있다.

소셜 네트워크 X에서 누군가(슬랙이나 팀스 등의) 내부 문서의 계정이나 이메일 주소와 연동되는 에이전트가 없다는 점에 놀랐다고 언급했을 때[8], 린디Lindy 플랫폼[9]의 창립자인 플로 크리벨로Flo Crivello는 단 며칠 만에 이를 구축해 이것이 얼마나 쉬운 일인지 보여줬다. 그는 단 몇 분 만에 자체 이메일을 가진 AI 에이전트를 생성하고 이를 슬랙에 연결해 사내 규정집에 대한 질문에 답하고 필요에 따라 맞춤형 문서를 생성할 수 있도록 했다.

많은 플랫폼[10]은 에이전트를 제공할 뿐만 아니라 시중의 기성 에이전트를 통해 자동으로 작업할 수 있는 능력을 부여하고 수천 개의 기존 도구와의 통합[11]을 통해 기능을 확장하고 있다.

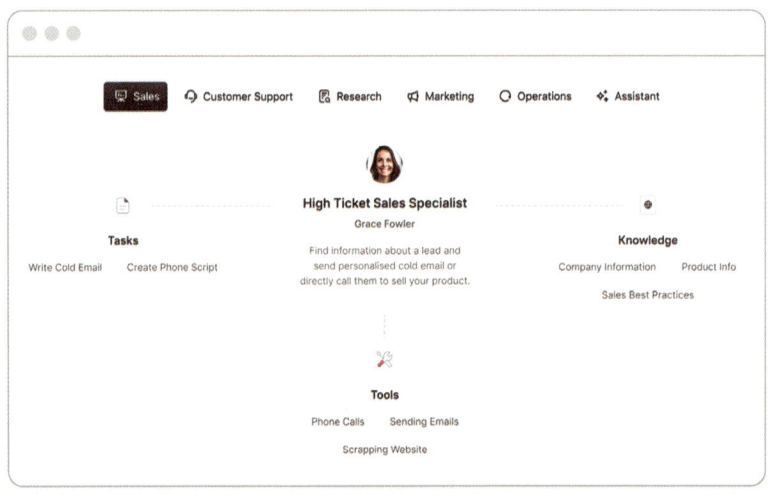

이 그림은 NexusGPT 플랫폼에서 생성된 에이전트의 예시이다.
이 에이전트는 특정 도구와 특정 지식 기반에 연결해 특정 작업을 수행하도록 설계됐다.

다음은 거의 모든 사람이 유용하게 사용할 수 있는 시간 절약형 공동 작업자와 에이전트의 몇 가지 예시이다.

- **이메일 비서:**

  내가 가장 유용하게 사용하는 도구 중 하나로, 몇 가지 생각만 이야기하면 이를 전문적인 이메일로 변환해 준다. 내가 직접 쓴 것과 구별할 수 없다.

- **언어 상담사:**

  이 귀중한 도구는 책의 집필 보조자로서 텍스트에 대한 피드백을 제공하고 대체 표현을 제안하며 특정 구절에 대해 확신이 없을 때 가장 좋은 선택을 할 수 있도록 도와준다.

- **작업 생성기:**

  마지막으로 내 동료를 위한 과제를 만들어주는 작업 생성기가 있다. 해야 할 일을 말하거나 주석이 포함된 스크린샷을 업로드하기만 하면 명확하고 상세한 과제를 생성해 전달할 준비를 한다.

최고로 잘 설계된 에이전트라도 효율적으로 작동하기 위해서는 여러분의 입력과 조정이 필요하다는 점을 명심해야 한다. 이들을 사용하기 시작할 때 비로소 그들의 약점과 맹점을 발견하게 되며 그러한 문제를 해결하기 위해 조정해야 한다. 솔직히 말해서 이 과정은 때때로 귀찮을 수 있다. 왜냐하면 원하는 결과를 얻을 때까지 결과와 프롬프트 설정을 계속 오가야 하기 때문이다.

> **FD 이메일 비서**
>
> 당신의 목표는 사용자를 대신해 이메일을 작성하는 것이다. 사용자가 제공한 간단한 메모나 문장을 받아 전문적이며 문법적으로 올바른 이메일로 재작성해야 한다.
>
> - 텍스트를 지정된 사람에게 보내는 이메일 형식으로 작성한다.
> - 명시적으로 요구되지 않은 정보는 추가하지 않는다.
> - 지시 사항이 격식을 차리지 않는다면 격식을 차리지 말고("예: 안녕, 존"), 지시 사항이 격식을 차려야 하면("예: 좋은 아침입니다, 제인")이라는 식으로 사용한다.
> - 팀 페리스나 제임스 클리어(James Clear)와 유사한 비공식적이면서 전문적인 톤을 유지한다.
> - 텍스트는 매우 짧고 간결하게 유지한다.
> - 철자 오류를 수정한다.
> - 서명을 포함하지 않는다.
>
> 이메일 제목을 생성한 후 메시지를 작성한다.
> 확신이 서지 않을 경우 이메일의 2-3가지 대안 버전을 제공한다.

이러한 지침이 앞서 내가 작성해 둔 약 10개의 메시지 예시와 결합돼, 이메일 비서가 내 스타일로 이메일을 작성하는 데 도움을 줄 것이다.

이메일 비서의 경우, 가끔 요청하지 않은 문장을 추가하는 경우가 있다. 그래서 "명시적으로 요청되지 않은 정보는 추가하지 마"라고 지시했다. 또한 너무 장황할 때는 "텍스트를 매우 짧고 간결하게 유지해"라고 말했다. 물론 내 목소리 톤을 명확하게 전달하기 위해 나의 메시지 예시를 여러 개 제공해야 했다. 그렇게 내 스타일로 보이게 만드는 데 거의 2주가 걸렸다.

하지만 이것 때문에 당신이 낙담하게 해서는 안 된다. 단기적으로는 수작업으로 작업을 하는 것이 더 빠르게 보일 수 있지만, 가상 동료를 다듬는 데 시간을 투자하는 것은 항상 보상을 가져온다.

> **이 책을 집필할 때 AI를 활용한 방법**
>
> 사람들은 종종 이 책을 내가 썼는지 아니면 AI가 대신 썼는지 물어본다. 글쓰기는 나에게 일종의 노 워크이므로 AI에게 글을 쓰게 하지는 않았다. 그러나 글쓰기 과정을 훨씬 더 쉽고 빠르게 만들어주는 많은 도구들을 사용했다. 연구를 위한 퍼플렉서티(Perplexity)와 하이퍼라이트(Hyperwrite) AI 에이전트, 나의 가상 공동 편집자인 포, 그리고 분석가이자 기타 용도로 활용하는 ChatGPT가 예시이다. 이 모든 도구는 브레인스토밍, 창의적인 논의, 그리고 간단한 텍스트 조정을 위한 신뢰할 수 있는 파트너 역할을 했다. 이 책에서 언급된 다른 많은 도구들, 즉 출시의 모든 측면을 관리하기 위한 노션, 모든 것을 정리하기 위한 에어테이블, 그리고 슬랙(Slack)과 룸(Loom) 같은 소통 도구도 사용했다. 이 모든 도구는 AI 기능을 제공해 내 작업을 상당히 수월하게 만들어 줬다.
>
> 고맙다!

AI와 안전하게 작업하는 방법

디지털 도구를 잘 다루는 것은 단순히 어떤 버튼을 눌러야 하는지를 아는 것이 아니다. 이를 안전하게 사용하고 자신이나 회사에 위험을 주지 않는 방식으로 활용하는 것이 중요하다. 아버지가 항상 내게 강조하시는 것이 있다. 번창하기 위해 안전하게 작업하라. 그럴 때만 성공이 찾아올 것이다.

AI가 등장하자마자 일부 기업은 이를 금지하기 시작했다. 이는 놀라운 일이 아니다. AI의 사용은 아무도 완전히 준비되지 않은 여러 상황을 초래하기 때문이다. 그래서 우리는 준비가 됐든 아니든 신속한 답변이 필요한 여러 어려운 질문들에 직면하게 됐다.

- **결과물이 100% 완벽해야 하는가?**
  소셜 네트워크의 게시물에서는 작은 실수가 용납될 수 있지만 정부 계약 입찰에서는 수백만 달러의 손실을 초래할 수 있다. 콘텐츠의 사실을 확실히 하고 싶다면 항상 결과물을 검토해야 한다.

- **모든 결과물을 검토할 수 있는 전문성과 역량이 있는가?**
  AI를 통해 대량으로 결과물을 생성할 경우 모든 결과물을 검토할 것인가, 아니면 그렇지 않을 것인가? 만약 검토하지 않을 것이라면 결과물이 AI를 사용해 생성된 것임을 명시해야 한다.

- **AI 생성 결과물에 대한 법적, 도덕적, 대외적 이미지의 모든 결과를 완전히 책임질 준비가 됐는가?**
  일부 국가에서는 사용자가 AI로 생성된 콘텐츠에 대한 책임을 지고 있다. 다른 국가에서는 AI 오용에 대한 형사 처벌을 부과할 수 있는 새로운 법안을 마련하고 있다. 이에 대해 준비가 돼 있는가?

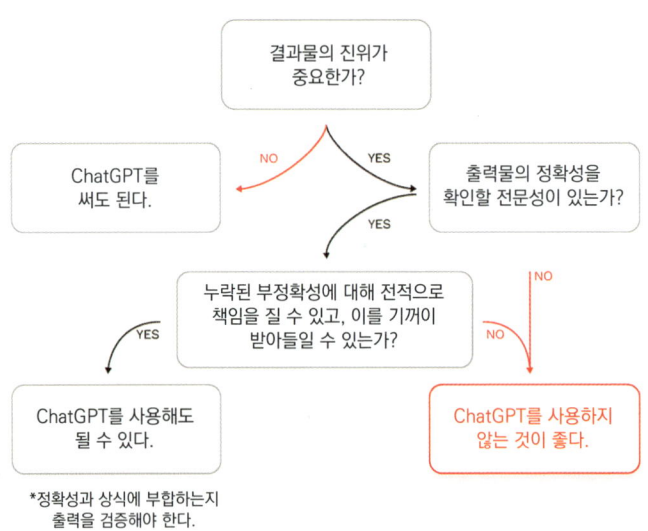

알렉산드 티울카노프(Aleksandr Tiulkanov)의 ChatGPT 사용 안전성 판단 흐름도[12]

AI 도구를 사용하는 모든 사람은 이와 관련된 한계, 위험 및 위협을 알아야 하며, 이것은 단순히 사용으로 인한 것만이 아니다. 이러한 도구의 가능성을 폭넓게 이해하는 것이 중요하며 이를 통해 다가오는 변화에 대비할 수 있어야 한다.

다음과 같은 최악의 시나리오를 상상해 보라.

- AI가 생성한 텍스트에 허위 정보가 포함돼 소송이 발생한다.
- 귀사의 AI 아바타가 폭력적인 비디오에 등장한다.
- 민감한 정보를 AI 앱에 입력했는데 이 정보가 경쟁사에 유출된다.
- AI를 사용해 작성한 프로그램에 보안 취약점이 존재한다.
- 누군가 당신에게 연락해 AI가 생성한 콘텐츠가 저작권을 침해했다고 알린다.

고객의 이러한 문제를 예방할 수 있도록 돕기 위해 AI 사용 시 모든 사람이 고려해야 할 주제를 나열한 "AI 정책" 템플릿을 마련했다. 이 템플릿의 기초로는 AI 채택을 지지하는 저명한 옹호자이자 "협력 지능$^{Co\text{-}intelligence}$"의 저자인 에단 몰릭$^{Ethan\ Mollick}$이 제시한 교육을 위한 AI 규칙을 사용했다.

AI 정책 (AI 안전 사용 규칙 중 일부)

최소한의 노력 = 낮은 품질의 결과
AI와 작업하는 것은 다른 기술과 마찬가지로 시간과 학습 곡선이 필요하다.

결과를 맹신하지 말 것
정확하고 진실된 정보가 필요하다면, 출력물이 완전히 정확하지 않을 수 있음을 가정하고 이를 검증해야 한다.

책임 수용
AI의 출력물에 대한 책임은 본인에게 있다. 특히 공개될 경우, 이를 개인적으로 확인하는 것을 고려해야 한다.

> **민감한 데이터에 주의할 것**
> AI를 클라우드 기반 애플리케이션처럼 접근하라. 이름, 연락처, 회사 등과 같은 민감한 정보를 무작정 입력하지 말라.
>
> **도구 사용 전 생각할 것**
> 시간을 절약할 수 있는 경우에만 사용하라. 개인적인 편지, 비디오 메시지 등 인간의 출력물이 더 가치 있는 경우에는 피해야 한다.

일부 전문가는 이 주제는 훨씬 더 복잡하며 전체 회사 차원에서 다뤄져야 한다고 반대하지만, 그렇게 따진다면 안 그런 것이 뭐가 있겠는가? 그럼에도 불구하고 관리자의 규칙과 상관없이 모든 수준에서 인식을 높이는 것이 중요하다.

나는 우리 작업에 대한 소유권과 개인적 책임을 믿는다. 오늘날 우리는 이보다 훨씬 더 많은 것에 영향을 미칠 수 있다. 만약 AI 주제가 귀사나 가족에게서 제대로 다뤄지지 않고 있다고 느낀다면 주도권을 잡고 회의를 제안해 이를 논의해 보라. 이는 당신이 할 수 있는 최소한의 일이지만, 큰 변화를 가져올 수 있다.

핵심 요약

1. AI를 효과적으로 활용하기 위해서는 먼저 언제 사용하고 언제 사용하지 말아야 하는지를 이해해야 한다. 이는 목적에 맞는 도구를 선택하는 올바른 결정을 내리는 것과 같다. 성공은 프롬프트 기술, 해당 분야의 전문 지식, 그리고 책임 있는 감독의 조합을 통해 전략적으로 사용하는 방법을 배우는 데서 온다.
2. "AAAI" 프레임워크는 AI를 언제 어떻게 사용할지를 결정하는 데 도움을 준다.
   - **창작**Author – 우리의 직접적이고 개인적 참여가 필요한 작업.
   - **승인**Authorization – AI가 시작한 작업으로, 우리가 검토하거나 조정해야 하는 작업.
   - **AI** – 우리의 개입 없이 AI가 완전히 관리하고 실행하는 작업.
3. "프롬프트 공학" 또는 "프롬프트 공예"는 AI 도구를 효과적으로 사용하는 데 있어 중요한 기술이다. 효과적인 프롬프트 기술에는 명확한 지시 사항과 맥락을 제공하는 방법, 예시를 제공하는 것, 그리고 최상의 결과를 얻기 위해 유희적으로 실험하는 것이 포함된다. 프롬프트 관리 도구를 사용하거나 프롬프트를 구매하는 것도 도움이 될 수 있다.
4. 맞춤형 AI 봇과 에이전트는 쉽게 구매하거나 생성할 수 있으며 로우코드 플랫폼을 통해 비프로그래머도 이를 구축할 수 있다. 마이크로소프트나 구글과 같은 공급업체는 대기업의 직원들이 이러한 봇을 기업 환경 내에서 설계하고 운영할 수 있도록 한다.
5. AI 도구를 책임감 있게 사용하기 위해서는 정확성, 인간 검토의 가능성, 법적 함의, 데이터 보안 등 여러 요소를 신중하게 고려해야 한다. "AI 정책"을 수립하고 AI의 안전한 사용을 위한 규칙에 대해 논의하는 것은 이러한 문제를 해결하는 데 도움이 된다.

실천 과제

1. 연습을 통해 올바른 프롬프트를 만드는 방법을 배워라. 이 장에서 언급된 자료를 검토하고 다양한 접근 방식을 시도해 보라. 프롬프트가 당장 효과가 없더라도 낙담하지 말라. AI를 사용해 AI에 대한 지시 방법을 향상시키는 것도 고려해 보라.
2. 오늘 수행하는 활동과 미래에 수행할 활동을 반영하라. 이러한 활동을 AAAI 개념의 맥락에서 고려하라. 당신은 무엇을 할 것인가? AI가 어떤 일을 수행할 것이며 당신이 통제해야 하는 것은 무엇인가? 어떤 일을 완전히 AI에게 맡길 것인가?
3. 팀원 및 사랑하는 사람과 AI와 관련된 위험 및 AI 도구를 적절하고 안전하게 사용하는 규칙에 대해 대화하라.

11. 주도권을 잡아라

고객에게 성공적인 디지털 리더가 되기 위한 롤모델에 대해 물어보면 그들은 종종 스티브 잡스나 일론 머스크, 또는 애플이나 테슬라와 같은 브랜드를 언급한다. 나는 항상 왜 이 특정 인물이나 회사를 선택했는지 후속 질문을 하지만, 그들은 으레 다음과 같이 대답한다. "그들은 비전을 가지고 있으며 혁신을 추구하고, 고객에게 집중하며 다른 사람들에게 영감을 주고, 다르게 시도하는 것을 두려워하지 않아요."

요지는 이렇다. 이러한 모든 특성은 시대를 초월하지만 디지털화와는 완전히 별개이다. 디지털 시대의 성공적인 리더가 되고 싶다면 아이폰 수준의 후속작을 발명하거나 올해의 가장 파괴적인 회사를 설립하려고 열망할 필요는 없다. 나는 유럽의 TV 방송국에서 AI 도입을 촉진하기 위해 힘을 합쳤던 CME 미디어의 인사 부서장인 소나 슈바르초바Sona Schwarzova를 통해 다시 한번 이 사실을 깨달았다.

소나는 뛰어난 인사 전문가지만 기술에는 그리 능통하지 않았다. 그래서 그녀에게 먼저 내 디지털 리더십 마스터 클래스에 참석해 보라고 요청했다. 이를 통해 그녀가 우리 작업 방식을 직접 경험할 수 있도록 했다. 이 세션에서 그녀의 열정이 어떻게 회사의 전반적인 디지털 활동을 위한 원동력으로 변모했는지를 지켜보는 것은 정말 멋진 일이었다. 이러한 변화의 핵심에는 그녀의 사고방식의 근본적인 전환과 디지털 기술 세트가 디지털 도구 집합보다 훨씬 더 중요하다는 이해가 있었다.

디지털 기술 집합은 디지털 도구 집합보다 더 중요하다.

이 새로운 사고방식을 회사의 나머지 부분에 전파하기 위해 이 미디어 그룹의 모든 TV 방송국 리더십 팀을 대상으로 AI의 가능성에 대해 발표하기로 결정했다. 그 후 모든 지사를 방문해 관리진과 우수 인재를 위한 워크숍을 개최하고, 그들이 적극적으로 자기 개발에 참여하도록 독려했다. 디지털 기술 교육을 위한 이니셔티브를 시작하고 디지털 홍보대사 프로그램도 도입했다. 그들의 지원을 통해 각 부서는 자신들의 디지털 비전을 구체화하기 시작했다.

이러한 이니셔티브가 성공적으로 작동한 것은 우연의 일치가 아니며, 특히 대규모 글로벌 기업에서는 더욱 그렇다. 성공에는 단순한 야망과 현상 유지에 대한 변화의 열망 이상이 필요하며, 소나처럼 이러한 변화를 전사적으로 구현할 수 있는 능력이 필요하다. 이는 리더십 기술이 종종 기술 전문성보다 더 중요하다는 또 다른 사례를 보여준다.

관리 직책에 있지 않더라도 마찬가지다. 결국 우리는 모두 팀을 이끌든, 단지 자신을 이끌든 리더이다(자신을 이끄는 것이 종종 더 어려울 수 있다). 당신의 명함에 "관리자"라는 직함이 적혀 있다면 기대는 명확하다. 디지털 세계에서 효과적인 리더가 되는 법을 배워야 한다. 이는 자신을 관리하는 경우에도 목표가 돼야 한다. 다른 사람이 당신을 해당 분야의 리더로 인식하기 시작하면, 당신의 작업에 대한 수요가 증가하고 그에 따라 당신의 가치도 높아진다.

이 장은 다른 사람을 이끌거나 책임지고 있는 사람만을 위한 것이 아니다. AI가 기회를 평등하게 만들어 주기 때문에, 전혀 그렇지 않은 사람도 자신의 위치에서 불가능해 보이는 일을 개선할 수 있는 방법을 배울 것이다. 단 며칠간의 실험만으로도 다른 사람이 수년 동안 연구한 것을 하게 될 수도 있다. 이는 사물에 다르게 접근할 이유가 하나 더 추가된 것이며, 자신의 삶을 주도하고 항상 손이 닿지 않는다고 믿었던 것에 뛰어들 용기를 가지라는 메시지를 담는다.

이를 권한, 관리, 리더십 등등 뭐라고 부르든, 하나의 기술이다. 모든 기술과 마찬가지로 의식적으로 이를 향상시키기 위해 노력해야 한다.

리더를 위한 새로운 역할

AI 시대에 접어들면서 가장 가치 있는 리더는 여러 분야에서 탁월함을 발휘할 수 있는 사람이다. 예를 들어 마케팅과 고객 지원에 대한 인식을 가진 영업 관리자, 비즈니스 관리 경험을 가진 인사 담당자, 여러 회사에서 여러 역할을 성공적으로 수행한 컨설턴트 등이 이에 해당한다.

이러한 사람은 서로 다른 세계를 연결하고 각 분야에서 최선의 전략을 일상적인 실천으로 가져오는 방법을 알고 있다. 특히 기술이 어떻게 작동하는지 이해하고 이를 활용해 디지털 시스템을 개선하는 방법을 알고 있다면 더욱 그렇다. 그러나 지식은 성공의 기본 전제 조건일 뿐 가장 중요한 것은 아니다. 왜냐하면 리더의 역할이 진화하고 있기 때문이다. 어제의 관리자가 다른 사람을 관리하는 데 집중했다면 오늘날의 리더들은 설계하고, 창조하며, 개발하고, 구축하는 것을 훨씬 더 자주 기대받고 있다.

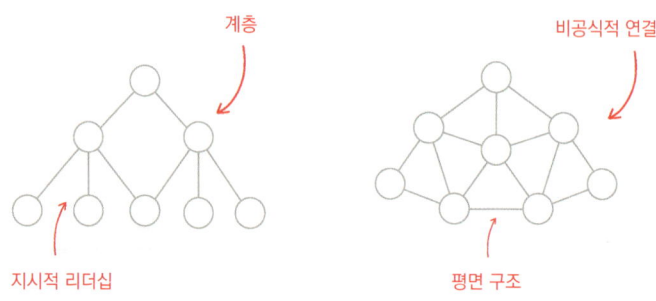

이러한 새로운 역할에서 성공하기 위해서는 새로운 기술이 필요하다. 이러한 기술은 우리를 대신해 작동하는 시스템을 만들고, 디지털 인재와 협력하며, 사람들에게 우리의 디지털 비전에 대한 흥미를 불러일으키는 능력을 포함한다.

내가 노 워크 개념을 처음으로 다른 사람들과 공유했을 때 팀 관리자에게는 무슨 도움이 되는지 질문을 받았다. 직원에게 좋은 점은 꽤 명확하다. 기술이 현재의 작업 일부를 대신 처리해 주기 때문에 그들은 자신이 좋아하는 일에 집중할 수 있다. 하지만 그들의 상사는 어떤 이점이 있을까? 고민 끝에 노 워크의 원칙은 직원에게만 적용되는 것이 아니라 팀 관리자에게도 마찬가지라는 것을 깨달았다. 오늘날 데이터 기반의 세계에서 관리자의 주요 업무 중 하나는 데이터를 분석하고 이를 통해 스마트한 결정을 내리는 것이다. 노 워크 사고방식을 통해 관리자는 기술을 사용해 모든 데이터 관련 작업을 간소화할 수 있으며, 이는 그들의 시간과 에너지를 절약해 전략과 리더십 같은 더 큰 그림에 집중할 수 있도록 해준다.

결국 노 워크를 달성하는 것이 모든 리더의 주요 목표가 돼야 하지 않을까? 사람이 실제로 좋아하는 일에 더 몰두하고 자신의 재능을 마음껏 발휘할 수 있는 공간을 만들면 참여도가 높으며 일을 잘 해내는 팀원을 얻는다. 이는 관련된 모든 이에게 윈-윈 상황이 된다.

이 접근 방식은 다른 이점도 있다. 최고의 인재를 팀으로 끌어들일 수 있으며, 더욱이 리더로서 자신도 자신의 일을 더 즐길 수 있게 된다. 항상 순탄하지만은 않겠지만 리더로서 노력해야 할 목표인 것이다.

리더로서 우리는 세 가지 주요 역할을 수행하는 방법을 배워야 한다.

1. 최고 시스템 설계자 – 시스템 생성 및 개선
2. 최고 인재 개발자 – 인재 유치 및 개발
3. 최고 아이디어 인플루언서 – 아이디어와 비전 전달

1. 최고 시스템 설계자: 시스템 생성 및 개선

한 달간 일을 쉬어야 한다고 상상해 보라. 어떤 일이 일어날까? 아무 일도 없다고? 축하한다! 당신은 정말 잘 작동하는 시스템을 구축한 것이다. 일부 기업은 직원의 장기 휴가를 의도적으로 보내 그들의 업무에 질서와 구조가 있는지를 확인하기도 한다. 당신의 주요 우선사항 중 하나는 끊임없는 개입 없이 운영되는 시스템을 만드는 것이어야 하며, 자동화할 수 있는 작업을 통해 정신과 손을 자유롭게 만들어야 한다.

이것이 바로 내가 프로젝트를 관리하는 방식이다. 만약 같은 질문을 계속해서 반복적으로 받는다면 팀의 두 번째 두뇌[1]가 제대로 설정되지 않았음이 분명하다. 사람들이 끊임없이 정보를 한 시스템에서 다른 시스템으로 복사해야 한다면 자동화에 더 많은 노력을 기울여야 한다.

당신이 작업을 시스템으로 인식하기 시작하면 단순히 작업에 휘말리는 것이 아니라 작업을 개선하는 데 집중하게 된다. 다시 말해 해야 할 목록의 다음 작업을 완료하는 데 그치지 않고, 장기적이고 체계적인 해결책을 개발하는 데 초점을 맞추게 된다. 그 결과, 사람이나 스마트 앱에 의해 조정이 필요한 문제를 발견하게 될 것이다.

원칙

효과적으로 작동하는 시스템을 구축하는 비결은 그 시스템을 이끄는 원칙에 있다. 원칙이 합리적이며 이를 명확하고 간단하게 전달할 수 있다면, 주변 사람들은 자연스럽게 이를 받아들이고 심지어 그 원칙에 따라 살게 될 것이다.

이 원칙은 작업 방식, 의사소통 또는 당신이 중요하게 여기는 다른 기준과 관련될 수 있다. 그렇다고 곧이곧대로 반드시 따라야 하는 것은 아니다. 예컨대, 한 고객이 직원들에게 새로운 모바일 앱에서는 어떤 작업도 세 번 이상 클릭해서는 안 된다고 반복해서 이야기했다. 물론 몇몇 작업은 그 이상 걸렸지만 이 간단한 원칙은 팀이 나아가야 할 방향을 명확하게 제시했다.

우리 사무실에서는 지침 원칙을 포스터[2] 형태로 게시해 항상 기억하도록 하고 있다. 동료가 새로운 프로젝트를 마무리 중이라고 말하면 "완성은 완벽보다 낫다"는 문구가 적힌 포스터의 사진을 보내준다. 그리고 누군가 고객이 무언가를 이해하지 못해 스트레스를 받으면 "고객의 문제는 우리의 문제다"라는 문구가 적힌 포스터를 가리킨다.

 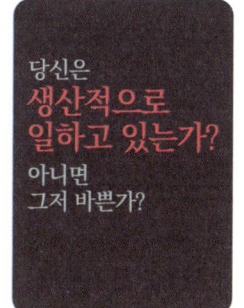 

팀과 정기적으로 원칙에 대해 이야기하고 직장에서 발생하는 상황을 처리할 때 이를 언급하라. 원칙은 간단하고 기억하기 쉬우며 어쩌면 재치도 있어야 한다. 나는 운율이 있는 원칙을 좋아한다. 동료들이 이 원칙을 자주 언급해 장난을 치기 시작하면 당신은 성공한 것이다. 그들은 절대 이 원칙을 잊지 못할 것이다.

우리 프로젝트에 통합된 원칙은 무엇인가?

- 나는 개방성을 지원하고 싶었기 때문에 BHF 원칙을 도입했다.
- 팀이 관리자에게 채팅으로 더 빠른 응답을 요청하기 시작했을 때 우리는 "*24/48 규칙*"을 도입했다. 모든 사람은 24시간 이내에 답변해야 하며, 메시지를 읽었지만 48시간 이내에 응답하지 않으면 질문한 사람은 진행에 필요한 조치를 취할 수 있다.
- 불필요한 프로젝트에 시간과 에너지를 낭비하지 않기 위해 *먼저 판매하고 나중에 구축하라*는 원칙을 따른다.
- 우리는 "*최소한의 작업을 최대화하라*"는 애자일 작업 원칙을 자주 되새긴다.
- 영국 정부는 공공 서비스가 사용자 친화적이고 접근 가능하며 효과적이도록 디자인 원칙을 수립했다. 어떤 고객이 직원에게 더 간단한 서

비스를 만들라고 요청했을 때, 우리는 "모든 새로운 서비스는 출시되기 전에 담당 정부 장관과 함께 처음부터 끝까지 테스트해야 한다"는 이전의 원칙에 영감을 받았다. 이 관행은 사용자 경험이 좋지 않은 서비스가 출시되는 것을 방지한다. 비록 이 규칙은 더 이상 그들의 디자인 원칙[3]의 일부가 아니지만, 여전히 영감을 얻기 위해 탐색할 가치가 있다.

작동 방식

고객은 자주 그들의 디지털 시스템의 핵심인 사무실 앱을 더 잘 활용하는 방법에 대한 조언을 구한다. 나는 항상 그들에게 도구 자체가 중요한 것이 아니라고 말한다. 중요한 것은 정기적인 디지털 정리와 이러한 도구를 올바르게 사용하는 방법을 명확히 규정한 팀 합의를 수립하는 것이기 때문이다. 이것이 이뤄지도록 보장하는 것은 리더의 책임이다.

또한 리더는 자신 팀원들의 복지에 대한 책임이 있다. 만약 모든 사람이 아침부터 저녁까지 바쁘다가 밤에 이메일까지 처리해야 한다면 이는 시스템이 잘 설계되지 않았다는 명백한 신호이다.

그러나 이러한 논의를 시작하는 사람이 반드시 팀 관리자일 필요는 없다. 팀의 어떤 구성원이든 주도권을 잡고 팀이 이러한 주제를 우선 사항으로 삼도록 격려할 수 있는 완벽한 기회를 가질 수 있다.

그렇다면 이때 무엇을 해야 할까? 모범을 보이고 새로운 것을 시도하며 변화를 제안할 의지를 가지는 것이 중요하다. 나는 때때로 스스로를 "최고 도전 책임자"라고 부르는데, 이는 항상 내 팀이 다르게 생각하도록 자극하기 때문이다. 그들에게 이 작업을 간소화할 수 있는지, 저 작업을 자동화할 수 있는지, 아니면 우리가 정말 지금 방식으로 일을 해야 하는지를 묻는다. 그들의 대답이 무엇이든, 그들이 이 문제에 대해 고민하고 있다는 것을 아는 한 다른 것은 중요하지 않다.

만약 이것으로 충분하지 않고, 팀원들이 여전히 예전의 방식으로 작업한다면 한 단계 더 나아가야 한다. 공식적인 관리자의 위치에서 팀을 이끌고 있다면, 당신은 목표라는 중요한 카드를 가진 셈이다. 당신이 팀원에게 제시하는 목표는 작업의 미세 조정된 시스템으로 이어지는 활동을 지원하도록 설계돼야 한다. 이는 주변 사람이 혁신에 저항할 때 특히 유용하며, 그들이 사고방식을 바꾸도록 설득해야 할 때 도움이 된다.

이러한 목표는 팀원의 성과뿐만 아니라 그들이 어떻게 작업하는지, 어떻게 실험하는지, 그리고 어떻게 개선하는지에 대한 것이어야 한다. 예를 들면 다음과 같다.

- 매주 사용한 프롬프트를 최소 3개 이상 동료와 공유하기.
- 매달 사무실 앱에서 최소 1개의 프로세스를 미세 조정하기.
- 매 분기마다 최소 3개의 AI 도구를 실험하기.
- 매년 최소 6개의 워크플로우를 자동화하기.
- 매주 2회의 대면 회의를 비동기 온라인 회의로 대체하기.

숫자 자체는 중요하지 않다. 핵심은 사람들이 이러한 작업에 참여하도록 하고, 그들이 진행 상황과 배운 내용을 공유하도록 격려하는 것이다. 이를 통해 그들은 혁신을 더 빠르게 발견하고 구현할 수 있으며 당신의 디지털 시스템은 점점 더 개선될 것이다.

그러나 이것이 당신이 아이디어에 맞게 시스템을 정확하게 조정해야 한다는 의미는 아니다. 오히려 팀에 더 많은 권한을 부여할수록 시스템은 모든 사람에게 더 잘 작동할 것이다.

AI 시대의 의사결정

동료 중 한 명은 사람들이 "우리 회사는 거의 모든 것이 자동화됐다"고 자랑할 때, "그렇다면 왜 여전히 출근하고 있는가?"라고 반문하는 것을 좋아한다. 나는 그의 농담을 진지하게 받아들여 "프로젝트를 어떻게 하면 100% 나 없이도 운영할 수 있을까?"라고 생각했다. 일을 완전히 그만두고 싶어서가 아니다. 나는 내 일을 사랑한다. 그건 당신도 마찬가지일 수 있다. 하지만 가능한 한 많은 일들을 제거해 내가 진정으로 원하는 일을 하거나, 시간을 낼 수 없는 일들을 할 수 있는 시간과 정신적 에너지를 확보해야 하는 것도 중요하다.

의사결정 프로세스에도 집중해야 한다. 이는 일에서 가장 중요한 부분 중 하나이다. 우리는 이를 잘 설정함으로써 팀의 생산성을 세 가지 중요한 영역에서 높일 수 있다. 작업 속도를 높이고 불필요한 의사소통을 줄이며, 사람들이 올바른 일에 집중할 수 있도록 돕는 것이다.

아마존의 원칙 중 하나는 끊임없는 분석보다 신속한 의사결정과 행동에 집중하는 것이다. 행동은 정보의 가장 좋은 원천일 뿐만 아니라 무엇이 작동하고 무엇이 작동하지 않는지를 알아내는 가장 좋은 방법이다. 다행히도 대다수 결정은 되돌릴 수 있지만, 그럼에도 불구하고 사람들은 이를 두고 무수한 시간을 토론한다. 그러나 실제로 결정을 빨리 내릴수록 그 결정이 옳았는지 여부를 더 빨리 배울 수 있다. 이는 실험과 프로토타입 제작이 팀의 일상적인 일부분이 돼야 하는 또 다른 이유이다.

마찬가지로 결정을 둘러싼 불필요한 의사소통도 줄여야 한다. 그렇지 않으면 종종 믿을 수 없을 만큼 일을 마비시키는 경우가 많기 때문이다. 불필요한 승인이나 결정을 요청하는 모든 메시지는 당신에게 부담이 되고 전체 시스템의 복잡성을 증가시킨다. 당신의 목표는 그와 정반대인 단순화와 자동화이다.

이때 당연히 기본 전제 조건은 팀원과 신뢰를 갖는 것이다. 상호 신뢰는 당신이 팀에 결정의 맥락과 이유를 설명할 때 더욱 커질 것이다. 이는 그들이 유사한 결정을 내리는 법을 배우는 데 도움이 되며 팀 리더들은 점점 더 적은 결정을 내리게 될 것이다.

또 다른 효과적인 전략은 여러 가지 작은 결정을 하나의 큰 결정으로 대체하는 원칙에 따라 "거시적" 결정을 내리는 것이다. 거시적 결정의 예시는 영업사원들이 상사와 연락하지 않고도 고객에게 제공할 수 있는 할인이나, 어떤 경우에 고객과 대면 미팅을 하고 언제 비디오 전화를 선택할 것인지에 대한 결정 등이 있다. 이러한 결정은 앞으로 많은 에너지를 절약하고 불필요한 논의를 줄여줄 것이다[4].

수십 개의 작은 결정을 하나의 큰 결정으로 대체하라.

결정을 내리되 안전을 지켜라

법, 윤리 또는 평판과 관련해 자신과 조직을 위험에 빠뜨리지 않는 결정을 내릴 수 있는 능력은 AI 시대에 또 다른 필수적인 기술이다.

AI 전문가인 얀 틸Jan Tyl은 2021년에 유명한 체코 대통령 바츨라프 하벨Václav Havel의 디지털 쌍둥이를 만들었다. 이 "디지 하벨Digi Havel"은 체코 학교에서 시민 교육 수업에 사용된 최초의 디지털 캐릭터이다. 그러나 틸은 프로젝트 초기에 예상치 못한 여러 질문에 답해야 했다. 디지 하벨은 실제 하벨의 애정 생활에 대한 질문에 어떻게 대답해야 할까? 디지 하벨이 때때로 사실을 왜곡하는 것에 대해 창작자들은 어떤 입장을 취해야 할까? 어떻게 디지 하벨에게 "모르겠다"라고 말하도록 가르칠 수 있을까?

이러한 질문은 우리의 "AAAI" 개념을 통해 다룰 수 있다. 이는 사람이 어떤 작업을 수행하도록 할지, 어떤 작업의 결과에 대해서만 승인을 할지, AI가 전체 작업을 수행할지를 결정하는 좋은 방법이다. 결국, AI를 사용할 계획이 있는 모든 사람은 유사한 문제에 직면하고 그에 따라 결정을 내려야 할 것이다.

올바른 결정을 내리는 것은 여전히 인간으로서 가장 중요한 일이다. 어쩌면 이러한 이유 때문에 우리는 정보 및 지식 근로자에서 새로운 형태인 지혜 근로자로 발전할 수 있을 것이다.

2. 최고 인재 개발자: 인재 유치 및 개발

한 고객이 "세계적 물류 전문가"를 찾고 있다고 언급했다. 그는 물류를 이해하는 것만 아니라 최신 트렌드를 파악하고 혁신적인 프로젝트에 참여할 수 있는 사람을 생각하고 있었다. 바로 들었던 생각은 모든 관리자가 이러한 포부를 가져야 하며, 이는 관리자에 국한된 것이 아니라는 점이다. 어떤 프로젝트든 사람과 협력하려면 디지털 사고방식을 가지고 기술을 최대한 활용할 수 있는 사람을 찾아야 한다. 그런 사람들을 찾고, 그들과 협력하며, 팀의 모든 구성원이 새로운 기술을 개발하는 것은 회사의 성공에 필수적이다.

그러나 안타깝게도 많은 팀의 현실은 다르다. 우리는 디지털 기술 수준을 체계적으로 측정하고 평가하기 시작한 초기 기업 중 하나였기 때문에 이를 잘 알고 있다. 많은 기업은 현재 직원의 디지털 기술을 평가조차 하지 못하고 있으며, 신규 채용에 대해서는 말할 것도 없다. 직무 설명서에는 여전히 "워드"나 "엑셀"과 같은 기본적인 내용만 나열되거나 고급 디지털 기술이 전혀 언급되지 않기도 한다. 대개 인사팀은 도움이 되지 않기 때문에 이 문제는 당신에게 달려 있다.

먼저, 신규 채용에 있어서 어떤 기술이 필요한지 생각해 보라. 이러한 기술은 이 책에서 논의된 기술일 수 있으며, 창의성과 시스템을 만들 수 있는 능력과 같은 소프트 스킬, 그리고 로우코드 플랫폼, 자동화 또는 AI와 같은 경험을 포함한 기술이 될 수 있다. 그런 다음, 이러한 사람에게 기대하는 바와 그들이 맡게 될 구체적인 책임을 설명해 보라. 여기서는 우물쭈물하지 말고 모든 활동을 명확하고 포괄적으로 제시해야 한다. 빠른 팁은 다음과 같다. 현재의 직무 설명서를 AI에 붙여 넣고 중학생이 이해할 수 있도록 다시 작성해 달라고 요청해 보는 것이다.

IT기술을 가진 사람 중 비즈니스도 아는 사람을 찾는 것인지, 비즈니스 기술을 가진 사람 중 IT도 아는 사람을 찾는 것인지 결정하라. 이는 근본적인 차이가 있다. 이 둘은 겹치는 부분이 있지만, 당신이 찾고 있는 인재의 성격과는 완전히 다른 사람이다.

팀이 마이크로소프트 365와 같은 오피스 앱을 도입하는 데 도움을 줄 사람을 원할 때, IT 부서에서 의견을 내도록 하면 광고에 'C# 프로그래밍 지식'이나 '정보 시스템 분석'과 같은 문구가 포함될 것이다. 그러나 실제로 필요한 것은 작업 흐름을 미세 조정할 아이디어를 제시하고 이를 인간 친화적인 방식으로 전달할 수 있는 사람이다.

프로젝트에서 협업을 원하는가?

우리는 책 'AI 시대의 노 워크 혁명'의 글로벌 출시에
협력하려는 사람을 찾고 있다.

> **초고속(Chief System Designer)**
>
> 나는 일이 주가 아니라 며칠 안에 진행되기를 원한다. 이를 위해서는 집중, 노력 그리고 자동화가 필요하다. 가장 중요한 작업부터 시작하자. 특히 모든 것을 더 빠르게 할 수 있게 해주는 작업들 말이다.

> **10×**
>
> 항상 10배 더 많은 영향을 끼칠 방법을 생각하라. 전 세계의 출판사를 찾고 있는가? 업워크나 피버를 사용해 가상 비서를 찾아 48-72시간 내에 결과를 제공하도록 하라. 특정 출판사에 연락하고 싶다면? 링크드인과 이메일에서 개인화된 자동화를 활용하라.

> **전체 과정에서의 책임**
>
> 나는 특정 프로젝트에 대한 소유권을 가지고 있으며, 처음부터 끝까지 마이크로 프로젝트를 책임질 사람들과 함께 일하고 싶다. 이때 가장 중요한 것은 일을 완료하는 것이다.

이 문구는 우리 구인 광고에서 실제로 사용된 내용이다. 나는 사람들이 정규직으로 채용되기를 원하든 임시직이나 프리랜서로 참여하길 원하든 상관하지 않았다. 그저 내 작업 방식을 선호하는 최고의 사람과 함께 일하고 싶었다.

로우코드 도구의 폭발적인 성장 속에서 IT 전문가를 찾고 있는 것이 아니라면, 비즈니스 지향적인 인재가 필요하다(인사, 영업 또는 재무 분야에서). 이들은 선택한 소프트웨어로 빠르게 적응할 수 있는 사람들이다. 이상적인 후보자는 기업가적 사고(독립성 및 일을 해내는 능력)와 체계적 사고(시스템을 생성하고 개선하는 능력)의 조합을 갖추고 있다.

이러한 사람을 어디서 찾을 수 있을까? 모든 사람이 그들을 원하므로 당신의 제안은 정말로 그들을 놀라게 해야 한다. 모든 것은 훌륭한 제품, 즉 직무 자체에서 시작된다. 재능 있는 사람은 어디서든 돈을 벌 수 있기에,

단순히 돈에만 관심을 두지 않는다. 그들은 흥미로운 회사에서 흥미로운 프로젝트를 함께 할 흥미로운 사람과 일하기를 원한다.

회사의 전략은 최대한의 자유를 제공하는 것이다. 우리는 버퍼Buffer[5]와 허브스팟Hubspot[6]과 같은 회사에서 영감을 받아 무제한 휴가를 제공하며, 모든 사람이 어디에서나 일할 수 있도록 한다. 4일 근무제에 대한 아이디어도 실험했지만 결국 걱정할 필요가 없다는 것을 깨달았다. 날씨가 좋아 직원이 스프레드시트 대신 스포츠를 선택하고 싶다면, 그건 그들의 몫이다. 나는 이 자유가 우리 직원들에게 주는 가장 강력한 가치 제안value proposition[7]이라고 생각한다.

마이크로 CEO 모집	커뮤니티 매니저
작은 디지털 프로젝트를 이끌어 갈 디렉터를 찾습니다.	디지털 혁신을 사랑하시나요? 탁월한 소통 능력을 갖추셨나요? 이벤트 기획을 즐기시나요?
난이도/업무량 전적으로 당신에게 달려 있습니다.	**자격 요건** / **혜택**
근무 장소 어디서나 근무 가능.	학력: 상관없음 / 근무 시간: 유연 근무
필수 요건 디지털화에 대한 열정.	성별 및 연령: 상관없음 / 근무 장소: 어디서나
	열정: 100% / 휴가: 무제한

우리의 몇 가지 채용 광고이다. 우리는 매력적인 직책과 매력적인 책임을 가진 직무를 생성하는 데 큰 성공을 거뒀다.

우리는 실제 직무 설명 외에도 비전을 홍보하는 데 신경 쓴다. 이는 단순히 채용 공고와 광고에만 국한되지 않는다. 많은 사람이 소셜 미디어에서 나를 팔로우하거나 나의 팟캐스트를 듣거나 회의에서 나를 보면서 내 작업을 알고 연락을 해오는 것도 포함된다.

주저하지 말고 귀하의 채용 공고에 본인이나 동료가 출연한 인터뷰 링크를 추가하라. 또는 목적에 맞게 영상을 직접 제작해도 좋다. 이는 군중 속에서 눈에 띄는 또 다른 방법이다.

요약하자면, 최고의 인재와 함께 일하려면 최고의 이야기를 제공해야 한다.

> **직업 그 이상**
>
> 오늘날의 시장은 정규직 역할 외에도 원격 근무, 긱 경제(Gig Economy)*, 파트타임 프로젝트 등 협력할 수 있는 다양한 방법을 제공한다. 이 책의 글로벌 출시 기간 동안 우리는 "독자 후기 수집", "제휴 프로그램 구축", "인플루언서 파트너십 체결"과 같은 이니셔티브를 나열한 웹사이트(물론 단순한 노션 페이지였다)를 만들었다. 그런 다음 네트워크에서 유능한 사람들을 초대해 이러한 미니 프로젝트를 처음부터 끝까지 맡도록 했다.
>
> 우리가 구축한 시스템 덕분에 사람들이 각 프로젝트에 참여해 책임을 맡고 바로 작업에 임하기가 쉬웠다. 모두 원격으로 근무했기 때문에 많은 사람과 동시에 협력할 수 있었고, 추가적인 서류 작업이나 정규직 직원을 고용할 필요 없이 이 기회를 최대한 활용할 수 있었다.

디지털 적합성

사람이 회사의 가치, 행동 그리고 문화와 얼마나 잘 어울리는지를 판단하는 것을 '문화 적합성'이라고 한다. 이와 마찬가지로 '디지털 적합성'도 점점 더 중요해지고 있다. 이는 직무에 필요한 올바른 기술을 갖추고, 회사의 소프트웨어를 빠르게 배우며 시스템에 적응할 수 있는 능력을 의미한다.

---

* 긱 경제란 기업이나 사용자가 임시 계약을 하고 노동을 공급하고 대가를 지불하는 경제 형태를 말한다. 긱(Gig)은 '일시적인 일'이라는 의미이며, 1920년대 미국 재즈클럽 주변에서 단기계약으로 연주자를 섭외해 공연한 데서 유래했다. - 옮긴이

새로운 사람들과 협력을 시작할 때 다음과 같은 질문을 던질 것을 추천한다.

- 어떤 앱을 사용해 왔고 그 안에서 작업 흐름을 어떻게 조정했는가?
- 어떤 디지털 프로젝트에서 작업해 본 경험이 있는가?
- 자신을 어떻게 교육하고 있는가? 소셜 미디어에서 누구를 팔로우하고 있는가?
- 그들의 혁신에 대한 아이디어는 무엇인가?
- 새로운 앱을 배포하는 데 도움을 준 적이 있는가? 다음에는 무엇을 다르게 할 것인가?

당신이 사용하는 시스템에 대한 그들의 선호도를 살피는 것도 잊지 말라. 만약 애플을 좋아하는 사람에게 구식 윈도우 노트북을 제공한다면 기쁘지 않을 것이다. 마찬가지로 훌륭한 혁신가를 찾을 수는 있겠지만, 의사 결정에 열 곳의 승인을 받아야 하는 관료적인 SAP 환경에 그들을 배치한다면 아마 몇 주 후에 그만둘 것이다. 어떤 방식이 다른 방식보다 낫다는 것이 아니다. 중요한 것은 당신이 하는 게임에 편안함을 느끼는 사람과 함께 일하는 것이다.

잠재적 동료를 평가할 때 단순히 시스템을 사용하는 능력과 실제로 시스템을 창조하는 능력 간의 차이를 구분하는 것은 중요하다. 만약 누군가가 보수적인 비즈니스 문화가 있는 나라의 대기업에서만 일해왔다면, 나는 이를 경계신호로 본다. 유망한 후보를 놓칠 수도 있겠지만 너무 많은 사례를 봐왔다. 그런 사람은 종종 위험을 감수하는 것을 두려워하고 스스로 길을 만드는 방법을 모른다. 반면 누군가가 사이드 프로젝트를 가지고 있거나 비영리 단체에서 자원봉사를 하거나 여가 시간에 스포츠 팀을 관리한다면, 그들은 필연적으로 모든 것을 미리 계획하지 않고도 작업하는 방법을 알게 된다. 이러한 사람은 제한된 재원, 도구 및 능력으로도 잘 해낼 수 있는 방법을 이해하고, 그 결과 훨씬 더 많은 창의성을 발휘한다. 그래서 나는 그들의 화려한 학위에 대해 묻기보다는 그들이 마음을 쏟은 프로젝트에 대해 듣고 싶다.

> **이상형 찾기**
>
> 팀을 위한 디지털 인재를 찾고 있든, 가상 비서를 고용할 생각을 하고 있는 프리랜서든, 최근에 동료 중 한 명을 교체해야 했을 때 당신은 채택한 접근 방식에서 영감을 받을 수 있다. 구인 광고에는 내가 이전에 언급한 모든 내용을 포함했다. 매력적인 직책과 상세한 업무 설명, 그리고 우리가 팀으로 일하는 방식에 대한 설명 등이다.
>
> 나는 후보자들에게 다음과 같은 작업을 요청했다.
>
> 1. **이 상황을 어떻게 처리하겠는가?** 나는 과거에 우리가 겪었던 문제를 설명하며 고객과의 대화와 시스템 조정이 포함된 문제를 제시했다.
> 2. **어떻게 내가 팟캐스트에 출연하게 할 것인가?** 그들이 얼마나 창의적이고 설득력 있으며 효과적인 의사소통을 할 수 있는지를 확인하고 싶었다. 이러한 능력은 나에게는 필수적인 기술이다.
> 3. **우리 시스템을 어떻게 구성하겠는가?** 그들에게 어떤 도구나 앱을 사용해야 하는지 말하지 않고, 프로젝트에서 팀워크를 어떻게 조직할 것인지에 대해 생각해 보라고 요청했다.
> 4. **이 새로운 프로젝트를 어떻게 발전시키겠는가?** 그들이 우리 새로운 프로젝트 중 하나에 대해 어떤 개선안을 제시할 것인지 궁금했다. 또한 그들이 멋진 프레젠테이션을 준비하거나 잠재 고객과 대화하는 것과 같이 추가적인 노력을 기울일 것인지도 보고 싶었다.
>
> 채용 공고에 몇 가지 가이드를 추가하면 다음과 같다.
>
> - 간단하게 작성하라. 소설을 쓸 필요는 없다.
> - 기술적인 세부 사항은 중요하지 않다. 당신의 사고방식을 알고 싶다.
> - 정답은 없다. "모르겠다"고 해도 괜찮다.
> - 이런 유형의 작업에 관심이 없다면, 이 직무는 당신에게 맞지 않을 것이다.

> 이 작업은 진지한 후보자와 단순히 시도해 보는 후보자를 구분하는 훌륭한 방법이었다. 심지어 몇몇 사람은 독창적인 도전에 도전할 기회를 주셔서 감사하다고 말했다. 모두에게 이득이 되는 상황이었다.

인재 개발의 길잡이

"분배 전략, 데이터 기반, 대규모 VRP"라는 제목의 발표가 포함된 회의의 초청장을 접했을 때 "세계적 수준의 물류 전문가"에 대한 생각을 다시금 떠올렸다. 초청장 속의 그 제목이 무슨 뜻인지 전혀 모른다 해도 걱정하지 마라. 나도 그렇다. 중요한 것은 물류 분야의 사람들이 이를 이해할 수 있어야 한다는 것이며, 그들의 관리자는 그들이 최신 정보를 유지하도록 격려해야 한다는 것이다. 이상적인 시나리오는 사람들이 관련 회의나 워크숍에 참석하고자 하는 욕구가 솟구치게 하는 것이다. 그러나 현실 세계에서는 항상 그렇게 작동하지 않는다. 사람이 배우고 성장하는 것이 얼마나 중요한지 지속적으로 상기시키고, 팀 내에서 자기 교육 문화를 조성하는 것이 당신의 임무이다. 그리고 여기에 물론, 모범도 보여야 한다.

사람들에게 개인적인 성장이 중요하다고 말하고 있다면 뒤처질 여유가 없다. 나의 산업과 그 너머에서 게임을 변화시키는 것이 무엇인지 알아야 한다. 어떤 것을 이해하지 못한다고 인정하는 것을 두려워해서는 안 된다. 어떤 제약 회사의 이사처럼 강의의 앞자리에 앉아 수많은 질문을 던졌던 사람도 있다. 그는 항상 "어리석은 질문"이 나올 것이라고 경고하곤 했다. 그로 인해 모두가 더 편안함을 느꼈고, 사람은 질문을 하고 참여하고 싶어 했다.

팀 개발 지원 방법

모든 프로젝트에서 리더가 팀의 교육과 발전에 미치는 영향을 목격한다. 여기서 "리더"는 "관리자"를 의미하지 않는다. 때로는 한 명의 열정가만으로도 나머지 모든 사람을 열정적으로 만들 수 있기 때문이다. 이것은 리더의 기술 도입에서 역할이 매우 중요한 이유이다. 그들의 위치와 관계없이 말이다.

다음 장에서 살펴보겠지만 새로운 기술을 습득하는 방법은 다양하다. 그러나 리더로서의 당신 역할은 다르다. 당신은 교육의 중요성을 지속적으로 강조해야 하며 학습을 위한 공간, 시간, 자료를 제공하는 시스템을 설계해야 한다. 이는 때때로 매우 간단한 조치로도 충분한데, 정기적인 지식 공유(우리는 이러한 세션을 "디지털 10분" 또는 "통찰의 10분"이라고 부르며, 매 회의의 마지막 10분 동안 통찰력을 공유한다), 팀원들이 서로 배울 수 있도록 돕는 것, 또는 가끔씩 컨퍼런스에 그룹으로 참여하는 것 등이 있다.

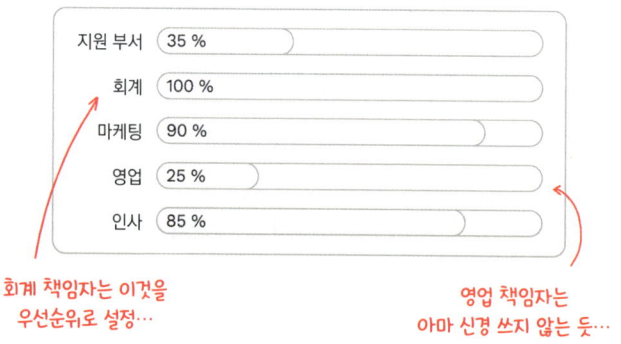

프로젝트에서 진행한 일련의 교육 세션 결과.
어떤 리더들이 정말로 참여했는지, 어떤 리더들이 그렇지 않았는지 추측해 보라.

늘 바쁘다는 것은 이해한다. 수많은 업무, 이메일, 회의에 쫓기다 보면 자신을 위한 시간을 찾는 것이 어렵다. 그러나 중요한 점은 당신은 창조자로서 이러한 상황을 변화시킬 수 있는 힘을 갖고있다는 것이다. 시간은 우연히 발생하는 것이 아니라 스스로 만들어내는 것이다. 이는 생각보다 간단하다. 지금 바로 일정에서 한 시간을 확보해 동료와 이 책의 몇 가지 아이디어에 대해 대화해 보는 것은 어떤가?

친구 중 한 명은 여러 성공적인 사업의 주역이었지만 기술에는 별로 능숙하지 않았다. 나는 그를 컨설턴트 중 한 명과 연결해 줬고 그는 다음과 같은 메시지를 보내왔다. 그 이후로 나는 이 메시지를 모든 고객과 공유하고 있다.

"필립의 컨설턴트와 약 두 시간 동안 함께 앉아 있었는데, 그는 나의 수백 시간을 절약해 줬다. 이는 과장이 아니다."

다시 한번 강조하자면, 만약 당신이 무언가에 압박을 느끼고 있다면 이는 스스로 몇 시간을 투자해 조금 더 여유를 찾을 수 있을지도 모른다는 신호일지도 모른다.

3. 최고 아이디어 인플루언서: 아이디어와 비전 전달

소통은 직장에서 늘 중요한 기술이었다. 오늘날 생성되는 콘텐츠의 양을 고려할 때 이는 더욱 중요하다. 단순히 아이디어를 판매하는 능력, 좋은 보고서를 작성하는 능력, 또는 이해하기 쉬운 프레젠테이션을 만드는 능력만이 아니라 진정한 핵심은 다른 사람들과 공감할 수 있는 이야기를 찾거나 만드는 방법을 아는 것에 있다.

이야기는 생각, 감정 및 경험을 공유하는 보편적인 매체이다. 이는 우리가 하는 모든 일의 일부분이다. 좋은 이야기는 누군가를 따르도록 설득하며 우리로 하여금 멈추고 생각하게 하거나 행동에 옮기도록 영향을 끼친다.

비록 내가 우위에 있어 "나는 내가 원하는 대로 할 수 있어, 나는 상사니까"라고 말할 수 있더라도, 자신의 아이디어를 판매하는 방법을 아는 것이 가장 좋다. 그렇게 하면 그 카드를 꺼낼 필요가 없게 되기 때문이다.

우리 스스로에게 하는 이야기

스스로에 대한 의심으로 어려움을 겪거나, 심지어 사기꾼 같은 기분이 든 적이 있는가? 당신만 그런 것이 아니다. 종종 가면 증후군impostor syndrome8으로 불리는 이러한 감정은 모든 사람 중 3분의 2가 경험하며, 가장 성공한 사람들조차도 겪는다. 만약 당신이 이러한 기분을 느껴본 적이 없다면 당신은 거의 확실히 '노 워크'로 가는 길목에 있는 것이다. 가면 증후군은 AI가 당신을 위해 만든 무언가를 사용할 때나 다른 사람들이 한 달에 버는 만큼 하루 만에 벌게 되는 서비스를 판매하기 시작할 때 나타날 수 있다.

당신은 이러한 감정을 통제하는 법을 배워야 한다. 그렇지 않으면 이러한 감정이 당신을 통제하게 될 수 있기 때문이다. 나는 첫 직장에서 고객 서비스 경험을 통해 이를 깨달았다. 그곳에서 고객이 화를 내는 것이 전혀 나와 관련이 없다는 것을 안 것이다. 특히 자신을 리더로 생각한다면 자존심은 잠시 내려두는 것이 좋다.

고객의 감정은 당신과 전혀 관련 없는 것이다. 누군가 당신을 비판할 때 그들은 당신이라는 개인을 거부하는 것이 아니라, 당신의 작업과 그로부터 생성된 "이야기story"를 거부하는 것이다. 그러니 두려워하지 말고 계속 시도해 보라. 팀을 위해 영상을 만들거나, 웨비나를 조직하거나, 새로운 앱을 시도해 보라. 시도에 실패하더라도 이를 큰 일로 만들지 마라. 어제의 뉴스보다 오래된 것은 없다. 그리고 이건 뉴스에도 나오지 않는 일이다!

그래도 걱정되면 이것을 명심해라. 다른 사람이 당신에게 집착하기에는 그들은 자기 생각하느라 너무 바쁘다. 그러니 새로운 것을 시도해보고 싶은 마음이 든다면 해라. 그 욕구를 채워라. 불쾌하지만 일시적인 감정을 당신의 발전을 위한 대가로 받아들여라. 심지어 이를 게임처럼 생각할 수도 있다. 적어도 한 달에 한 번은 불공정한 성공으로 인해 완전히 사기꾼처럼 느끼지 않는다면, 아마도 당신은 해야 할 만큼 노력하지 않는 것일 수 있다.

이 점을 염두에 두고 주변 사람들을 도와줘라. 그들도 아마 같은 기분을 느끼고 있을 것이다. 육아휴직 후 돌아온 동료는 자신이 뒤처질까 걱정하고, 딸은 명문 대학에 갈 만큼 충분히 똑똑하지 않다고 생각할 수 있다. 이러한 것들을 단순히 머릿속의 이야기로 바라볼 수 있다면, 새로운 이야기를 만들어 나갈 수 있다. 이상적으로는 훨씬 더 나은 이야기들로 말이다.

아이디어를 전파하는 데 도움이 되는 이야기

당신은 아이폰, BMW 또는 007 영화 티켓을 구입할 때, 일반적으로 어떤 만족을 얻을 것인지 알고 있다. 이제 스스로에게 물어보라. 사람들은 당신에게서 어떤 만족을 얻을 것인가?

고객이 내 프레젠테이션을 주문할 때 나는 영감의 폭발, 수십 가지 유용한 팁, 그리고 몇 가지 좋은 농담을 같이 제공한다. 이러한 모든 것이 개인 브랜드의 일부분이기 때문이다. 진정한 성격과 독창적인 아이디어 및 표현력은 많은 기업이 오랫동안 억누른 것이지만, AI 시대에 개인 브랜드는 이전보다 더 중요해졌다.

개인 브랜드는 더 이상 예술가나 유명인만을 위한 것이 아니다. 많은 기업엔 소셜 미디어에서 활동하는 직원들이 있으며, 관리자들도 이러한 플랫폼에서 새로운 인재를 찾고 있다. 프리랜서들은 이 점을 잘 활용하고 있다. 그들은 개인 브랜드를 사용해 더 높은 요금을 받는다. 당신이 만약 강력한 개인 브랜드를 가지고 있다면, 회의 요청을 거절하는 사람 없이 다양한 기회를 맛볼 수 있을 것이다.

좋은 이름이란 단순히 당신의 평판이나 작업 품질에 관한 것이 아니다. 이는 당신이 하는 이야기와도 관련이 있다. 나는 수년 동안 이야기를 구축하기 위해 노력해 왔다. 처음에는 마케팅에서, 그다음에는 혁신 분야에서, 그리고 디지털화 분야에서 일했다. 내가 따르고 존경하던 사람들은 각자 하나의 큰 주제를 가지고 있었다. 나는 그 점이 부러웠다. 그러나 점차적으로 개인 브랜드를 구축하는 것이 하룻밤 사이에 이뤄지는 일이 아니라 수년간의 테스트와 탐험을 통해 이뤄지는 것이라는 것을 깨달았다. 사람들이 하룻밤의 성공이 이뤄지기까지 몇 년이 걸린다고 말하는 이유가 여기에 있다.

필립 드리말카(Filip Drimalka) · 13:13

안녕하세요. 좋은 생각이 하나 떠올라 연락드립니다. :) 제가 곧 "AI 시대의 노 워크 혁명"이라는 신간을 출간할 예정인데요. 제가 직접 출판하고 인쇄 유통은 함께 처리하면 어떨까요? :) 이벤트 기획을 즐기시나요?

 · 19:13

안녕하세요. 필립. 물론입니다. 기꺼이 같이 하겠습니다. :) 만약 우리 채널을 통해 출간이 진행된다면 저희의 e-샵과 오프라인 매장에만 독점적으로 판매될 것입니다. 더 넓은 유통에 관심이 있으시면 제가 적절한 방향으로 안내해 드릴 수 있습니다.

브랜드를 구축하면 많은 기회가 열린다.
이 책을 쓰고 있을 때 나는 단지 업계 내 몇 사람들에게 연락을 취했고,
출판에서 유통까지 모든 것을 조정할 수 있었다.
이들과는 실제로 만난 적이 없지만
우리는 웨비나와 링크드인 활동을 통해 서로 알고 있었다.

이렇게 여러 사람에게 본인 이야기를 성공적으로 전달하면 영향력과 작업의 결과를 확장할 수 있다. 이는 회사 내부에서도 가능하며 프리랜서로서 더 많은 고객에게 다가가고자 할 때도 마찬가지이다. 고객 중 한 명은 최고 디지털 책임자와 유사한 새로운 역할로 승진했다. 그녀의 첫 번째 목표 중 하나는 사내에서 사람들이 디지털적으로 사고하도록 만드는 것이었다. 그녀는 CEO와의 협약에 대해 이야기했다. CEO는 그녀에게 전폭적인 지원을 약속했다. 나는 과거에는 꽤 일반적이었던 이러한 접근 방식이 더 이상 충분하지 않을 것이라는 것을 깨달았다. 그래서 그녀의 메시지를 가능한 한 많은 사람에게 전달하는 방법에 대해 논의하기 시작했으며, 그녀가 프리랜서로서 자신을 마케팅하는 사람과 같은 도구를 사용할 수 있다는 것을 알아냈다.

- 나는 프리랜서로서 더 많은 고객에게 다가가고 싶을 때 웨비나를 조직한다. 그녀도 내부 웨비나를 개최하고 디지털 마인드를 가진 사람을 게스트로 초대할 수 있지 않을까?
- 사람들이 특정 주제를 나와 연관 짓기를 원할 때 나는 소셜 미디어에 정기적으로 글을 쓴다. 아마 그녀도 회사의 내부 플랫폼에서 같은 일을 할 수 있을 것이다.
- 나는 잠재 고객에게 주제를 전달하고자 할 때 뉴스레터를 보낸다. 그녀도 유용한 디지털 팁과 기술에 능숙한 동료의 이야기를 담은 내부 뉴스레터를 작성할 수 있다.
- 나는 퍼뜨리고 싶은 아이디어가 있고 도움을 줄 사람들을 찾고자 할 때 회의와 네트워킹 이벤트에 간다. 그녀도 회사의 회의, 특히 더 많은 사람에게 다가갈 수 있는 온라인 회의에서 적극적으로 활동을 할 수 있다.

소셜 미디어와 내부 소통의 세계는 점점 더 서로 연결되고 있다. 만약 당신이 링크드인에서 활동적이라면 많은 동료가 팔로우하고 다른 회사의 사람도 팔로우할 가능성이 높다. 따라서 회사의 모든 사람에게 이야기를 전달하고 싶다면 양방향으로 이야기하는 법을 배워야 한다. 디즈니의 오랜 이사장이었던 로버트 아이거는 이를 보도자료를 통한 관리라고 불렀다.[9] 그는 "내가 외부 세계에 대해 강한 확신을 가지고 무언가를 말하면 이 확신이 회사 내부에서도 강력하게 공명하는 경향이 있다"고 했다.

영향력을 확장하는 방법

성공적인 리더는 다른 이들에게 영감을 준다. 그들은 모범을 보이거나 자신의 비전을 지원하는 아이디어를 공유한다. 나는 두 가지 모두를 시도하고 있다.

다른 사람이 나를 디지털화의 리더로 인식하도록 하고 싶다면 당연히 스스로가 디지털화돼야 한다. 예를 들어, 고객에게 메시지를 보낼 때 짧은 영상을 업로드하고 주요 사항에 대한 AI 요약을 함께 내거나(현재 룸은 이를 완벽하게 수행할 수 있다), 또한 팀에 AI 사용이 더 활성화되기를 원할 때, 새로운 도구를 직접 사용해 볼 수 있다. 그리고 나는 나의 동료들도 같은 방식으로 하기를 원한다. 이렇게 직접 행동함으로써 나의 비전을 옹호하고 내가 디지털화돼 있음을 보여준다. 당신의 이야기와 관련된 어떤 주제도 비슷한 방식으로 접근할 수 있다.

주제에 대해 사람을 흥미롭게 하며 매력적으로 이야기하는 방법도 알아야 한다. 나는 개인적으로 회의와 웨비나에서 하는 프레젠테이션, 그리고 링크드인에서 생성하는 콘텐츠를 통해 가장 많은 것을 얻는다. 이러한 모든 것은 소홀히 할 수 없는 부분이며 이를 잘하는 방법을 배우는 유일한 길은 지속적이고 반복적인 연습이다.

더 나은 소통을 하는 데 도움이 된 것들은 다음과 같다.

- **글쓰기를 배웠다.** 우리는 중요한 순간에 텍스트를 사용해 소통한다. 잘 작성된 이메일은 동료들을 새로운 프로젝트에 참여하도록 설득할 수 있고, 좋은 댓글은 다른 사람에게 전문가처럼 보이게 할 수 있으며, 훌륭한 소셜 미디어 게시물은 수많은 사람의 서비스를 판매하는 데 도움을 줄 수 있다. 글을 잘 쓰려면 어떻게 해야 할까? 강의를 듣고, 많이 읽고, 많이 써라. 그리고 피드백을 요청하는 것을 잊지 말라. 인간에게든 AI에게든 상관없다.
- **나 자신을 '콘텐츠 큐레이터'라고 생각한다.** 콘텐츠 큐레이터는 다른 사람들과 가치 있는 정보를 신중하게 선별하고 공유하는 사람이다. 흥미로운 소셜 미디어 게시물, 통찰력 있는 기사, 유용한 앱에 대한 추천을 모은다. 그리고 그중 가장 좋은 것들을 동료나 고객과 공유한다.
- 프레젠테이션, 이메일, 동료에게 보내는 메시지 등 모든 곳에서 **시각적으로 소통**하려고 하며, 밈, 트윗의 스크린샷, 각종 사진을 사용하는 것을 두려워하지 않는다. 소셜 미디어의 세계에서는 모든 것이 허용된다. 미래에 유용할 것 같은 자료를 발견할 때마다(내 프레젠테이션, 게시물 또는 기타 모든 것에 사용하기 위해) 즉시 저장한다.

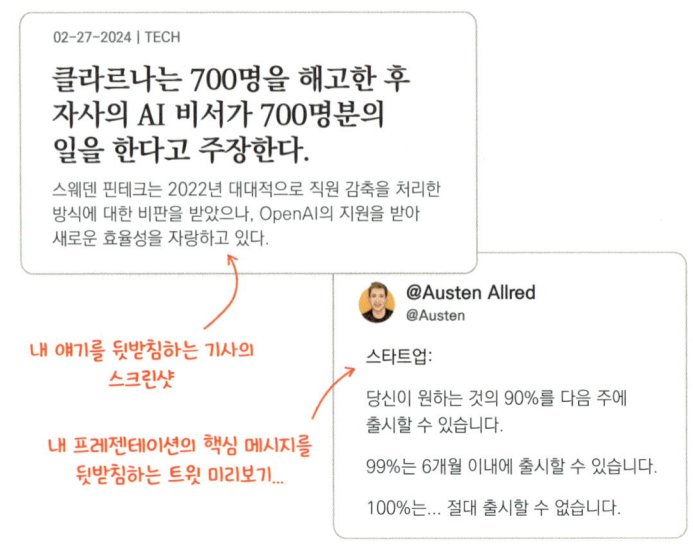

인터넷에서 찾은 시각적 자료는 내 프레젠테이션에 종종 도움을 준다.
흥미로운 내용을 발견하면 즉시 스크린샷을 찍어 디지털 노트북이나
프레젠테이션에 직접 붙여 넣는다.

나는 타고난 수다쟁이라 발표를 함에 있어서 운이 좋은 편이다. 그렇다고 긴장을 하지 않거나 실수를 하지 않는 것은 아니다. 하지만 이러한 문제에 대한 해결책이 있다. 가능한 한 자주 강연을 하는 것이다. 경력 초기에 무료로 수십 개의 작은 컨퍼런스에서 발표를 했다. 여러 번 주최자에게 먼저 연락을 하고 새벽 다섯 시에 일어나 필요한 곳 어디든지 이동했다. 때때로 이러한 강연은 관객이 반쯤 비어 있는 홀에서 형편없는 장비로 진행되기도 했지만, 바로 이러한 훈련이 오늘의 나를 만들었다.

같은 발표를 반복하는 것도 도움이 됐다. 사실 백 번 이상 했다. 과장이 아니다. 매번 발표를 할 때마다 발표 자체를 개선할 수 있는 새로운 방법을 발견하게 됐고, 이야기를 전달하는 방법을 개선할 수 있었다.

다음은 더 나은 발표를 위해 내가 추천하는 몇 가지 팁이다.

- 훌륭한 대중 연설가가 되는 법을 배워라. 이 능력은 고객에게 서비스를 판매하거나 회사의 리더들을 설득하거나 이웃들에게 규칙을 따르도록 설득하는 데 도움을 줄 것이다. 게다가 발표를 하면 청중의 반응에 따라 아이디어를 조정할 수 있는 기회가 주어진다.
- 슬라이드의 구조나 시각적 요소에 어려움을 겪고 있다면 템플릿이나 새로운 스마트 도구[10]를 사용하는 것을 고려해 보라.
- 이야기와 생생한 사례는 판매의 열쇠다. 혁신을 판매하고 싶다면 유사한 서비스의 웹사이트를 보여주거나 이미 유사한 혁신을 구현한 회사의 이야기를 공유하라.
- 중요한 고객과의 온라인 발표나 화상 통화를 위해 가능한 최고의 카메라와 마이크를 사용하라. 화상 통화의 품질은 새로운 비즈니스 정장이므로 그 가치를 제대로 살려라.
- 발표가 항상 실시간으로 진행될 필요는 없다. 동료나 고객과 공유할 수 있는 간단한 동영상 녹화 형식[11]으로도 제공될 수 있다.
- 간단한 슬라이드를 고수하라. 너무 많은 포인트를 사용하지 말고 끝이 없는 문단은 피하라. 제목을 적고 그 뒤에 메시지를 뒷받침하는 인용, 사진 또는 트윗과 같은 내용을 추가하는 것도 좋다.

영향력을 더욱 확장하는 방법

디지털 리더십 마스터클래스 프로그램의 새 회차를 시작할 때 나는 "AI 시대의 리더십"에 관한 웨비나를 주최하기로 결정했다. 이 웨비나를 홍보하기 위해 링크드인 게시물에 팔로워들에게 AI의 출현으로 리더의 역할이 어떻게 변화했는지에 대한 의견을 공유해 달라고 요청했다. 댓글이 많을수록 더 많은 사람이 게시물을 보게 되는 것은 당연하지만, 무엇보다 나는 사람들의 의견이 정말 궁금했다. 반응은 놀라웠다. 500개 이상의 댓글을 받았다. 이때 몇 가지 유용한 AI 도구가 도움이 됐다.

먼저, 바딘Bardeen이라는 자동화 앱을 사용해 모든 댓글을 스프레드시트에 모은 후 이를 ChatGPT에 업로드해 분석했다. 그런 다음 휩시컬Whimsical 앱을 사용해 단일 프롬프트로 인사이트를 시각화했고, 이를 통해 프레젠테이션을 위한 멋진 마인드맵을 생성했다. 이후 구글 시트에서 AI를 사용해 각 댓글에 대한 개인화된 응답을 생성했다. 옥토푸스Octopus 도구를 사용해 이러한 메시지를 댓글 작성자들에게 전송하고, 마스터클래스에 참여하라는 초대장도 함께 보냈다. 이 전체 과정은 15분도 채 걸리지 않았고, 마스터클래스 프로그램을 매진시키는 데 도움이 됐다.

이 경험은 AI와 스마트 아이디어가 결합될 때 생각했던 것보다 훨씬 더 큰 영향을 미칠 수 있다는 것을 다시 한번 입증시켜줬다.

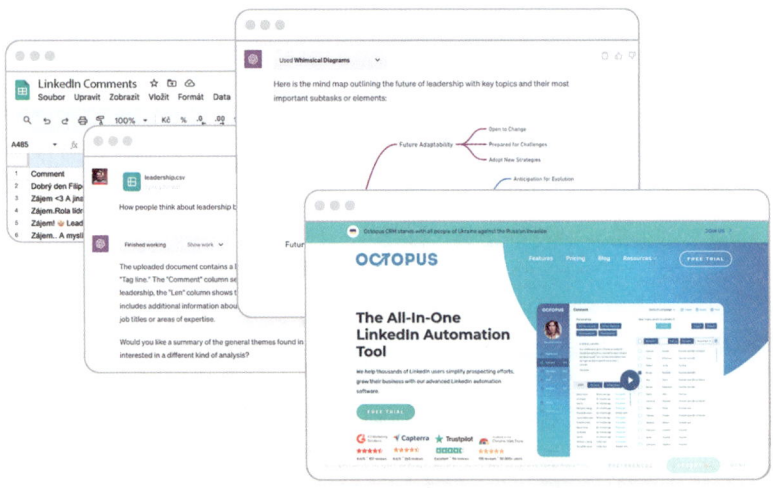

또 다른 간단한 프로세스를 사용해 500개 이상의 링크드인 댓글을 분석한 후, 각 댓글 작성자에게 개인화된 메시지를 전달했다.

리더십은 지위가 아니라 행동이다

한 번은 이케아IKEA와의 프로젝트를 준비하면서 이 브랜드의 운영 방식을 연구하는 데 시간을 투자했다. 제품보다는 그들이 어떻게 일하는지와 이 전설적인 회사가 세워진 원칙에 더 관심이 있었다. 조사를 하길 잘했다고 생각하는 이유는 그들의 리더십 원칙[12] 중에서 나의 기업 리더에 대한 관점을 완전히 바꿔 놓은 문장을 발견했기 때문이다. "우리는 리더십을 지위가 아니라 행동이라고 여긴다."

오늘날에도 이것이 리더십에 대한 최고의 정의라고 생각한다. 왜냐하면 리더십은 당신이 취하는 행동에 불과하기 때문이다. 당신이 어떤 위치에 있든지, 그 위치가 어떤 권한을 지니고 있든지는 상관없다.

디지털화는 변화를 원하는 모든 사람에게 엄청난 기회를 제공한다. 왜냐하면 이는 사람들이 경영진의 승인을 받지 않고도 행동을 취할 수 있게 해주기 때문이다. 우리는 모두 회의에서 목소리를 내고, 지루한 작업을 대체하기 위해 AI를 활용하거나, AI가 복제할 수 없는 최고 품질의 작업을 제공하는 데 집중하는 등 더 나은 방법을 제안할 수 있다.

우리 각자는 새로운 분야에서 일하기 시작하며 새로운 전문 분야를 만들 수 있다. 우리 각자는 부모님 댁에 들러 인터넷을 더 안전하게 탐색하는 방법을 보여줄 수 있다. 우리 각자는… 할 수 있는 일이 정말 많다.

글락소스미스클라인GlaxoSmithKline의 어느 외국 지점에서 열린 수업을 들었던 한 학생은 동료의 디지털 기술을 향상시키기로 마음먹었다. 그녀는 스스로 워크숍을 진행하고 학습 주제를 추천하기 시작했는데 그 결과는 대단히 성공적이었다. 수십 명이 그녀의 워크숍에 참석했고, 1년도 채 되지 않아 단기간 교육용 동영상의 조회수가 10,000회를 넘었다. 120명의 직원이 있는 지점이라는 것을 감안하면 괜찮은 성과다.

나에게 있어 이것이 바로 *리더십*이다. 이 책도 마찬가지다. 당신이 이 책을 읽고 있다는 것이 대단한 것이다. 만약 이 책이 당신에게 영감을 준다면 더욱 영광이다. 하지만 가장 중요한 것은 당신이 그 영감을 가지고 무엇을 하느냐다.

핵심 요약

1. 리더십은 다른 사람을 이끌고 그에 대한 인정을 받는 것이다. 개인 브랜드를 구축하는 것은 역할에 관계없이 조직 내외부에서 아이디어를 확산하는 데 도움을 준다.
2. 리더십 기술은 기술 전문성보다 더 중요할 때가 많다. 우리는 변화를 이끌고 일부 팀원으로부터의 저항을 극복할 수 있어야 한다. 리더는 모범을 보이고 산업 혁신에 대한 최신 정보를 유지하며 지속적인 학습 문화를 조성해야 한다.
3. AI 시대의 리더는 세 가지 핵심 역할에서 뛰어나야 한다. 최고 시스템 설계자(시스템을 설계하고 개선하는 역할), 최고 인재 개발자(인재를 유치하고 개발하는 역할), 최고 아이디어 인플루언서(아이디어와 비전을 전달하는 역할)다.
4. 리더는 내부 커뮤니케이션 채널과 소셜 미디어에 참여하고 발표를 통해 영향을 확대할 수 있다. 모든 것을 시도하기보다는 자신의 열정을 불러일으키거나 강점을 발휘할 수 있는 분야를 선택하는 데 집중하라. 해당 분야에서 탁월함을 추구함으로써 더 큰 영향을 미칠 수 있다.
5. 무엇보다 리더십은 위치나 직함이 아니라 행동에 관한 것이다. 디지털화는 모든 수준의 사람이 주도권을 잡고 변화를 일으킬 수 있게 하며, 종종 다른 사람의 승인 없이도 그렇게 할 수 있다.

실천 과제

1. 존경하는 디지털 리더를 더 알아보고 그들의 자질, 행동 및 대중의 인식을 고려하라. 잘 알려진 인물이든 개인적으로 아는 사람이든 상관없다. 이러한 자질이 자신에게 있는지 생각하고 이를 계발하라.

2. 리더의 핵심 역할 중 하나는 시스템을 설계하는 것이다. 이러한 시스템은 기술 개발과 더 나은 소통이라는 두 가지 성장 영역에 영향을 미친다. 시스템의 약점을 파악하고 이를 세밀하게 조정하는 데 집중하라.
3. 소셜 미디어에서의 존재감, 팀 내 소통 또는 발표 능력 등 소통 기술을 개선하는 데 집중하라. 고객, 동료, 친구 심지어 AI에게 피드백을 요청하라.

12. (거의) 모든 것을 배우는 방법

빌 게이츠^{Bill Gates}는 한 해에 달성 가능한 것은 과대평가하고 10년 동안 이룰 수 있는 것은 과소평가하는 사람이 많다고 언급한 바 있다. 나는 AI의 발전 덕분에 이제 앞서 언급된 숫자를 10으로 나눌 수 있다고 생각한다.

사람들은 하루 만에 AI로 할 수 있는 것을 과대평가하고, 1년 안에 AI로 할 수 있는 것을 과소평가한다.

많은 사람이 처음에는 새로운 스마트 도구에 대한 무한한 열정을 가졌지만, 곧바로 원래의 습관으로 되돌아가는 모습을 목격해 왔다. 그 이유는 분명하다. 일정 부분 결과에 만족하지 못하기 때문이다. 그들의 시스템은 엉망이라 AI를 작업 흐름에 통합하기 어렵고, 새로운 습관을 형성하고 유지하는 것도 쉽지 않다.

하지만 미래에 대한 꿈이 있고 그 미래를 현실로 만들고 싶다면, 매우 짧은 시간 내에 거의 모든 것을 이룰 수 있다는 것을 금방 깨닫게 될 것이다. 모든 업무 프로세스를 개선하고, 어떤 도구나 방법에도 능숙해지며, 현재 직장에서 고민하고 있는 대부분의 문제에 대한 해결책을 제시할 수 있다.

새로운 스마트 도구의 출현은 일하는 방식뿐만 아니라 배우는 방식도 바꿔놓고 있다. 사람들은 다시 학교에 가서 몇 달 동안 교실에 앉아 있는 것보다, 실제로 해보면서 배우는 것이 훨씬 더 낫다는 것을 깨닫고 있다. 여기에는 새로운 아이디어에 개방적이 되고, 새로운 프로젝트를 시작하며, 배운 내용을 다른 사람과 공유하고 지식을 퍼뜨리는 것이 포함된다.

이러한 원칙은 직업 개발에만 국한된 것이 아니다. 아이들의 교육에서도 똑같이 중요하다. 많은 학교가 아직 이를 인식하지 못하고 있지만, 우리는 이 격차를 메우기 위한 수많은 옵션을 가지고 있다.

가장 중요한 기술은 적시 학습 능력이다. 즉, 필요할 때 바로 학습하는 것이다. 예를 들어, 비즈니스 파트너와의 회의를 조직한다고 가정해 보자. 앱을 사용해 가장 좋은 날짜를 찾고 몇 번의 시행착오를 거쳐 AI를 활용해 좋은 장소 목록을 작성하고 예약 요청서의 초안을 만들 수 있다. 이렇게 하면 많은 시간을 절약하고 더 흥미로운 일에 집중할 수 있다. 이를 '업무 흐름 속 학습 learning in the flow of work'이라고 하며, 단순한 기술이 아니라 모든 사람이 마스터해야 할 초능력이다.

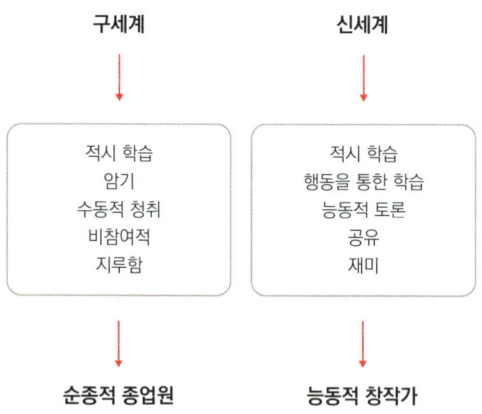

새로운 것을 배우는 것은 늘 간단히 이뤄지지 않는다. 즐기는 일을 하는 것은 쉽다. 이를 위해 수 시간을 몰두할 수 있으며 좌절과 불편함을 쉽게 극복할 수도 있다. 스키를 사랑하게 되면 슬로프를 타는 것을 기대하게 되며, 초반에 계속 넘어져도 전혀 개의치 않는다. 그러나 낯설고 익숙하지 않은 것을 배워야 할 경우, 좌절의 원인이 될 수 있다. 하지만 다행히도 여러분에게는 세 가지 좋은 소식이 있다.

1. 훌륭한 도구들이 있다.
2. 당신은 혼자가 아니다.
3. 학습은 실제로 재미있을 수 있다.

1. 훌륭한 도구들이 있다

나는 매년 개인 발전을 위해 한 가지 주요 주제를 정한다. 어떤 해에는 변화 관리가 주제가 됐고, 다른 해에는 발표 기술을 향상시키기 위해 노력했다. 또 어떤 해에는 오랜 시간 후에 영어와 스페인어 의사소통 기술을 다시 다지기로 했다. 나는 이러한 학습을 위해 여러 도구를 활용하기로 결정했다.

- 매일 듀오링고Duolingo 앱에서 어휘를 연습했다.
- 이동 중에 대화를 나누기 위해 스픽Speak 앱을 사용했다.
- 발음을 개선하기 위해 프리플라이Preply 플랫폼을 통해 선생님과 연결했다.
- 또 다른 선생님은 내 발표를 보며 개선 사항을 공유 스프레드시트에 제안했다(이는 비동기 학습의 완벽한 예이다).
- 룸Loom에서 영상 메시지를 보낼 때, 나는 원고 내용을 읽고 개선할 점을 고려했다(농담이고, ChatGPT가 그 작업을 해줬다).

- 그래멀리Grammarly는 이메일 및 기타 텍스트를 작성할 때 스타일 변경을 제안했다.
- 발표를 할 때, 포이즈드Poised라는 도구가 화면에 직접 팁을 제공했으며, 너무 빨리 말하거나 비논리적으로 말하기 시작하면 경고를 줬다.

이러한 전문 도구 외에도 방대한 양의 정보가 존재하지만, 그중 AI는 진정한 게임 체인저이다. AI는 거의 모든 것을 도와줄 수 있기 때문이다. 판매를 개선하든 코드를 작성하든, 당신의 실수를 지적하고 자세히 설명해 줄 수 있다.

이는 이미 사내에서 지식을 공유하는 훌륭한 방법이다. 팀 채팅에서 자동화 기능으로 공유된 유튜브 비디오를 요약한다고 언급했던 것을 기억하는가? 우리는 팟캐스트 애호가이기 때문에, 좋아하는 팟캐스트에서 주요 통찰을 얻거나 기사를 팟캐스트로 변환할 수 있는 도구[1]를 사용하고 있다. 그뿐만이 아니다. 누군가가 디지털 도구를 사용하는 방법을 다른 이에게 보여주고 싶다면, 간단한 비디오를 녹화한 다음 AI 전사 기능이나 가이디Guidde와 같은 앱을 활용해 전문적인 교육 비디오로 쉽게 변환할 수 있다.

AI 기반 교육

이 모든 혁신은 성인과 어린이의 교육에 활용될 수 있다. 개인적으로 AI가 인류가 경험한 가장 혁신적인 교육 도구라고 믿지만, 이는 몇 가지 심각한 의문을 제기한다. 일부 학교는 학생이 부정행위를 할까 걱정해 AI를 금지하고 있다. 그 마음은 충분히 이해할 수 있다. 만약 내가 지금 학생이라면, 에세이와 세미나 논문을 작성하는 데 AI를 실험하는 첫 번째 학생이 됐을 테니까. 그러나 진정한 질문은 AI를 허용할 것인지 여부가 아니라, 어떻게 하면 아이들을 학습에 흥미를 느끼게 하고 교육을 중요한 부분으로 만들어, AI가 사람에게 사고하고 생각을 정리하며 새로운 아이디어를 구상하는 데 도움을 줄 수 있도록 할 수 있는가이다.

회사에서 추구해야 할 목표와 유사하지 않은가? AI가 멋진 점은 모든 사람이 교육을 받을 수 있도록 해 준다는 것이다. 단 하나의 프롬프트로 뛰어나고 불가능할 정도의 인내심을 가진 멘토를 호출할 수 있다. 소통 기술을 향상시키고 싶다면 자신의 메시지를 제공하고 피드백을 요청하면 된다. 팀을 위한 학습 활동을 구상해야 한다면 학습 목표와 사용 가능한 시간을 알려주면 된다. 코딩 문제에 막혔다면, 코드를 붙여 넣으면 더 나은 해결책을 제시해 준다. 이러한 모든 것을 비싼 선생님 없이 제공하며, 24시간 언제든지 이용할 수 있다.

AI를 가정 교사와 조언자로 활용하는 방법

학교에서 AI 활용하기

- 첨부 문서를 기반으로 연습 문제를 준비한다. 그리고 학생들을 그룹으로 나눠 해답을 찾기 위해 협력할 수 있도록 세 가지 과제를 만든다. 이후 그들의 답변을 수정하고 부족한 점을 설명한다.
- 나는 영어를 배우고 있는 중학생이며 해리 포터를 좋아한다. AI는 내 영어 실력을 테스트할 수 있는 질문 10개를 만들어준다. 각 질문은 문법 오류가 있는 문장으로, 나의 임무는 그 오류를 찾아 수정하는 것이다.
- 당신은 지구의 지각 구성에 대해 설명하려는 교사다. 잠시 나와 대화한 후, 이 대화를 바탕으로 내가 주제를 이해했는지 검증할 수 있는 테스트를 만들고 정답을 보여준다.

직장에서 AI 활용하기

- 당신은 저명한 비즈니스 코치로서 통찰력 있는 질문을 통해 기업가가 스스로 해결책을 찾도록 안내하는 데 능숙하다. 나는 나의 문제를 설명할 테니 당신은 후속 질문을 하고, 고려할 수 있는 옵션을 제공하며, 최상의 해결책에 대해 조언해 줘야 한다. 나는 직접적인 답변을 제공하지 않을 것이며, 당신의 역할은 내가 최적의 해결책을 스스로 발견할 수 있도록 사고 과정을 안내하는 것이다.

- 이 YouTube 비디오 내용을 문서화하라. 주요 내용을 요약하는 표를 작성하고 각 요점에 대해 몇 가지 실제 사례를 제공하라.
- 당신은 영어와 비즈니스 커뮤니케이션 강사이다. 내 이메일을 보여 줄 테니 당신은 오류에 대한 피드백을 제공하고 이메일이 더 전문적으로 들리도록, 그리고 원어민처럼 들리도록 개선 사항을 제안하라.

2. 당신은 혼자가 아니다

"기쁨을 나누면 두 배가 되고, 슬픔을 나누면 반이 된다"는 말이 기억나는가? 나는 여기에 "배운 것을 나누면 재미가 두 배가 되고, 도전을 나누면 고생이 반이 된다"라고 추가하고 싶다. 이처럼 회사 안팎의 사람과 함께 기술을 성장시킬 수 있는 방법이 많다는 것은 멋진 일이다.

이제 이러한 기술을 향상시키는 방법 몇 가지를 자세히 살펴보자.

멘토링과 코칭은 사내는 물론 회사 간의 프로그램 모두에서 성공적이다. 나는 경력을 막 시작한 사람이나 숙련된 베테랑 모두에게 디지털 멘토나 코치 찾기를 강력 추천한다. 많은 프리랜서 전문가도 이들을 활용한다. 또한, 시니어(나이가 많지 않아도 경험이 많은 사람)가 주니어의 관리 기술 개발을 돕고, 주니어는 기술을 더 잘 활용하는 팁을 제공하는 역멘토링을 시도할 수도 있다. 일부 회사에서는 젊은 사람들(심지어 십 대)로 구성된 "그림자 이사회"를 구성해 제품과 운영 방식에 대한 새로운 시각을 얻기도 한다.

지식 공유는 여러 가지 방식으로 이뤄질 수 있다. 예를 들어, 회의에 10분간의 디지털 세션을 포함시켜 디지털 팁과 요령을 공유할 수 있다. 또는 정기 회의를 열어 팀원들이 서로 교육하는 방식으로 진행할 수도 있다. 많은 고객이 새로운 기술에 대해 동료를 돕는 디지털 앰배서더 그룹을 구성하고 있다. 앰배서더 커뮤니티와의 협력은 새로운 기술 사용을 장려하고 기술 채택을 촉진하는 가장 효율적인 방법 중 하나이므로 모든 회사에서 우선적으로 고려해야 한다. 전 HP 이사인 루 플랫$^{Lew\ Platt}$은 이 아이디어를 다음과 같은 전설적인 인용구로 정리했다.

"HP가 알고 있는 것들을 HP가 안다면, 세 배 더 수익성이 높아질 것이다."

코호트^{Cohort} 기반 학습은 우리가 개발 프로그램에서 사용하는 또 하나의 검증된 방법이다. 이 방법은 정기적인 회의, 프로젝트 작업 및 지식 공유 등을 사용한다. 참여자는 공동의 동기부여, 다른 동료와의 새로운 인맥, 그리고 귀중한 노하우를 가지고 떠난다. 늘 가용한 전통적인 온라인 과정과 달리, 코호트 기반 프로그램은 명확한 시작과 끝이 있어 사람들이 적극적으로 참여하도록 동기가 부여된다. 이러한 프로그램은 다양한 회사의 수십 명 또는 심지어 수백 명의 참여자를 대상으로 개설될 수 있으며, 특정 부서나 팀에 맞춤화된 내부 버전도 제공할 수 있다.

커뮤니티는 단순히 이야기를 교환하고 파트너십을 형성하는 플랫폼 그 이상이다. 커뮤니티는 다른 회사 사람에게 자신의 작업을 선보일 수 있는 기회를 제공한다. 내 생각에 커뮤니티에 직극적으로 참여하는 개인들은 주도적이며 열정적인 사람의 전형이다. 그들은 더 넓은 네트워크를 가지고 있으며, 새로운 인재를 회사로 유치할 수 있고, 고용주의 브랜드를 홍보하는 데 도움을 줄 수 있다. 만약 두 후보자 중 한 명이 커뮤니티의 적극적인 구성원이라면 나는 주저 없이 그 후보자를 선택할 것이다.

프리랜서로 일해 주변에 팀이 없다면, 커뮤니티와 그룹 프로그램이 원하는 지식에 접근하고 도움을 줄 수 있는 사람과 연결해 주는 훌륭한 방법이 될 것이다. 멘토를 찾거나 다른 사람에게 조언을 구할 수 있으며, 현재 자신의 경력 경로와 관련된 주제에 대해 지식 공유 세션을 조직하는 주도적인 역할을 할 수도 있다.

> **학습 및 개발 팀: 조직의 인재 육성**
>
> **디지털 영웅**
>
> 시장에서 가치를 높이고 싶다면 디지털 홍보대사가 되는 것을 고려해 보라. 미래 지향적인 기업은 이러한 사람, 즉 "각 팀의 최고 디지털 책임자"가 필요하다. 그래서 우리 회사는 "디지털 영웅 및 ACA – AI 코치 및 홍보대사 프로그램"과 같은 프로젝트를 시작했으며, 이는 가장 빠르게 인기 있는 교육 프로그램 중 하나가 됐다.
>
> 디지털 홍보대사는 기술에 대한 깊은 이해와 이를 통해 동료들의 생산성을 향상시킬 수 있는 통찰력을 가지고 있다. 그들은 다른 사람에게 영감을 주고, 교육하며, 안내할 수 있다. 그렇기 때문에 그들에게 IT 전문성은 가장 중요한 요소가 아니다. 대신, 진정으로 중요한 것은 그들이 새로운 것을 배우려는 의지가 있고, 일상 사용자가 이해할 수 있는 방식으로 설명할 수 있는 능력이 있어야 한다는 것이다.

3. 학습은 실제로 재미있을 수 있다

개인 성장에 있어 가장 중요한 동기 중 하나는 호기심이다. 질문을 하고 답을 찾고자 하는 열망, 실험하고 탐구하며 주변 세계를 더 잘 이해하고자 하는 충동은 인간에게 자연스러운 것이지만 시간이 지남에 따라 점차 사라질 수 있다. 그 이유는 무엇일까? 나이가 들어가면서 실패에 대한 두려움, 게으름, 증가하는 의무감, 때때로 주변 환경의 지원 부족 등 다양한 도전 과제가 나타나기 때문이다. 그렇다. 그렇기 때문에 성인조차도 지원과 격려가 필요하다. 다행히도 우리는 새로운 학습 전략을 시도함으로써 이러한 도전 과제에 맞설 수 있다.

새로운 기술과 새로운 작업 방식은 실습 경험 없이는 통달할 수 없다. 이는 특히 AI에 해당하는데, AI는 전형적인 소프트웨어와 다르게 작동하기 때문이다. 그렇기에 사용하려는 각 스마트 도구의 작동 방식과 한계를 파악해야 한다. 최근 마이크로소프트와 링크드인의 AI에 관한 최신[2] 보고서에 따르면 실험은 AI의 파워 유저가 되는 것과 상관이 있다. "파워 유저는 AI 사용 방법을 다양하게 실험할 가능성이 68% 더 높으며, 실제로 이것이 파워 유저가 될지 여부를 예측하는 가장 중요한 요소가 된다."

AI 파워 유저가 되는지 여부의 #1 예측 요소: 실험

따라서 새로운 앱이나 AI 모델을 탐색하고 싶다면 소규모 프로젝트로 배포해 보라. 이 과정에서 당신이 느끼는 흥미가 클수록 좋다. 동료나 친구를 초대해 함께 실험하는 것도 좋다. 그렇게 하면 두려움이나 긴장을 덜 수 있다.

고텐부르크Gothenburg 대학의 한 연구[3]에서는 사람들이 새로운 작업 방식과 관련된 변화를 어떻게 대하는지 살펴봤는데, 이는 앞선 개념을 뒷받침하고 있다. 변화 초기에 경험하는 강렬한 감정은 연습을 통해서만 제거될 수 있는데, 실제 프로젝트에서 학습을 결합하고 진행 상황에 대해 질문할 수 있는 사람이 있다면 당신의 행동에서 빠르게 가시적인 결과를 확인할 수 있다. 그리고 이 과정은 훨씬 더 즐겁게 느껴진다.

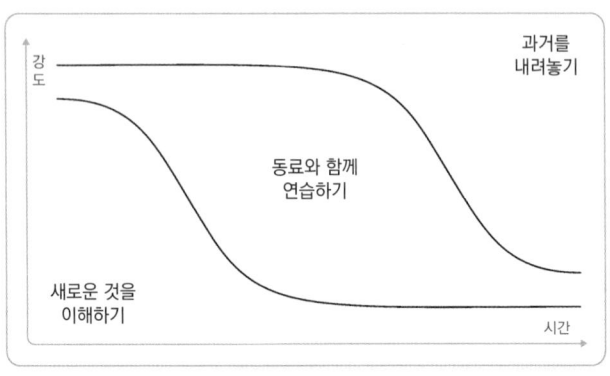

이는 전환적 변화에 대처하는 세 가지 겹치는 과정이다.

이 외에도 디지털 코치를 고용하거나 기술 애호가들로 구성된 커뮤니티에 소속되는 것으로도 같은 효과를 기대할 수 있다. 가장 중요한 목표인 아이디어를 보다 빠르게 결과로 전환하는 데 도움을 줄 수 있기 때문이다.

덜 전통적인 교육 방식도 매우 효과적이다. '퍽업 나이츠Fuckup Nights'라는 행사를 들어본 적이 있을 것이다. 이 행사는 사람들이 자신의 가장 큰 실패를 발표하는 자리이다. 우리 또한 비슷한 행사를 조직했지만, "실패의 아침 식사"와 같은 보다 기업 친화적인 명칭을 사용한다. 이러한 행사는 사람들이 새로운 비즈니스 영역을 탐험하는 데 필요한 자신감을 주며, 실수는 학습 과정에서 불가피하고 자연스러운 부분이라는 점을 분명히 하게 도와준다. 게다가 대개 다른 사람의 실패담을 듣는 것은 매우 재미있기 때문에 사람들은 즐거운 시간을 보낸다.

또한 해커톤이나 프롬프트 배틀prompt battle 등, "잠재력을 향상시키는 방법" 장에서 언급된 다른 행사에 참여하거나 이를 조직할 수도 있다. 우리는 학습을 즐겁게 하고, 더 빠르고 효과적으로 배울 수 있게 도와주는 모든 것을 시도해 볼 가치가 있다.

> **학습 및 개발 팁: 실행을 통한 학습**
>
> "디지 챌린지" 프로젝트
>
> 새로운 도구나 작업 방식에 숙달되려면 실습을 통해 직접 경험하고 수고를 무릅써야 한다. 그래서 우리는 교육 프로그램에 가능한 한 많은 실용적인 연습과 실제 프로젝트를 통합하려고 노력한다. "디지 챌린지" 프로젝트 역시 참가자가 "IES" 개념과 관련된 도전 과제를 함께 수행하는 방식을 지원한다.
>
> 참가자의 경험을 보면 사람이 그렇게 많은 수업을 필요로 하지 않음을 분명히 알 수 있다. 그들이 진정으로 필요로 하는 것은 자기 개발을 위한 시간을 마련하려는 다짐이다. 여기에 약간의 창의적인 도전 과제를 혼합하고, 공동체 의식을 형성하며, 약간의 친근한 경쟁을 추가하면 사람들은 프로세스 자동화와 같은 주제에도 흥미를 느끼게 된다.
>
> 도전해 보거나 공개 챌린지에 등록하고 싶다면 www.digichallenge.org를 방문해 보라.

모든 것은 야망에서 시작된다

사람을 불안하고 스트레스받게 만드는 것은 무엇인가? 일이 많은 것도 그렇지만 미완성된 일들이 머리 위에 쌓여 있을 때도 그렇다[4]. 이것은 사람이 학습할 시간이 부족하다고 느끼고 점점 늘어나는 할 일 목록에만 집중하게 만든다. 비록 그들은 AI에 대한 뉴스 덕분에 새로운 기술 사용을 더 많이 생각하기 시작했지만, 여전히 너무 바빠서 실제로 활용하지는 못하고 있다.

그러나 이 책을 읽고 있다면, 시간은 찾는 것이 아니라 만드는 것이라는 것을 이미 알고 있을 것이다. 따라서 시간 부족으로 어려움을 겪고 있다면 더 야심 찬 접근 방식을 시도해 볼 수 있다. 예를 들어 제한된 시간 안에 학습할 기회를 부여하는 것이다.

- 한 주 안에 더 나은 AI 프롬프트를 작성하는 방법을 배운다.
- 다음 달에 우리 팀은 온라인 프로세스 자동화 과정에 참여할 것이다.
- 우리는 이틀 간의 워크숍을 진행하고 회사 데이터를 정리할 것이다.

당신은 해결하려는 도전 과제를 보다 야심 차게 설정할 수도 있다. 어떤 고객은 자신의 혁신 아이디어를 추진할 수 없다고 불평했는데, 그 이유는 회사가 기존 프로세스에 너무 얽매여 있었기 때문이었다. 특히 대기업에서 근무하는 경우에는 자주 있는 일이다. 하지만 그는 좌절감을 느끼고 있었고, 나는 그를 가능한 한 도와주고 싶었다. 그리고 몇 번의 논의를 거쳐 그의 인식을 재구성하는 좋은 접근 방식을 찾아냈다.

먼저 문제를 명확하게 표현하는 작업을 시작했다. 문제를 제대로 이해하기 전에는 작업을 시작할 수 없기 때문이다. 문제는 다음과 같이 정의됐다. "실행에 옮길 수 있는 아이디어 수를 어떻게 늘릴 수 있을까?" 그런 다음, 다른 고객들이 같은 문제를 어떻게 다뤘는지 보여주고 상담을 위한 연락처를 제공했으며, 몇 가지 유용한 문제 해결 기법을 제안했다[5]. 몇 주 후에 다시 만났을 때, 그는 완전히 다른 사람이 돼 있었다. 그는 팀과 함께 브레인스토밍한 아이디어로 가득 찬 화이트보드를 보여줬고, 다른 회사와의 경험 공유에 대해 이야기했으며, 마지막으로 회사의 경영 회의에서 발표할 내용을 상담하고 싶다고 했다.

일은 그저 게임에 불과하다. 전체적 관점에서 바라보면 모든 종류의 문제를 처리하는 전략을 더 쉽게 생각해 낼 수 있으며, 이러한 사고방식은 상황이 어려울 때도 동기부여에 도움이 될 수 있다. 문제를 해결하거나 새로운 것을 배우는 것이 실제로 즐거울 수 있으며, 생각보다 훨씬 덜 힘들게 느껴질 수도 있다. 게다가 그 과정에서 훨씬 더 많은 재미를 느낄 수 있다.

그러므로 아직 용기를 내지 못한 일들에 대해 야망을 가지고 도전하는 것을 두려워하지 말라. 용기는 생각보다 더 쉬울 수 있으며, 무엇보다도 그럴만한 가치가 있다.

장기 출산 휴가 후 복귀한 동료 하나[Hana]에 대해 언급하며 그녀가 내 활동을 조직하게 됐다고 말했을 때 중요한 세부 사항 하나를 빼먹었다. 하나는 매우 빠르게 우리의 꽤 많은 디지털 도구를 사용하는 법을 익혔다. 그녀는 어떤 적응 훈련에도 참석하지 않았지만 디지털 코치에게 도움을 요청할 수 있었고, "모든 것에 대한 앱이 있다. 모든 것에 대한 정보가 있다. 모든 것에 대해 이야기할 사람이 있다"는 개념을 수용했다.

시간이 지나 몇 주 후, 그녀가 다음과 같은 메시지를 보냈을 때 매우 기뻤다.

"필립, 오늘 저는 다소 울컥합니다. 지난 한 달 반 동안 제가 배운 모든 것을 되돌아보니 말이죠. 당신에게는 모든 것이 당연하게 보일지 모르지만, 저에게는 글자 그대로 세계와 업무 접근 방식을 완전히 바꿔 놓는 시간이었습니다."

이는 다시 한번 우리에게 중요한 것은 경험과 지식의 양이 아니라 배우려는 의지, 새로운 것에 도전하려는 태도, 그리고 오늘보다 내일 더 나아지기 위해 노력하는 것임을 상기시켜 줬다.

핵심 요약

1. AI와 스마트 도구의 급속한 발전은 지속적인 학습의 사고방식을 채택하는 것이 필수적임을 보여준다. 사람들은 관련성과 생산성을 유지하기 위해 "업무 흐름 속에서 배우기"와 "적시 학습"에 집중해야 한다.
2. AI 기반 도구는 가정교사와 조언자로 기능할 수 있으며, 이는 교육을 모두에게 접근 가능하게 만든다. 이러한 도구는 개인화된 피드백을 제공하고 문제 해결을 도와주며, 원하는 장소 또는 그곳에서 학습할 수 있도록 지원한다.
3. 학습은 다른 사람과 함께 할 때 더 효과적이고 즐거워진다. 멘토링, 코칭, 지식 공유 세션, 집단 기반 학습 및 커뮤니티에서의 적극적인 참여는 기술을 성장시키고 연결을 촉진하는 훌륭한 방법이다.
4. 호기심은 개인 성장의 주요 동력이다. AI 도구를 통한 실험을 수용하는 것은 능숙한 AI 사용자로 성장하고 AI의 잠재력을 최대한 활용하는 데 필수적이다. 새로운 기술과 업무 방식을 마스터하기 위해서는 실질적인 경험이 필수적이다.
5. 실패 공유 이벤트를 조직하거나 해커톤 및 프롬프트 배틀에 참여하는 등 비정형 학습 방법을 도입하는 것은 학습을 더욱 즐겁고 효과적으로 만들 수 있다.

실천 과제

1. AI 챗봇과 같은 학습 도구를 활용해 커뮤니케이션 피드백을 얻거나 팀 정보 공유를 위한 전문 도구를 실험해 보라. 발표 자료가 공유되고 접근 가능하게 하며, 오류 메시지 스크린샷도 함께 공유하도록 장려하라. 팀 채팅에서 공유된 링크의 요약을 자동으로 생성하는 도구도 고려해 보라.

2. 실험과 공유를 위한 공간을 마련하라. 시간이 없다고 느낀다면 새로운 스마트 도구를 테스트할 정기 세션을 일정에 추가하라. 또는 당신이나 팀에게 중요한 주제에 대해 깊이 탐구할 수 있는 하루를 헌신하라.
3. 성공과 도전 과제를 적극적으로 공유할 수 있는 지역 또는 온라인 커뮤니티에 참여하라. 적절한 커뮤니티가 없다면 주도적으로 시작해 보라.

IV.
새로운 작업 방식

자신의 방식으로 일하고 살기 위한 방법

13. 회의 없음. 마감일 없음. 직원 없음

사힐 라빈기아Sahil Lavingia는 실리콘 밸리에서의 성공을 꿈꾸며 살고 있었다. 그는 대학 1학년을 마치고 두 명의 친구와 함께 사진 공유를 위한 새로운 소셜 네트워크 스타트업에 합류하고자 중퇴했다. 이 결정은 매우 현명한 선택이었는데, 그 스타트업은 곧 수십억 달러의 가치를 지닌 유니콘 기업인 핀터레스트Pinterest가 됐기 때문이다.

여기서 라빈기아는 첫 번째 모바일 앱 개발을 맡았다. 그는 단순히 코드를 작성한 것이 아니라 일부 그래픽 디자인도 했다. 그러나 일이 너무 많아 힘들어했고, 일부 작업을 아웃소싱할 방법을 고민했다. 하지만 안타깝게도 그는 갈 곳이 없었고, 그 경험이 검로드라는 온라인 마켓플레이스를 만들 아이디어를 줬다. 검로드는 사람들이 이미지, 전자책, 소프트웨어와 같은 디지털 콘텐츠를 쉽게 판매할 수 있도록 돕는 플랫폼이다. 처음에는 부업으로 시작했지만 호평을 받기 시작하자 직장을 그만두고 전념하기로 결정했다.

누군가가 핀터레스트와 같은 잘나가는 스타트업을 떠나 자신의 프로젝트에 몰두하기 시작하면 투자자들의 이목이 집중된다. 검로드는 거의 800만 달러를 유치했고, 라빈기아는 순조롭게 나아갔다. 그는 뉴스에 자주 등장했고, 자금도 넉넉했으며, 그의 스타트업은 미친 듯이 성장하고 있었다. 그러나 그 상황은 곧 끝이 났다.

스타트업 세계에서 용납되지 않는 것이 하나 있다면, 성장하지 않는 것이다. 사실 느리게 성장하는 것조차 의구심을 불러일으킬 수 있다. 검로드는 정기적으로 사용자 수가 두 배로 증가했지만, 지출도 급증하고 있었기에 더 많은 투자자가 필요했다. 그러나 투자자는 쉽게 나타나지 않았다. 라빈기아는 회사를 어떻게 할지 고민해야 했다. 그는 회사를 폐쇄

하고 남은 투자금을 반환한 후 새롭게 시작할 수도 있었다. 또 다른 옵션은 인수가 용이하도록 회사 모양을 바꾸는 것이었다(적어도 팀을 위해). 그러나 이 두 가지 옵션은 검로드를 주 수입원으로 삼고 있는 고객들에게 피해를 줄 것이고, 라빈기아는 그렇게 하고 싶지 않았다. 그래서 그는 세 번째 길을 선택했다. 바로 회사를 축소하고 가능한 한 지속 가능한 방식으로 나아가는 것이었다. 그리고 곧 이 결정이 적중했음이 드러났다.

그가 이를 실현하기 위해서는 비즈니스에 대한 사고방식을 완전히 변화시켜야 했다[1]. "내게는 더 이상 성장만이 목표가 아니라 '자유가 최우선'이 됐다."

그는 사무실을 없애고 직원 대부분을 해고했으며 코딩 작업은 인도 공급업체에 외주로 맡겼다. 시간이 지나면서 그는 독특한 관리 스타일을 개발했는데, 전통적인 기업 성과 지표에 집중하는 대신 창작자들이 검로드에서 벌 수 있는 돈을 극대화 하는 단 하나의 목표를 추구하는 것이었다. 이는 간단하고 측정 가능하며 고객을 최우선으로 두는 것이다. 또한, 직원들이 어떤 프로젝트에 집중해야 할지를 결정하는 데 용이하다. 게다가 검로드가 각 판매에 대해 수수료를 받기 때문에, 회사의 수익은 창작자의 수익과 함께 증가한다.

제 갈 길을 가라

라빈기아는 자신의 블로그에서 수십억 달러 규모의 회사를 세우는 데 "실패"했던 경험과 지속 가능하고 수익성 있는 비즈니스를 구축해 나가는 과정을 솔직하게 서술했다. 그의 글 중 "회의 없음. 마감일 없음. 직원 없음"이라는 제목의 포스트[2]는 검로드가 어떻게 운영되는지를 잘 보여준다. 검로드에서는 비동기식 소통을 지향하므로 "회의 없음"이라는 문구는 단순한 구호가 아니다. 대부분의 정보는 잘 문서화돼 있으며[3], 온라인으로 접근할 수 있다. 직원들은 신뢰받으며 자신이 무엇을 작업할지 선택할 자유를 가진다. 이들은 플랫폼에서 창작자가 더 많은 콘텐츠를 판매할 수 있는 최선의 방법을 알고 있기 때문이다. 라빈기아의 표현을 빌리면, "새로운 직원이 회사에 합류하면 다른 직원들과 마찬가지로 노션 대기열에 접속해 작업을 선택하고, 필요한 경우 명확한 지침을 요청하면서 일을 시작한다"라고 한다.

검로드는 다른 면에서도 독특한 운영 방식을 취한다. 사람들은 이 회사를 "창작자로 가득 찬 회사"라고 부르기도 하는데, 그 이유는 구체적이고 의미 있는 아이디어가 제안되면 즉시 협업을 시작하기 때문이다. 가장 인상적인 점은 "어떤 대가를 치르더라도 자유를 보장하는" 그들의 전략을 실현하는 방식이다.

자신의 일에 집중하면서도 여가 시간에 좋아하는 다른 활동을 하고 싶다면, 보통 두 가지 선택지가 있다. 정규직으로 일하면서 밤이나 주말에 열정을 쏟을 시간을 억지로 만들어내거나, 위험을 감수하고 프리랜서로 전환하는 것이다. 그러나 검로드는 다른 방식을 취한다. 이들은 직원에게 주 업무와 다른 열정적인 활동들 사이의 균형을 맞출 기회를 제공한다.

이러한 유연한 근무 환경은 2018년 시드 야다브$^{Sid\ Yadav}$가 팀에 합류하게 된 주요 요인이었다. "나는 주당 20~35시간 계약 근무를 하면서 주 며칠은 아이디어를 구상하고 다음 프로젝트를 준비할 수 있었다." 덕분에 2년 후 그는 커뮤니티 플랫폼인 서클^{Circle}을 창업할 수 있었다. 사힐 라빈기아는 야다브의 벤처에 투자하며 지원을 아끼지 않았다.

검로드는 정규직 직원 없이 운영되며, 모든 구성원은 서로의 수입을 투명하게 공유하고 어디서든 근무할 수 있다. 그러나 주당 첫 20시간에 대해서만 전액 보상을 받으며, 그 이상 근무 시 시간당 보수는 절반으로 감소한다. 검로드는 추가적인 복리후생을 제공하지 않지만, 극도의 유연성과 높은 급여를 보장한다. 이는 많은 이에게 화려한 사무실, 무료 간식 등 다른 혜택보다 더 중요하며, 가족, 친구, 개인 프로젝트 또는 자원봉사에 시간과 에너지를 할애할 수 있도록 돕는다.

이제 내가 왜 검로드를 사랑하는지 이해할 것이다. 그들의 가치관이 노 워크 개념과 완벽하게 일치하기 때문이다. 검로드는 열심히 일하는 것을 금지하지 않지만, 대부분의 사람이 현실에서 존재하지 않는다고 생각하는 진정한 워크-라이프 밸런스를 가능하게 한다. 따라서 당신이 비즈니스를 운영하거나 팀을 이끌고 있다면 경쟁자와는 완전히 다른 방식의 근무 환경을 구축하고 이를 통해 인재를 끌어들일 수 있다. 또한 직원으로서도 원격 근무와 스마트 도구를 활용해 원하는 커리어를 만들어갈 수 있다.

더 이상 과거처럼 아홉 시부터 다섯 시까지 사무실에 앉아 있을 필요가 없다. 진정으로 중요한 것은 가치를 창출하는 것이다. 이제 AI와 새로운 근무 방식 덕분에 그 가치를 절반의 시간에 제공할 수 있다고 상상해 보자. 혹은 그 가치를 여러 직원이나 고객에게 동시에 전달할 수 있다면 어떨까? 우리는 순식간에 몇 배가 넘는 가치를 이야기하게 된다.

이 장의 제목은 모든 회의를 취소하고 깊이 고민하지 않은 채 직장을 그만두고 프리랜서가 되라는 의미가 아니다. 이 장, 그리고 이 책 전체는 스스로의 방식대로 일을 할 수 있다는 사실을 상기시키기 위한 것이다.

일, 비즈니스, 그리고 그 사이 모든 것

나의 부모님은 특정 직업을 강요하지 않으셨고, 학교에는 무엇을 원하고 필요로 하는지 상담해주는 진로 상담사조차 없었다. 내 재능을 어떻게 활용할 수 있을지에 대해서 아무도 관심을 가지지 않았다. 당시 학교에서는 창업에 대해 가르치지 않았기에 성공적인 삶으로 가는 유일한 길은 분명해 보였다. 좋은 학교에 진학하고 잘 알려진 회사에 들어가 기업 내에서 승진하는 것이다.

좋은 성적과 뛰어난 소통 능력 덕분에 모두 내가 법학을 전공할 것이라 당연시 여겼다. 실제로 나는 법학을 공부했고 석사 학위까지 받았지만 결국 다른 일을 하게 될 것 같다는 확신이 있었고, 이후 고객 서비스에서 시작해 영업을 거쳐 마케팅에 이르렀다. 하지만 항상 2년도 채우지 않고 퇴사했는데, 처음에는 이를 실패로 느꼈다. 그러나 이내 전통적인 고용 형태가 나에게 꼭 맞는 것은 아닐 수 있다는 것을 깨닫고 나만의 길을 걷기 시작했다. 믿어도 좋다. 길은 정말 많다. 여기서 내가 전하고 싶은 조언은 이것이다. 경력에 대한 걱정을 멈추고 어떻게 일하고 살고 싶은지에 집중하라.

예전에는 사람들이 한 직장에서 3년을 일하곤 했다.
하지만 이제는 동시에 세 가지 일을 하고 있다.

과거에는 한 직장에서 최소 3년은 일하라는 조언이 흔했다. 그러나 새로운 커리어 모델의 등장으로 이제 사람들은 동시에 세 가지 직업을 가질 가능성도 생겼다. 현재 자신에게 맞는 모델을 찾기 위해 다양한 방식을 시도하는 것은 그리 복잡한 일이 아니다.

생계를 위한 가장 일반적인 모델은 여전히 한 회사에서 한 직장만을 유지하는 것이다. 그러나 점점 더 많은 사람이 부업을 추가하고 있다. 극단적인 경우로는 여러 회사에서 동시에 일하는 "과다 고용" 관행이 있는데, 이는 주로 재정적 독립을 신속히 이루기 위해서거나 그 자체의 스릴을 위해서 행해진다. 물론 이러한 방식은 원격 근무가 가능할 때만 실현 가능하기 때문에, 주로 IT, 고객 지원, 영업 등 사무직에서 나타난다.

법적, 도덕적 측면을 제쳐두고, 이러한 사람들이 어떻게 업무를 최적화하려 노력하는지를 보는 것은 흥미롭다. 예를 들어, 다음은 이러한 업무량을 처리하는 방법에 대한 여러 가이드 중 하나[4]다.

1. 매일 한 가지 작업을 완료하라. 그러면 스탠드업 회의에서 할 말이 생긴다.
2. 참석할 필요가 없어도 최대한 많은 회의에 참여하라. 이렇게 하면 자신의 역할 외의 일도 파악할 수 있다. 기여를 요구받을 가능성은 적지만 다른 사람이 수다를 떠는 동안 몰래 다른 일을 하면서 정보를 얻을 수 있다.
3. 회의가 겹치는가? 피할 수 없다면 "지금 마무리 중이니 30분 뒤에 만납시다" 외에는 아무 말도 하지 마라. 과하게 생각하거나 변명을 하지 마라. 의심을 살 수 있다.
4. 당신이 정말 일을 잘한다면 철저하게 평범해져라. 당신의 평범함이 다른 사람에게는 최선으로 여겨질 수 있으며, 이는 고용을 유지하게 해준다. 한 직장을 우선으로 삼고 나머지 두 직장은 유지하는 수준을 찾는 것이 여기의 핵심이다.
5. 제발 책상 환경을 업그레이드하라.

좀 더 일반적이고 강도가 덜한 접근 방식은 한 회사에서 일하면서 부업을 병행하는 것이다. 우리 전문가 커뮤니티에서는 종종 주요 기업의 전문가들이 업무에 활력을 더하고 전문 지식을 공유하며, 다른 곳에서 무슨 일이 벌어지고 있는지 파악하려고 기여하는 것을 볼 수 있다. 한편 우리의 교육 프로그램에서는 "자신만의 일을" 시작하고 싶어 하는 사람을 자주 만난다. 어떤 이는 가르치는 일에서 만족을 찾고, 또 어떤 이는 행사 기획을 즐긴다. 많은 사람이 추가 수입을 원하거나 필요로 하지만, 단순히 금전적인 이유 때문만은 아니다. 이들은 단지 책상 앞에 앉아 있는 것 이상의, 디지털 세계와는 단절된 실질적인 무언가를 갈망한다. 실제로 나는 블루베리 농장을 운영하는 은행 직원과 치유 의식을 시작한 정치인을 알고 있다.

궁극적으로 자신의 사업을 꿈꾸는 사람은 많다. 그리고 그 꿈에는 다양한 이유가 있다. 자신의 열정을 직업으로 삼고 싶거나, 스스로 상사가 되고 싶거나, 수동적 수입원을 즐기거나, 상당한 수익을 올리고 싶을 수 있다. 사업은 종종 검로드처럼 작은 사이드 프로젝트로 시작되곤 한다. 전통적으로 회사를 창립하고 직원을 고용하는 방식만이 사업을 시작하는 방법이었던 시대는 지났다. 점점 더 많은 사람이 자신을 위해 일하는 데서 행복을 찾고 있는데, 그 이유는 누구에게도 답할 필요 없이 자신의 방식대로 일을 하면서도 충분한 생계를 유지할 수 있기 때문이다.

미래가 어떻게 전개될지는 아무도 정확히 알 수 없다. 어쩌면 소수의 기술 대기업이 세상을 지배할지도 모른다. 혹은 정반대로 수많은 소규모 창업자가 번창하며 훌륭한 제품과 서비스를 창출하고 자신만의 규칙에 따라 살아갈지도 모른다. 어느 쪽이든 우리는 삶을 중심으로 일을 설계해야 한다. 그 반대가 돼서는 안 된다.

스타트업 업계 초창기에는 투자자가 *라이프스타일 비즈니스*를 좋아하지 않는다는 말을 자주 들었다. 라이프스타일 비즈니스란 창업자와 소수의 인원을 부양할 정도의 수익을 창출하지만, 급성장해 인수되거나 상장돼 큰 수익을 낼 가능성은 낮은 사업을 의미한다. 개인적으로 나는 라이프스타일 비즈니스를 좋아한다. 내게 라이프스타일 비즈니스는 좋은 삶과 동의어다. 좋은 삶으로 이어지지 않는 일에 시간과 에너지를 투자하는 게 무슨 의미가 있겠는가?

이는 단지 돈에 관한 문제가 아니다. 원하지 않더라도 반드시 지켜야 하는 약속들로 일정이 가득 차 있다면, 아무리 많은 돈이 있더라도 진정으로 가진 것을 누리기는 어려울 것이다.

일자리 재구성

매달 수만 달러가 계좌로 입금된다고 상상해 보라. 무엇을 하고 싶은가?

아마 오늘과는 완전히 다른 일을 시작할 수도 있고, 일을 줄이거나 봉사에 시간을 쓸지도 모른다. 하지만 대부분은 아마도 돈과 상관없이 자신에게 더 의미 있는 일에 몰두하고 싶을 것이다. 고객 중 한 명은 자신의 직장 내 업무 대부분을 자동화해 같은 회사에서 다른, 더 의미 있는 프로젝트를 수행하고 있다.

당신 또한 무슨 일을 하든, 왜, 어디서, 누구와 함께 할 것인지 등 일을 자신의 방식대로 설계하고 싶어질 것이다. 이를 가리키는 용어도 있는데, 바로 일자리 재구성job crafting이다.

어떤 사람은 월요일부터 수요일까지만 일하기를 원할 수 있고, 어떤 사람은 몇 달 동안 세계를 여행하며 시간을 보내고 싶어할 수도 있다. 어떤 사람은 사무실에서 성과를 낼 수 있지만, 다른 사람은 라스팔마스Las Palmas, 치앙마이Chiang Mai, 툴룸Tulum 같은 디지털 노마드 명소의 공유 사무실에서 창의적인 사람들 사이에 있을 때 성과를 낼 수도 있다. 참고로 나는 모든 사람이 이런 경험을 최소한 한 번쯤 해봐야 한다고 생각한다.

좋은 소식은 이런 삶을 위해 유산이나 매달 수만 달러가 필요하지는 않다는 것이다(물론 이런 것이 있으면 도움이 되겠지만). 이를 실현할 수 있는 다른 방법도 있다. 필요한 것은 올바른 기술을 익히고, 전문가처럼 협상하는 법을 배우는 것이다.

당신은 현재 주택담보 대출을 갚고 있거나 직장을 바꾸기에 적절한 시기가 아니라고 주장할지도 모른다. 하지만 솔직히 말해 보자. "완벽한" 때라는 것이 존재하는가? 많은 국가가 사상 최저의 실업률을 기록하고 있으며, 일부 시장에서는 인력 부족 현상까지 겪고 있다. 게다가 해당 국가에 거주하지 않더라도 그 나라의 회사에서 일할 수 있다!

이는 단 하나의 의미를 갖는다. 당신은 기회로 둘러싸여 있다는 것이다. 그리고 이미 언급했듯이, 창작자로서 우리는 기회를 찾지 않고 스스로 만들어내야 한다.

연구[5]에 따르면 사람이 '좋은 직업'에 대해 이야기할 때 단순히 급여만 고려하지는 않는다. 그들은 다음과 같은 요소도 중요하게 생각한다.

- 의미 있고 목적 있는 일 수행
- 현대적 도구 사용
- 유연한 근무 시간
- 출퇴근 없이 재택근무 가능
- 근무 시간보다 성과로 평가받기
- 고용주의 신뢰
- 불필요한 회의를 줄이고 몰입 작업에 더 많은 시간 확보
- 훌륭한 팀

누군들 이런 조건을 원치 않겠는가? 솔직히 말해서 저 목록의 모든 항목을 갖고 있는 사람은 드물 것이다. 그러나 중요한 점은 우리 모두 잠시 시간을 내어 이 항목들 중 무엇이 진정으로 중요한지 생각해 보고 이를 실현하기 위해 노력해야 한다는 것이다.

가끔 한발 물러서서 자신의 일을 평가해 본 적이 있는가? 스스로에게 다

음 질문6을 던지는 것만으로도 충분할 수 있다.

- 지난주 내 일이 나를 설레게 했는가?
- 매일 나의 강점을 최대한 발휘했는가?
- 내가 잘하고 좋아하는 일을 하고 있는가?

만약 망설이고 있다면 일자리 재구성을 시작할 때다. 기업가가 사업을 구축하듯 자신의 일을 설계하며 세 가지 핵심 요소에 집중하라.

업무 구성하기: 지루한 작업은 기술에 맡기고, 자신을 흥분시키고 만족감을 주는 프로젝트에 집중하라. 동료에게 마감 기한을 상기시키는 일이 지겨운가? 그들을 대신 추적할 자동화 시스템을 만들어 보라. 마케팅 팀이 고객 행사를 제대로 조직하지 못해 답답한가? 직접 웹세미나를 주최하거나 같은 목표를 달성하면서도 즐길 수 있는 다른 아이디어를 떠올려 보라.

관계 구성하기: 사무실 사람과 잘 맞지 않는다면 다른 자리로 옮겨 앉아 보라7. 아니면 에너지를 북돋아 줄 영감을 주는 사람들로 가득한 공유 사무실 센터를 이용해 보는 것도 좋다. 멘토를 찾거나, 신입 동료를 위한 행사를 기획하거나, 커뮤니티에 참여해 보라. 관계는 저절로 생기는 것이 아니다. 직접 노력해야 한다.

업무 스타일 구성하기: 자신의 일정에 맞춰 일할 수 있는가, 아니면 고정된 근무 시간에 얽매여 있는가? 상사는 당신을 신뢰하며 원격 근무를 허용하는가, 아니면 반드시 사무실에 있어야 한다고 고집하는가? 프로젝트를 자신의 방식대로 관리할 수 있는가, 아니면 상사가 끊임없이 간섭하는가? 이러한 질문은 일자리 재구성에서 가장 중요한 요소일 수 있다. 업무 스타일을 미세하게 조정할 수 있을 때, 이는 맡은 과제나 관계 전반에 걸쳐 긍정적인 영향을 미친다.

업무에서의 더 큰 자유

이상적인 업무 환경에서는 출퇴근 시간을 신경 쓰지 않는다. 몇 주 동안 해외에서 일하거나, 길 건너 카페에서 할 일을 처리할 자유가 있다.

이런 자유를 한번 경험하고 나면 그런 유연성을 제공하지 않는 회사에서는 더 이상 일하기 어려워진다. 하지만 걱정할 필요는 없다. 이는 단순히 언제 어디서든 원격으로 일할 수 있는 선택권뿐 아니라, 자신의 방식대로 일할 수 있는 자유를 의미하기 때문이다. 원격 근무가 단순한 근무 형태가 아니라 라이프스타일이라고 말하는 것은 우연이 아니다. 프리랜서는 종종 일보다 일상의 삶을 중심으로 업무를 구성한다. 왜 모두가 이런 사고방식을 채택할 수 없는 것일까?

과거에는 어디서나 일할 수 있다는 것이 자영업자에게나 해당되는 이야기였으나 코로나가 닥치면서 상황은 바뀌었다. 나는 15년간 다양한 규모의 조직과 협력하며 경영진에게 직원들의 원격 근무를 허용하도록 설득하려 했지만 성공하지 못했다. 그러나 봉쇄가 시작되고 며칠이 지나자 이것이 더는 문제가 되지 않았다.

데이터[8]에 따르면 하이브리드와 원격 근무에 대한 관심이 증가하고 있다. 팬데믹 이전에는 구인 광고 중 재택근무 가능성을 언급한 비율이 1% 미만이었다. 그러나 3년 후, 그 비율은 15%로 증가했다.

이 모든 변화가 직업 시장을 글로벌 무대로 바꾸고 있다. 기업은 전 세계에서 인재를 찾고 있으며 점점 더 많은 기업이 본사로의 이전을 요구하지 않고 있다. 또한 프리랜서와의 협력에도 더 개방적이 돼, 독립적으로 일하는 사람에게 더 많은 선택지를 제공하고 있다. 여름에는 스웨덴에서, 겨울에는 태국에서 지내며 달러를 벌면서 일하는 것을 어떻게 생각하는가?

에어비앤비^Airbnb와 같은 기술 대기업은 해외에서 일하는 디지털 노마드가 플랫폼을 통해 예약하는 장기 숙박 수요 증가에 대응해 왔다. 사이버 보안 기업 젠^Gen은 직원에게 사무실과 원격 근무의 자유를 제공하고 있으며, 독일의 에너지 대기업 이온^E.ON은 직원이 매년 몇 주 동안 유럽 내 어느 국가에서든 근무할 수 있도록 허용하고 있다.

내 모든 회사는 절대적인 자유라는 원칙을 따른다. 우리는 무제한 휴가를 제공하며, 언제 어디서 일하는지 신경 쓰지 않는다. 이 자유는 우리의 가장 큰 혜택 중 하나다. 누구도 지금 일하지 않는다는 사실이나 독특한 장소에서 일하고 있다는 사실을 숨길 필요가 없다. 누군가가 화상 통화 중에 스키 헬멧을 쓰고 있다면, 나는 오직 눈의 상태가 좋은가 궁금할 뿐이다.

그러나 이런 종류의 업무 자유가 모두에게 맞는 것은 아니다. 따라서 자신의 우선순위를 명확히 하는 것이 중요하다. 어떤 사람은 돈에 의해 동기 부여를 받을 수 있는 반면 다른 이는 자유를 가장 소중하게 여길 수 있다. 핵심은 다양한 업무 방식을 실험해 보고, 자신, 고용주, 그리고 고객에게 모두 적합한 균형을 찾는 것이다. 자신이 원하는 바를 파악했다면, 이제 이를 어떻게 요청할지 아는 것만 남는다. 다행히도 이는 경험을 통해 충분히 배울 수 있다.

일에서 자유를 찾고 싶은가?	
장점	단점
• 은퇴를 기다리지 않고도 삶을 즐길 수 있다. • 겨울에는 바닷가에서, 여름에는 시원한 오두막 그늘에서 일할 수 있다. • 생활비가 훨씬 낮은 지역으로 이사할 수 있다. • 주말의 특별함이 사라지고, 일요일 저녁의 두려움도 없어지게 된다. • 가족, 취미, 친구와 더 많은 시간을 보낼 수 있다.	• 예상보다 더 많은 시간을 일거리 없이 집에서만 보내게 될 수 있다. • 업무와 개인 생활이 뒤섞여 사실상 항상 일하는 상태가 될 수 있다. • 연구에 따르면, 원격 근무자는 출근하는 직원들에 비해 번아웃(burnout)을 경험할 확률이 더 높다. • 일부 사람은 자신의 노력이 눈에 띄지 않아 승진 기회를 놓치고 있다고 느낄 수 있다.

노 워크 이상을 실현하기 위한 세 가지 선택지는 다음과 같다.

1. 현재의 근무 방식을 미세 조정하기
2. 동일한 고용주나 고객과 함께 일하면서 근무 방식을 변경하기
3. 새로운 경력 경로를 받아들이기

과정 중에 다음을 고려하라.

- 무엇을 하고 싶은가?
- 누구를 위해 하고 싶은가?
- 어떻게 하고 싶은가?

무엇을 하고 싶은가?

현재의 일이 만족스럽지 않다면 변화를 고려할 때다. 다른 부서나 회사의 사람과 교류해 그들의 일상 업무, 직업에서 좋아하는 점, 그리고 그들을 지치게 하는 요인에 대해 알아보라. 이와 같은 대화를 쉽게 나눌 수 있는

더 큰 커뮤니티에 참여하는 것도 유용하다.

너무 많은 짐을 안고 있지 않다면, 전혀 다른 종류의 일을 시도하는 것을 두려워하지 말라. 컨설팅에서 HR, IT에서 프로젝트 관리까지, 새로운 기술을 배우고 역량을 확장해 거의 모든 것을 할 수 있는 비즈니스 '10종 경기 선수'가 돼라.

고객 중 한 명은 더 명성 있는 조직에서 비슷한 직책을 제안받았지만 그 제안을 거절해 나를 놀라게 했다. 그녀는 이렇게 말했다. "정확히 무엇을 해야 할지 알게 됐어요. 바로 그 제안 때문에 하고 싶지 않았던 거죠. 새로운 것, 다시 배워야만 하는 무언가를 시도하고 싶었어요."

누구를 위해 하고 싶은가?

대기업에서 일하는 것이 만족스러운가, 소규모 기업의 일원이 만족스러운가? 회사나 프리랜서에게 서비스를 제공하고 싶은가? 자신의 방식대로 일하는 것을 좋아한다면 작은 회사에서 더 큰 만족감을 느낄 가능성이 크다. 반면에 명확하게 정의된 절차와 규정을 중시하는 사람이라면 대기업이 더 잘 맞을 수 있다. 각 회사는 조금씩 다른 게임을 하고 있으며, 이 게임이 당신이 좋아하고 잘할 수 있는 게임인지 명확히 하는 것이 중요하다.

다양한 유형의 회사에서 경험을 쌓는 것은 단순히 자신의 강점을 발견하는 데 그치지 않는다. 디지털 제품을 직접 개발하거나 프리랜서로 서비스를 제공하고자 할 때 이러한 환경이 어떻게 운영되는지를 이해하는 것은 제품을 만들고 판매하는 데 매우 유용할 수 있다.

어떻게 하고 싶은가?

자신의 이상적인 작업 방식을 정확히 설명할 수 있는가? 어떤 기술을 보유하고 있으며, 디지털 도구와 정확히 어떻게 협업하며, 선호하는 근무 형태는 무엇인가? 사무실 근무, 원격 근무, 또는 혼합형인가? 만약 출퇴근이 맞지 않는다면, 원격 근무를 지향하는 직무 공고를 찾으면 간단하다. 반대로 고용주가 모두 사무실에 출근하기를 요구한다면, 이를 굳이 고려할 필요는 없다. 그러나 그 중간 지점이라면 협상을 시도해 볼 수 있다. 예를 들어 이렇게 말할 수 있을 것이다.

"달라스Dallas에서 근무할 사람을 찾고 있다는 점은 이해합니다. 다만 저는 몇 년째 원격 근무를 해 왔고, 귀사의 팀에 합류하게 된다면 이 방식을 유지하고 싶습니다. 회의 참석이나 정기적인 사무실 출근 일정 설정은 충분히 고려할 수 있습니다. 저는 프로젝트 협업 도구에 익숙하며, 비동기식 소통에도 능숙하고, 인터넷 연결도 매우 안정적이어서 온라인 회의에 문제가 없습니다. 몇 달간 원격 근무로 시도해 보고, 상황을 살펴보는 건 어떨까요?"

기억하라. 창작자는 일을 구걸하지 않는다. 그들은 높은 품질의 서비스를 제공하고 상호 이익이 되는 관계를 구축한다. 그렇기 때문에 완벽한 협업 방식을 협상하는 것이 전적으로 적절하다.

나는 스스로를 진로 상담사로 여기지 않지만, 고용주, 직원, 계약자, 고객의 관점에서 직접 목격한 몇 가지 검증된 팁을 제공하고자 한다.

1. 일을 처음부터 끝까지 완수하라

기술에 능숙하다면 여러 사람의 일을 동시에 처리하고 프로젝트를 처음부터 끝까지 관리할 수 있다. 이는 고용주와 고객 모두에게 엄청난 가치를 제공한다. 만약 당신이 내가 팟캐스트에서 구상 중인 행사를 완벽히 조직해 줄 수 있다면 곧바로 청구서를 보내도 좋다.

근무 조건을 협상할 때도 마찬가지다. 명확한 계획을 제시하며 추가 가치를 제공하고("재택근무를 허락해 주시면, 자동화 작업으로 다른 사람들을 도울 시간을 확보할 수 있습니다.") 수습 기간까지 제안하는 경우라면, 상사가 이를 거절하는 일은 없을 것이다.

2. 사람들의 삶을 단순하게 만들어라

따르는 사람이 많은 흥미로운 이들과 일하고 싶지만, 그들은 매우 바쁠 가능성이 크다. 따라서 서비스를 제안할 때는 그들의 문제를 덜어주고 있다는 확신을 줘야 한다. 채용 과정에서 그들에게 일을 더해주는 대신 미리 그 일을 수행하라. 고객 중 한 명이 대형 은행의 명망 높은 직위에 지원할 때 이 방법을 활용했다. 그가 2차 면접을 기대하고 있다고 말했을 때, 나는 즉시 그를 멈추게 했다. "2차 면접이 무슨 소리인가요? 많은 지원자 중 하나가 되고 싶진 않겠죠!" 그후 나는 그에게 해당 직책을 어떻게 접근할 것인지, 무엇을 먼저 시작할 것인지 구체적으로 작성하라고 조언했다. 즉, 지금 당장 그 직무를 스스로 만들어 미래 상사의 업무를 간소화하라는 것이다. 바쁜 사람이 진정으로 필요한 것은 바로 당신의 일 덕분에 걱정거리가 줄어드는 것이다. 채용이 끝난 후, 그는 실제로 그 자리를 얻었고 이 조언이 효과적임을 입증했다.

이는 신규 고객을 대할 때도 마찬가지다. 친구 중 한 명은 교육 프로젝트를 설계하는 데 재능이 있는데, 그는 프로젝트 하나는 물론, 전체 사업을 맡아 새로운 수익성 높은 제품을 개발할 수 있다. 그가 어떻게 이를 실현할 수 있을까? 그는 자신 덕분에 사업주가 아무런 걱정 없이 지낼 수 있을 것이라고 설득한다. 그러면서 "단지" 수익의 일부만 자신에게 지불하면 된다고 말한다. 다시 한번 강조하자면, 상사나 고객의 일을 더 쉽게 만들어줄수록 더 좋은 결과를 얻을 수 있다.

3. 자신을 파는 법을 배워라

어떤 사람은 자신을 잘 표현하는 타고난 재능이 있지만, 대부분은 이를 배워야 한다.

이를 위한 첫 단계는 자신의 시장 가치를 이해하는 것이다. 간단한 요령으로, 현재 연 수입에 30%를 더해보라[9]. 이는 대략적으로 당신이 고용주에게 매년 비용을 얼마나 발생시키는지를 의미한다. 꽤 큰 숫자이지 않은가? 공급업체가 당신이나 당신의 회사에 부과하는 요금도 확인해 볼 수 있다. 이러한 숫자를 염두에 두고 다음번에 연봉 협상을 하거나 부업 시간당 요금을 말하는 것에 참고하라. 그런데 일부 관리자가 팀원이 게으름 피울까 걱정하면서도 외부 계약자들에게는 완전한 신뢰를 보내는 것을 본 적이 있는가?

늘 대면으로 협상하고 판매해야 했던 시대는 지났다. 오늘날은 내성적인 사람과 대안적인 소통 방식을 선호하는 사람에게 황금기다. 일부 회사는 이제 100% 비동기적으로 운영되며, 주로 문서 소통에 의존한다. 개인적으로 나는 이런 방식으로 일하는 것을 좋아하는데, 이는 나에게 생각할 시간을 주고 내 아이디어를 명확히 설명하며 링크, 문서, 심지어 영상까지 추가해 가치를 더할 수 있기 때문이다.

자신의 기술을 판매하거나 평판을 쌓는 일은 잠재적인 고용주 앞에 앉아 있거나 새로운 고객과 대화할 때 시작되는 것이 아니다. 이는 빙산의 일각에 불과하며, 모든 일은 자신을 눈에 띄게 만드는 것에서 시작된다. 예를 들어 요청받지 않고도 업무를 완수하거나, 다른 사람이 꺼리는 프로젝트를 맡는 것이다. 물론 소셜 미디어에서 개인 브랜드를 구축하거나, 웨비나 컨퍼런스에서 발표하고 전문 커뮤니티에 적극적으로 참여하는 것도 큰 도움이 된다.

플랜 B를 갖추는 것도 현명하다. 새로운 직장이나 프로젝트를 찾는 데 도움을 줄 수 있는 연락처와 지인 네트워크를 마련하는 것이다. 이들은 다른 부서의 동료나 업계 행사에서 만난 사람이 될 수 있다. 이를 플랜 B라고 부르는 이유는 가장 성공적인 협상은 결과에 지나치게 연연하지 않을 때 이뤄지기 때문이다. 너무 애쓰면 오히려 실패로 이어지기 쉽다는 점에서 데이트와 비슷하다.

더 많은 돈을 버는 방법

2022년, 미국 스타트업 스트라이프는 전 세계 십 대들이 자신의 사업을 시작할 수 있도록 지원했다. 이에 초기 사용자들은 텍사스에서 만든 통기성 좋은 운동화, 리투아니아의 지역 상점 쇼핑 앱, 터키의 수경 재배 허브 기기 등 다양하고 독창적인 제품을 선보였다. 이러한 프로젝트를 둘러보는 것은 사람들에게 큰 활력을 줬다. 이 책의 많은 아이디어는 기회를 인식하고, 다른 사람들이 원하는 것을 파악하며, 문제의 해결책을 모색하고 개선하는 기업가적 사고방식과 밀접하게 관련돼 있다. 자신의 사업을 운영하는 것은 자신의 선호에 맞춰 일을 조정할 수 있는 가장 효과적인 방법 중 하나다.

창업 초기에 나는 마케팅 컨설팅을 제공했다. 사실상 나 혼자 모든 것을 처리했기 때문에 제대로 된 사업이라 부르기도 어려웠다. 그러나 시간이 지나면서 나는 접근 방식을 다르게 보기 시작했다. 회사 웹사이트용 온라인 채팅 서비스가 등장하는 것을 보고 기회가 있음을 직감한 것이다. 나는 그런 앱 중 하나의 개발자에게 연락해 "화이트 라벨white label" 솔루션을 만들기로 협의했는데, 이는 이 앱을 내 브랜드로 제공한다는 의미였다. 이를 통해 처음부터 모든 것을 새로 구축하지 않고도 나만의 제품을 가질 수 있었다. 나는 이를 커스터머 포인트Customer Point라고 명명했고, 텔레포니카Telefónica와 같은 통신 대기업의 지역 지사를 포함해 여러 고객에게 성공적으로 판매했다. 그 순간 나는 기업가적 사고방식이 얼마나 중요한지 깨닫게 됐다. 이 사고방식 덕분에 어디에서나 기회가 보였다.

이 사고방식의 훌륭한 예는 데릭 시버스의 이야기다. 1990년대에 그는 작은 음반사를 운영하며 자신의 가게에서 CD를 판매[10]하기 위해 유니버설 코드 협회Universal Code Council에서 바코드를 발급받아야 했다. 발급 수수료는 750달러로 상당히 비쌌지만 최대 10만 개의 제품에 사용할 수 있는 코드를 생성할 수 있었다. 시버스는 이 계정을 이용해 친구들에게 바코드를 만들어 줄 수 있다는 점을 깨달았다. 소문이 퍼지면서 그는 코드당 20달러를 청구하기 시작했다. 이 단순한 아이디어는 12년에 걸쳐 무려 200만 달러의 수익을 창출했다.

우리 주변에는 이러한 기회가 무수히 많으며 매일 새로운 기회가 생겨나고 있다. 과거 사람들이 상품을 구매해 이윤을 붙여 팔았듯이 오늘날의 영리한 창작자는 스마트 도구를 사용해 가치 있는 서비스를 구축하고 이를 고객에게 판매할 수 있다. 예를 들어, 영국의 카트야 바르바노바Katya Varbanova는 그래픽 디자인 도구 캔바를 위한 템플릿을 판매해 부수입을 얻고 있다. 사실 "부수입"이라는 표현은 과소평가일 뿐이다. 그녀는 이 방법으로 백만 달러 이상을 벌어들였다[11]. 또 다른 예로, 아칸소Arkansas의 목사 래리 룬드스트롬Larry Lundstrom은 AI를 이용해 스타트업을 위한 프레젠테이션을 생성해 월 만 달러 이상의 수익[12]을 창출하고 있다.

시간을 돈으로 교환하는 것을 초월하기

경영학의 구루 피터 드러커Peter Drucker에 따르면 사업의 정의는 간단하다. 바로 "타인의 돈"이다. 즉, 사업을 한다는 것은 다른 사람이 기꺼이 돈을 지불하고자 하는 무언가를 제공하는 것이다. 그 "무언가"는 다양한 방식으로 수익화할 수 있다. 일부는 컨설팅이나 정원 설계 지원과 같이 시간을 돈으로 교환하는 방식이며, 일부는 온라인 강의나 디지털 템플릿과 같은 자신의 제품을 판매하는 것이 있다.

자신의 업무 가치를 높이고 시간과 돈을 교환하는 개념을 넘어서고 싶다면 이러한 옵션을 조합하는 것이 효과적이다. 예를 들어 맞춤형 교육 프로그램을 원하는 고객이 있을 때 그들에게 디지털 기술 평가(제품)라는 설문 및 평가 서비스를 추가로 제공하거나, 회사가 디지털 비전 개발 워크숍을 예약할 때 단순히 워크숍(서비스)만 판매하는 것이 아니라 참가자들이 워크숍 전에 미리 학습할 수 있는 교육 자료(제품)도 함께 제공하는 것 등이 있다.

새로운 스마트 도구는 제품이나 서비스를 창출하는 데 있어 게임 체인저 역할을 한다. 자신만의 강의를 하고 싶은가? 이때 AI가 워크숍 구조를 준비하고, 프레젠테이션 디자인을 만들며, 링크드인에 올릴 일련의 홍보 게시물을 생성할 수 있다. 직원 신입 교육 템플릿을 판매하고 싶은가? 템플릿을 만들고 튜토리얼을 녹화한 뒤, AI를 통해 다양한 언어로 번역할 수 있다. 맞춤형 가구 제작에 관심이 있는가? 고객의 선호를 받아 AI가 각 가구에 맞는 맞춤형 벽지 패턴이나 장식 요소를 무한히 디자인할 수 있다.

가장 중요한 것은 "무엇을" 할 것인지 결정하는 것이다. 나머지를 위한 도구는 이미 모두 갖춰져 있다.

무엇을 해야 할지 모르겠는가?

AI에게 당신의 전문성을 어떻게 수익화할지 물어보라. 몇 문장으로 자신의 기술, 최근 프로젝트, 그리고 고객이 당신의 작업에서 높이 평가하는 점을 설명하라. 이때 대면 미팅이 어려운 점과 같은 제한 사항도 언급할 수 있다. 또는 드로 길(Dro Gill)이 한시간 스타트업(The One Hour Startup)[13] 프로젝트에서 했던 것처럼 AI에게 전체 회사를 설계하게 할 수도 있다. 그러면 AI가 비즈니스 기회를 찾고 시장을 조사하며, 제품 아이디어를 구상하고 마케팅 캠페인과 그 사이 모든 것까지 계획해 줄 것이다.

자본을 보유하고 있고 빠르게 성공하고자 한다면 기존 프로젝트를 인수해 발전시키는 것도 하나의 방법이다. 이런 과정을 지원하는 플랫폼으로 Acquire.com이 있다. 이 플랫폼은 기업가 앤드류 가즈데키(Andrew Gazdecki)가 설립한 마켓플레이스로 수백 개의 프로젝트를 탐색할 수 있다. 만약 자신의 기술과 도구를 활용해 이러한 프로젝트 중 하나를 성장시킬 수 있다고 생각된다면, 단 30일 만에 그 프로젝트를 자신의 것으로 만들 수 있다.

아니면 간단하고 소소하게 시작해 보라. 예를 들어, 프롬프트베이스(PromptBase)와 같은 마켓플레이스에서 미리 만들어진 프롬프트를 구입 후, 이를 자신만의 제품으로 변환할 수도 있다. 어린이 이야기를 생성하는 프롬프트와 예쁜 그림을 생성하는 프롬프트를 구매했다고 가정해 보자. 이를 통해 맞춤형 이중 언어 어린이 이야기를 제작하는 서비스나 제품을 만들 수 있다. 부모는 아이가 좋아하는 캐릭터를 보내면 두 가지 언어로 된 아름다운 이야기 전자책을 받을 수 있게 되는 것이다.

자신의 기술을 판매 가능한 무언가로 바꾸는 방법은 무궁무진하다. 이제 핵심 아이디어를 이해했을 것이라 믿는다. 중요한 것은 노 워크 개념의 근본에 있는 사고방식, 창의성, 그리고 원칙이다.

이 원칙 중 하나는 자신의 기술을 투입 시간에 상관없이 가치 있는 무언가로 변환하는 것이다. 이러한 메커니즘은 정규직일 때도 작동한다. 이 경

우, 회사 내부에서 활용할 수 있는 유용한 자산을 만들어내는 방식으로 자신을 돋보이게 할 수 있다.

인사HR 담당자가 할 수 있는 일은 다음과 같다.

- 신규 직원 신입 교육을 더 쉽게 만들어주는 체크리스트 템플릿 작성
- 직원들이 AI 활용 모범 사례를 공유할 수 있는 플랫폼 구축
- 관리자가 직원 생일을 자동으로 알림 받도록 하는 자동화 시스템 설정

영업 담당자의 예시는 다음과 같다.

- 다른 영업 사원이 링크드인을 활용하도록 돕는 봇이나 에이전트 생성
- AI를 활용해 회의 기록을 처리하는 시스템 구축
- 신규 리드 응답을 간소화하는 자동화 프로세스 생성

이 모든 것은 확장 가능하고 당신의 업무 가치를 높이며, 이를 회사 외부의 사람에게 제공할 수 있다. 이는 금전적인 보상을 위해서든, 단순히 개인 브랜드를 구축하기 위해서든 활용될 수 있다.

더 높은 목표를 향해?

현재 직업보다 더 큰 부업을 점진적으로 구축하는 것을 막는 것은 아무 것도 없다. 앞으로 개인이나 소규모 팀이 연간 백만 달러 이상의 수익을 올리는 사례가 점점 더 많아질 것이라고 믿는다. 그들은 이 책에서 소개한 모든 트렌드, 즉 로우코드 도구, 자동화, AI 등을 활용해 이를 이룰 것이다.

내가 가장 좋아하는 기술 기업가인 그렉 아이젠버그Greg Isenberg[14]는 이러한 프로젝트가 비슷한 특성을 가질 것이라고 말한다.

- 직원 없이 AI만 활용

- 맞춤형 코드 없이 로우코드 사용
- 유료 광고 없는 커뮤니티 기반
- 벤처 자본 없는 부트스트래핑bootstrapping 방식
- 높은 현금 흐름, 낮은 스트레스
- 기술이 지원하고 창작자가 강화
- 제품 스튜디오로 운영하며 지속적인 실험
- 제품화된 서비스 또는 판매되는 제품
- 디지털 자산 또는 높은 마진의 서비스

나는 AI의 출현 이전에도 이러한 가능성을 목격했으며, 우리 프로젝트와 전 세계의 수많은 사례에서 이를 직접 경험했다. 개리 브루어Gary Brewer의 웹사이트 분석 도구는 1천4백만 달러를 창출했으며 뛰어난 사진 편집기 포토피Photopea의 제작자인 이반 쿠키르Ivan Kuckir는 연간 100만 달러 이상을 벌어들인다. 이 외에도 많은 사례가 있다.

그리고 이는 단순히 1인 기업에 국한되지 않는다. 소규모 팀도 유사하게 인상적인 수익을 올릴 잠재력을 가지고 있다. 단 4명의 직원으로 연간 400만 달러를 벌어들이는 코더패드CoderPad의 창립자와, 연간 수익이 1천 2백만 달러에 달하는 스트리밍 앱 스트림야드StreamYard의 두 창립자는 그 좋은 예시이다.

> **얼마나 벌 수 있을까?**
>
> 만약 연간 10만 달러를 벌 수 있다고 말한다면 당신에게는 많은 금액인가, 적은 금액인가? 세부적으로 나눠 보자. 그러면 그리 많지 않다는 것을 알게 될 것이다.
>
> - 연간 10만 달러
> - 월 8,333달러
> - 일일 274달러

> 이는 하루에 템플릿 10개를 판매하거나 두 번의 상담을 진행하는 것과 같다. 또한 주마다 한 번의 회사 워크숍을 개최하거나 월마다 한 번의 교육 프로그램을 진행하는 것과 같다.

이러한 이유로 나는 미래의 일이 기술을 수용하고 두려움 없이 새로운 근무 방식을 실험하는 소규모의 효율적인 팀에 속할 것이라고 믿는다. 나는 미래의 팀이 단지 세 사람, CEO, CTO, COO로 구성될 수 있다고 상상한다. 물론 AI도 함께 말이다.

심지어 대기업들도 이제 소규모의 자율 조직 팀으로 재편성하고 있다. 이는 점점 더 주목받고 있는 추세다. 소규모의 팀은 고객과 더 가까워지므로 고객의 요구를 더 잘 이해할 수 있으며, 그들은 복잡한 절차에 얽매이지 않고 가장 중요한 사항에 대해 신속한 결정을 내릴 수 있다. 또한 무의미한 회의나 실제 가치를 추구하지 않는 작업에 시간을 낭비하지 않는다.

내가 가장 좋아하는 소프트웨어 회사 중 하나인 37signals는 좋은 예시이다. 창립자 제이슨 프리드Jason Fried는 팀이 더 적은 인원으로도 놀라운 성과를 달성할 수 있으며, 끊임없는 번아웃의 위험을 겪지 않는다고 말한다[15]. 그들의 앱 베이스캠프Basecamp의 직원 수를 경쟁사와 비교해 보자. 먼데이Monday는 1,500명, 클릭업ClickUp은 1,000명, 아사나Asana는 1,600명이다. 그런데 베이스캠프는? 80명이다. 그렇다. 일부 경쟁사보다 *20배나 적은 수치다.*

만약 노 워크 동상이 있다면, 그 모양은 베이스캠프 로고일 것이다.

핵심 요약

1. 이상적인 업무 환경을 구성하는 방법은 무수히 많다. 현재 직무를 미세 조정하거나, 고용주와 새로운 근무 조건을 협상하거나, 프리랜서로 일하거나, 자신의 사업을 시작하는 방법이 있다. 핵심은 자신의 삶에 맞춰 일을 설계하는 것이지, 그 반대가 아니다.

2. 일자리 재구성은 작업, 관계, 근무 일정을 능동적으로 설계해 더 많은 만족을 창출하고 자신의 강점을 활용할 수 있도록 해준다. 이상적인 근무 환경을 협상할 때는 관리자의 삶을 더 쉽게 만들어 주는 것에 우선순위를 두고, 자신의 가치 제안을 효과적으로 판매한 후, 기여를 보여줄 수 있는 시범 기간을 제안하라.

3. 스마트 디지털 도구는 위치에 관계없이 유연한 시간으로 독립적으로 일할 수 있는 가능성을 열어줬다. 기업은 원격 근무와 혼합 모델을 수용하고 있으며, 일부는 완전히 새로운 근무 방식을 개척하고 있다.

4. 미래에는 팀원들의 소진이나 과도한 오버헤드 없이도 뛰어난 결과를 달성할 수 있도록 기술을 최적화할 수 있는 효율적인 소규모 팀에게 돌아간다.

5. 기업가적 사고방식은 기회를 발견하고 가치를 창출하는 데 매우 중요하다. 더 많은 수익을 올리는 핵심은 스마트 도구를 사용해 자신의 기술을 청구 가능한 시간에 묶이지 않는 가치 있는 제품이나 서비스로 패키징하는 것이다.

실천 과제

1. 업무 구성하기: 에너지를 소모하는 반복적인 작업 하나를 찾아내 이를 자동화할 수 있는 방법을 찾아 흥미롭고 만족스러운 프로젝트에 집중할 수 있도록 하라.

2. 관계 구성하기: 네트워크에서 영감을 주는 사람에게 연락해 커피 약속이나 화상 회의를 예약하고, 그들의 경험을 배우며 업무와 삶에 대한 통찰을 논의하라. 다른 사람이 어떤 일을 하고 있는지 알아보기 위해 모임에 참석하라.
3. 업무 스타일 구성하기: 현재의 업무 스타일을 평가하고 자신의 선호에 더 잘 맞도록 조정할 수 있는 한 가지 측면을 식별한 후, 그 가능성에 대해 관리자나 팀의 다른 구성원과 논의하라.

14. 당신의 일이 일하게 하라

나는 우연히 "말을 듣지 않는 몸을 가진 지적인 여성An Intelligent Woman in a Body That Won't Listen"이라는 제목의 기사에서 도리스Doris의 이야기를 접했다. 이 기사는 세계 소아마비의 날[1]에 게재됐다. 도리스는 소아마비로 인해 언어와 이동 문제의 어려움을 겪고 있었다. 그럼에도 불구하고 그녀는 놀랍게도 고등학교와 대학교를 졸업하는 데 성공했다. 하지만 진짜 어려움은 그녀가 직장을 찾을 때 시작됐다. 처음에는 장애인을 고용하는 회사를 지원했지만, 그곳의 일은 진정한 직업이 아니었기 때문이다. 도리스는 완전히 일반적인 직업을 원했기에 계속해서 도전했다. 이후 그녀는 장애인을 위한 일자리 찾기 프로젝트인 트러블갱Troublegang[2]에 가입했지만, 거기에서도 운이 따르지 않았다. 도리스는 아흔 개의 회사에 이력서를 보냈지만, 단 한 곳도 그녀를 채용하지 않았다. 아흔 개! 이 점이 내 관심을 끌었고, 나는 그녀에게 연락해 프로젝트 중 하나에 그녀를 고용했다. 이 경험은 내 경력에서 가장 큰 깨달음 중 하나를 안겨줬다. 왜일까? 도리스는 우리가 일하는 방식을 재정의하도록 도와줬기 때문이다.

그때는 우리가 전문가 마켓플레이스를 막 출범하려 할 때였고, 수백 명의 파트너와 계약을 체결해야 했을 때였다. 만약 당신이 이 상황에서 이렇게 많은 연락을 하게 되면 많은 사람과 대화하게 될 것이 분명하다. 그들 중 일부는 조건을 협상하기 시작할 것이고, 다른 일부는 단순히 잊어버릴 것이며, 그러면 당신은 그들을 계속 추적해야 한다. 사람들이 누군가에게 무엇인가를 상기시켜야 할 때 보통 무엇을 할까? 전화를 걸거나 이메일을 쓰는 것이다. 반복해서, 주마다 수백 번씩. 그러나 도리스에게는 이 과정이 복잡할 것이다. 사실, 그녀만이 아니라 누구도 이런 일을 하고 싶어 하지 않는다. 그래서 우리는 다른 해결책을 생각해 냈다.

우리는 단 한 번의 클릭으로 개인화된 이메일을 보낼 수 있는 자동화 시스템을 구축했고, 수십 개의 개별 회의 대신, 누구나 참여하고 질문할 수 있는 주간 웨비나를 개최하기 시작했다. 그리고 며칠 만에 현재의 사무실 앱을 연결하고 조정함으로써 대부분의 작업을 처리할 수 있는 시스템을 만들었다. 도리스는 어떻게 됐을까? 이 시스템이 마련되자 그녀의 능력은 더욱 빛을 발했다.

아이러니하게도 때때로 제약이 없다는 것이 우리를 가장 제한할 수 있다. 우리는 새벽부터 황혼까지 열심히 일하느라 일이 제대로 진행되고 있는지 고민할 여유조차 없다.

더 빠르고, 더 저렴하고, 더 나은

가득 찬 일정, 쌓여만 가는 업무, 끊임없는 알림… 우리는 항상 기술이 우리를 위해 작동할 것이라고 희망했다. 하지만 새로운 사무실 앱은 종종 더 많은 혼란과 잦은 방해를 줄 뿐이다. 그들은 항상 서로 연결돼 있는 상태이기 때문에 우리의 일은 끝날 것 같지 않아 보인다.

만약 정말로 삶을 단순화하고 싶다면 기술만으로는 부족하다. 어떻게 일하는지에 대해 의식적으로 작업을 진행하고 가능한 한 많은 작업을 단순화하고 개선하며 자동화하는 방법을 적극적으로 찾아야 한다. 그래야만 더 적은 시간에 더 많은 일을 할 수 있고, 여유를 가질 수 있으며, 기술의 잠재력을 온전히 수용할 수 있다. 이때 그 과정에서 즐거움을 느낄 수 있다면 더욱 좋을 것이다.

> **바쁘지는 않지만 바쁘고 싶으신가요?**
>
> 이 장은 일이 많고 시간이 부족하며 이를 변화시키고 싶은 사람에게 특히 유용할 것이다. 그러나 만약 당신이 이제 막 시작 단계이고 일이 느리게 진행되고 있어서

> 이 정도 문제는 아무것도 아니라 느껴진다면, 당신을 위한 조언이 있다. 할 수 있는 모든 일을 맡아라. 작은 일, 무급 일, 컨퍼런스, 자원봉사. 이는 화려하지 않을 수 있지만, 그보다 더 좋은 것을 얻을 수 있다. 인맥, 경험, 그리고 자신이 할 수 있는 일에 대한 더 나은 이해 말이다. 게다가 그런 일 중 하나에서 백만 달러짜리 아이디어를 얻거나 경력을 올바른 방향으로 이끌어 줄 수 있는 사람을 만날 수도 있다.

현대의 생산성 지침서는 대개 사람이 더 많은 일을 하고 효율적으로 일하도록 조언한다. 하지만 새로운 스마트 도구는 더 나은 작업을 수행할 수 있도록 해준다. 더 가치 있는 작업, 더 아름다운 작업. 이러한 도구는 우리의 창의력을 발휘할 수 있는 잠재력을 가지고 있으며, 고객과 동료를 놀라게 하는 데 도움을 준다.

가끔 필요한 것은 사람과 기계 모두에게 최대 효과를 끌어낼 수 있는 스마트 시스템을 구축하는 것이다.

이러한 시스템은 두 가지 수준에서 작동한다. N-WOW$^{\text{The New Way of Working}}$(새로운 업무 방식)와 D-WOW$^{\text{The Digital Way of Working}}$(디지털 업무 방식)이다.

N-WOW: 새로운 업무 방식

AI를 실험하는 사람은 종종 복잡한 프로세스와 워크플로우라는 깊이 뿌리내린 문제에 직면하게 된다. 따라서 인적 노동 없이 확장 가능한 시스템을 구축하기 전에 먼저 이러한 것들을 간소화하고 제거하는 것이 중요하다.

이것이 바로 새로운 업무 방식의 핵심이다. 이는 세 가지 기본 원칙에 기반한다.

1. **단순화**: 더 효율적으로 작업할 수 있는 시스템을 설계하라.

2. **완벽화**: 작업에 가치를 더하는 시스템을 설계하라.
3. **확장**: 더 적은 자원으로 더 많은 성과를 이룰 수 있는 시스템을 설계하라.

1. **단순화**: 더 효율적으로 작업할 수 있는 시스템을 설계하라.

나는 단순함의 힘을 수용하는 회사를 매우 좋아한다. 사우스웨스트 항공 Southwest Airlines 은 단일 항공기 전략으로 유명하며, 오직 한 종류의 비행기만을 사용한다. 이는 유지 관리, 부품 및 교육 비용을 줄인다. 이케아는 고객이 스스로 조립하는 제품을 설계함으로써 가정용 가구와 물류 개념을 단순화해 운송 및 저장 비용을 절감했다. 그중 내가 가장 좋아하는 예시는 다음과 같다. 스티브 잡스가 1997년 애플에 재합류했을 때, 제품 팀들이 얼마나 많은 일을 하고 있는지 보고 "그만둬!"라고 외치며 단 네 가지 컴퓨터 범주로 구성된 전설적인 표를 스케치한 것이다. 그 순간부터 애플은 모든 자원을 이 네 가지에 쏟았다.

	일반 소비자용	전문가용
데스크탑	아이맥(iMac)	파워 매킨토시 (Power Macintosh)
랩탑	아이북(iBook)	파워북(PowerBook)

고객 중 하나인 체코의 T-Mobile 지사는 서비스 요금제 선택에 있어 유사한 접근 방식을 취했다. 이전의 T-Mobile 여섯 개 요금제는 무려 369개 구성이었으며, 7,400개의 조합이 가능했다. 이를 설명하는 데만 100페이지가 필요했으니 새로운 직원 교육이나 관련 정보를 찾는 데 얼마나 어려움이 컸을지 상상할 수 있다. 그러던 중 미칼 드보르스키 Michal Dvorsky 가 이끄는 팀이 모든 요금제를 폐기하고 단지 37개의 옵션으로 구성된 새로

운 요금제를 만들기로 결정했다. 이는 힘든 결정이었고 많은 이해 관계자와의 소통이 필요했지만, 결과는 좋았다. 단순화된 시스템은 마케팅 캠페인에서 고객 서비스까지 거의 모든 것을 가속화했다.

이 예시는 강력한 교훈을 제공한다. 진정으로 혁신하고 작업 방식을 개선하기 위해서는 기업은 때때로 대담한 행동을 취하고 단순화를 우선시할 준비가 돼 있어야 한다는 것이다.

기업의 거대함에 관계없이 모든 시스템은 단순화될 수 있다. 이것은 자신의 워크플로우를 최적화하는 1인 기업에도 해당한다. 여기 내 작업에서의 몇 가지 예시가 있다.

- 새로운 서비스를 만들 때 "먼저 판매하고, 나중에 구축하라"는 원칙을 따른다. 이렇게 하면 원하지 않는 프로젝트에 아무도 시간을 낭비하지 않는다.
- "수십 개의 작은 결정을 하나의 큰 결정으로 대체하라"는 규칙에 따라 서비스 전반에 걸쳐 표준화된 가격을 설정했다. 고객과 가격 협상하느라 시간을 낭비하기보다는 영향력 있는 프로젝트를 함께 만드는 것이 우리의 우선 사항임을 공개적으로 전달하기 위해서다.
- 내가 직접 참석할 고객 이벤트를 사전에 결정하고, 온라인이나 아바타를 통해 참여할 수 있도록 해 팀이 모든 계획을 나의 개입 없이 처리할 수 있도록 했다.
- 나는 파란색 티셔츠만 입는다. 이 "캡슐 옷장capsule wardrobe"은 아침 시간을 절약해 주며, 비디오에 뭔가 추가하고 싶을 때 비슷한 복장을 한 내 아바타가 그 도움을 준다.

단순함은 당신의 우선순위와 함께 어떤 작업을 해야 할지, 무엇을 하지 말아야 할지 결정하는 것과 밀접하게 연결돼 있다. 그러나 많은 사람은 그렇게 생각하지 않는다. 대부분의 회사에서 프로젝트를 늦추거나 중단하는 논의는 금기시되기 때문이다. 이해할 수 있는 일이다. 사람은 자신의 작업에 애정을 갖고 있으며 어떤 것이 잘 작동하지 않는다고 인정하기를 싫어한다. 하지만 중요한 점은 이렇다. 무언가를 취소할 때마다, 이는 실제로 축하할 일이라는 것이다. 이는 진정으로 중요한 일에 더 많은 인력을 투입할 수 있음을 의미한다.

가장 성공적인 기업인 구글조차 프로젝트를 종종 중단한다. 심지어 그 회사가 종료한 프로젝트를 모아놓은 구글 무덤$^{Google\ Graveyard}$3도 있다. 2024년 초 기준으로 모두 295개의 프로젝트가 중단됐다. 고이 잠들길….

우리는 앞서 AAAI 개념을 설명할 때, 종종 우리 내면의 완벽주의가 AI에 중요한 작업을 맡기는 것을 막는다고 언급한 바 있다. 이때 이 현상을 극복하는 데 도움이 될 수 있는 단순화와 관련된 한 가지 방법이 있다. AI를 사용하고 있음을 공개적으로 인정하는 것이다. 혹은 타비두^{Tabidoo} 사람들처럼 웹사이트가 AI에 의해 번역됐다고 방문자에게 알리는 방법을 사용할 수도 있다.

이 페이지(이것 포함)는 *deepl.com*을 사용해 영어로 번역됐습니다.
우리가 정말로 존경하는 번역 기술입니다. 만약 번역 오류가 있다면 사과드립니다.

"마이크로카피microcopy는 기능을 추가하는 것보다 비용이 적게 든다."는 말은 진리다. 마이크로카피란 기술 사용자 경험을 개선할 수 있는 간단한 설명을 의미하며, 새로운 기능을 코딩으로 추가하는 것보다 훨씬 저렴하다. 그래서 우리는 모든 웹사이트에 마이크로카피 텍스트를 통합했다. 비록 노 워크라는 핵심 용어가 항상 잘 번역되지 않는 문제에 직면했지만, 단순함을 염두에 두고 이를 영어로 그대로 남기기로 결정했다. 문제 해결!

간단히 말해, 단순함은 효과가 있지만 복잡함은 모든 것을 어렵게 만들고 속도를 늦춘다. 그래서 내가 가장 좋아하는 업무 원칙 중 하나는 이전에 언급한 바와 같이 완료되지 않는 작업량을 최대화하는 노력이다.

> **마음이 끌리지 않으면 단호히 거절하라(Hell yeah or no)**
>
> 노 워크의 이상을 향한 여정은 단순히 생산성, 효율성 및 비즈니스 관련 요소에 관한 것이 아니다. 이는 우리가 하는 일을 즐기는 것에 관한 것이다. 그래서 나는 데릭 시버스의 "마음이 끌리지 않으면 단호히 거절하라."라는 규칙을 따른다. 내가 정말 좋아하는 일이면 "좋아, 바로 그거야(Hell yeah)!"라고 외치고, 그렇지 않다면 하지 않는다. 새 셔츠를 사거나 새로운 회사 프로젝트를 시작하는 것이든 말이다.

2. 완벽화 작업에 가치를 더하는 시스템을 설계하라.

조직이 새로운 업무 방식으로 전환할 때, 이는 자체 프로세스를 검토할 수 있는 훌륭한 기회가 된다. 때때로 회사는 자발적으로 이러한 작업을 수행하고 어떤 경우에는 상황에 의해 강요받기도 한다. 바로 이러한 일이 세계에서 가장 큰 사이버 보안 기업 중 하나인 젠Gen에서 일어났다.

인터뷰[4]에서 젠의 인사담당 이사는 원격 근무로 전환한 경험을 공유하며 여러 프로세스에 감사하게 됐다고 밝혔는데, 신입 교육 절차를 검토하는 과정에서 그녀의 팀은 놀라운 진실을 발견했다. 이 과정에서 모든 직원이 서로 다른 7명과 11번이나 연락해야 했다는 것이다. 이 발견 이후 그들은 즉시 프로세스를 최적화하기로 결정했다.

솔직히 이런 발견은 전혀 놀랍지 않다. 우리는 종종 고객을 위해 프로세스를 매핑하고, 사람들이 자신이 어떻게 일하는지를 *의식적으로 생각하기 시작할 때* 비로소 얼마나 많은 시간과 에너지를 낭비하고 있는지를 알게 되기 때문이다.

이것이 바로 우리가 "디지털 코치"라는 서비스를 시작한 이유 중 하나다. 이 서비스는 고객이 자신의 워크플로우를 설명하고 디지털 개선의 잠재적 영역을 식별하는 데 도움을 주기 위해 설계됐다. 이 서비스의 첫 번째 고객 중 하나는 리/맥스 부동산 사무소 네트워크였다. 그들의 교육 책임자는 에이전트가 고객과 작업할 때 얼마나 많은 불필요한 작업에 직면하는지를 자주 이야기해 줬다. 그리고 그는 우리를 그들의 첫 번째 사무소와 연결해 줬고, 우리는 부동산 구매 및 판매 과정을 단계별로 살펴봤다.

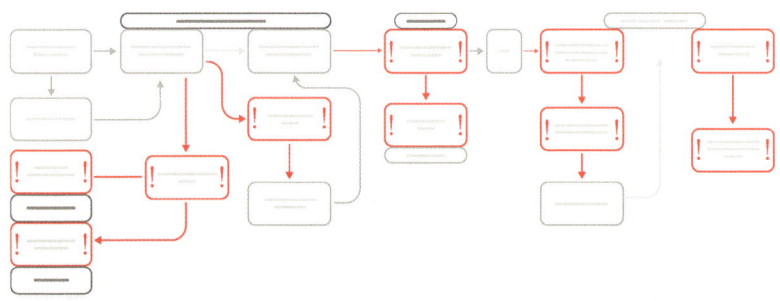

세부 사항은 중요하지 않으며 공개할 수도 없지만, 각 단계를 강조한 부분에 주목하라. 인간의 행동이 필요한 활동은 검정색으로 표시돼 있고, 앱은 회색으로 표시돼 있다. 가장 흥미로운 것은 빨간색(!)이 표시된 단계들

로, 이 모든 단계는 자동화하거나 개선할 수 있다. 그림을 보면 거의 절반에 해당하는 것을 볼 수 있다.

업무 프로세스를 개선하는 나의 접근 방식은 전 에어비앤비의 최고 디자인 책임자였던 알렉스 슐라이퍼Alex Schleifer의 말에서 영감을 받았다. 그는 "제품과 서비스 방식을 혁신하지 않고서는 이를 창조하는 방식을 혁신할 수 없다"고 말했다[5]. 나는 이러한 혁신이 모든 부서에 필요하다고 믿는다.

스티븐 코비Stephen Covey의 유명한 저서『성공한 사람들의 7가지 습관The Seven Habits of Highly Effective People』(김영사, 2017)에 익숙하다면, 정기적으로 "날을 갈아야 한다"는 것, 즉 우리의 마음과 도구를 돌보는 것이 얼마나 중요한지를 이해할 것이다. 디지털 시대에는 이 원칙이 더욱 중요하다. 당신이 글로벌 기업의 관리자이든, 목수이든, 시청 직원이든 관계없다. 또 서비스에서 약간의 개선을 원하든, 시장 도전자 수준으로 올라가 10배 더 많은 직원[6]을 얻고자 하든 상관없다. 그저 당신이 하는 모든 것을 개선하고 완벽하게 하기 위해서는 세 가지 주요 영역에 집중해야 한다.

1. **장애물과 장벽 제거하기**
   - 이메일 문의를 줄이기 위해 연락처 양식을 개선하라.
   - 대기 시간을 최소화하기 위해 의사 결정 프로세스를 변경하라.
   - 사람들이 자주 어디서 무엇을 찾아야 할지 질문하지 않도록 데이터를 정리하라.

2. **현재의 워크플로우 업그레이드하기**
   - 사람들이 한 앱에서 다른 앱으로 데이터를 복사할 필요가 없도록 앱을 연결하라.
   - 고객의 질문에 신속하게 답변할 수 있도록 웹사이트에 AI 챗봇을 구현하라.

- 제품 구매 후 고객을 위한 비디오 인사말을 업로드하라.

3. 모든 것을 AI로 강화하기
    - 생성형 AI로 만든 벽지 디자인으로 가구를 향상시키는 목수
    - 일반 시민 문의에 대한 응답을 자동화하는 공무원
    - AI에 데이터를 입력해 종합 감사보고서를 받는 기술자
    - 은행의 연결재무제표로부터 지불 세부 정보를 추출하는 회계사
    - 각 학생에게 맞춤형 숙제를 생성하는 교사

주저하지 말고 바로 실행하라!

자동화나 프로세스 개선에 대한 아이디어가 있는가? 그렇다면 지금 바로 아이디어를 적거나 시도해 보라. 또는 피버나 업워크를 방문해 도움을 줄 수 있는 사람을 찾아보라. 이것은 그렇게 어렵지 않다. 그저 원하는 워크플로우와 사용하는 앱을 설명하기만 하면 된다. 이렇게 하면 당신은 몇 시간 내에 제안서를 받을 수 있으며, 그중에서 작업이나 상담을 맡길 사람을 선택할 수 있다. 그들을 실제로 고용할지 여부와 관계없이, 이 시점에서 당신은 이미 대부분의 사람보다 더 많은 일을 한 것이다.

3. 확장: 더 적은 자원으로 더 많은 성과를 이룰 수 있는 시스템을 설계하라.

한때 나는 전 지점의 지원 업무를 하는 은행원들을 대상으로 워크숍을 진행한 적이 있다. 방 안의 모든 사람은 끊임없이 바쁘며 과중한 업무에 압도당하고 있다는 것에 동의했다. 그들에게 자신의 업무를 자세히 설명해 달라고 요청했을 때, 그들은 보고서 작성부터 직원 교육까지 모든 일을 하나하나 처리하며 약 12개의 지점을 관리하고 있다고 말했다. 그때 내가 가장 좋아하는 질문을 던졌다. 만약 10배 더 많은 지점을 관리해야 한다면, 당신은 무엇을 할 것인가?

방 안은 에너지로 가득 차 있었다. 한 관리자는 "창문으로 뛰어내리는 게 낫겠다"고 털어놓았다. 하지만 나는 해결책을 찾아보자고 고집했다. 그러자 아이디어가 쏟아지기 시작했다.

- "매달 모든 지점에서 보고서를 작성하고 본사에 보내고 있어요. 하지만 이렇게 많은 지점이 있다면 이를 자동화해야겠죠."
- "모두에게 업데이트가 필요할 때마다 각 지점에 가서 전직원과 회의를 진행합니다. 만약 10배 더 많은 지점이 생긴다면 저는 모두가 볼 수 있는 비디오를 녹화하고, 세부 사항에 대해 온라인으로 논의할 것입니다."
- "직원 교육을 조직하는 것은 바쁜 관리자를 끊임없이 쫓아다니는 것을 의미합니다. 그러니 이제 우리의 이-러닝 e-learning 플랫폼을 사용하고, 동료 지원을 위한 홍보대사 프로그램을 만들어야겠어요."
- "지점에서 사람들이 자꾸 저에게 질문을 보내고 있습니다. 시스템에서 뭔가를 찾지 못해서요. 저는 이를 정리하고 더 잘 구성할 것입니다."

이제 요점을 이해했을 것이다. 그들은 진작 이러한 작업을 수행했어야 한다! 왜 수동으로 보고서를 작성하고 있는가? 왜 디지털 작업 환경을 조정하지 않고 있는가? 이것이 바로 작업을 확장하는 것이 중요한 이유다. 인력을 더 고용하거나 직원에게 초과 근무를 강요하지 않고도 용량을 늘릴 수 있게 해주기 때문이다. 그러니 미리 생각하고, 아직 확장할 필요가 없다고 생각하더라도 확장을 시작하는 것이 필요하다.

처음부터 모든 것을 자동화할 필요는 없다. 대신, 먼저 수동으로 프로세스를 다듬고 몇 차례 조정한 후에 자동화하는 것을 추천한다. 이것이 내가 로우코드 도구를 좋아하는 이유 중 하나다. 이 도구는 작업을 매우 빠르게 미세 조정할 수 있도록 해주며, 확장을 위한 준비가 가능하게 만들어준다.

나는 프로젝트를 위해 누군가를 찾아야 했을 때, 고용 대행사를 이용하는 대신 링크드인 네트워크를 실험해 보기로 했다. 지원자가 10명, 100명, 아니면 1,000명일지 전혀 알 수 없었지만 일반적인 채용 절차를 피하면서 모든 상황에 대비하고 싶었다. 나는 소셜 미디어에 게시글을 공유하고 지원자들의 기본 정보를 입력할 수 있는 양식이 있는 블로그 링크를 제공했다. 이후, "주도권을 잡아라" 장에서 언급된 것과 유사한 작은 과제를 소개하는 지원자들의 비디오 링크를 받았다. 제출된 자료는 흥미롭고 재미있어서 수동으로 평가했지만, 물론 수량이 더 많았다면 AI를 사용했을 것이다. 이후 마지막 단계로, 선정된 지원자에게 비디오 설문을 보내고 그들의 답변을 검토한 후, 상위 3명의 후보를 선택해 회의를 설정했다.

이 시스템이 마련되자, 지원자가 10명이든 1,000명이든 상관없게 됐다. 이것이 바로 확장의 마법이다.

OHIO: 같은 벽돌을 두 번 들지 말라

폭스바겐 그룹은 아우디, 포르쉐, 그리고 내 고향의 대표 브랜드인 스코다를 산하에 두고 있으며, 스코다^{Skoda}는 오랫동안 우리에게 가장 큰 고객 중 하나였다. 그래서 스코다 아카데미의 10주년 기념행사에서 연설해 달라는 초대를 받았을 때 매우 기뻤다. 그런데 행사 세부 사항을 논의하는 온라인 회의 중, 회사 대표는 별안간 전통적인 프레젠테이션 대신 미완성 인트라넷 사이트를 사용한 것에 대해 사과했다. 가장 먼저 든 내 생각은 "왜 사과하는 거지?"였다. 오히려 모두가 이렇게 일했으면 좋겠다는 생각이 들었다! 끝없는 프레젠테이션의 반복 대신 모든 것을 처음부터 인트라넷에 업로드하는 것은 현대 업무의 가장 유용한 원칙 중 하나인 OHIO$^{Only\ Handle\ It\ Once}$, 즉 "한 번만 해라"를 잘 보여준다.

내가 이 원칙을 고객에게 언급했을 때, 그는 벽돌공인 아버지가 항상 자신에게 했던 말을 이야기해줬다. "벽돌을 가져올 때, 같은 벽돌을 두 번 들지 않도록 쌓아라."

OHIO를 이보다 더 잘 설명할 수는 없다. 만약 벽돌을 잘못된 곳에 쌓으면 여러 번 이동해야 할 것이기 때문이다. 그러나 벽돌에는 한 가지 "장점"이 있다. 무겁기 때문에 모두가 벽돌을 어디에 둘지 두 번 생각한다는 점이다. 하지만 불행히도 우리 대부분은 무게가 없는 디지털 벽돌로 작업하고 있다. 그러니 우리는 그저 벽돌을 이리저리 옮길 뿐이다. 같은 글을 반복해서 쓰고, 같은 것을 설명하고, 같은 질문에 답한다. 그러나 만약 이 글이 벽돌로 가득 찬 카트라면, 우리는 즉시 이 문제를 해결할 방법을 생각하기 시작할 것이다.

> **우리 회사에서 이러한 원칙을 적용하는 법**
>
> 1. 기업 개발 프로그램을 제공하기 시작했을 때, 우리는 프로그램 개요를 담은 프레젠테이션을 만들어 관심 있는 고객에게 보냈다.
> 2. 두 번째 단계에서는 노션에 모든 정보를 정리해 맞춤형 프로그램 제안을 쉽게 작성할 수 있도록 했다. 우리는 불필요한 작업을 최소화하기 위해 관심이 확인된 후에만 모든 세부 사항을 다루기로 결정했다.
> 3. 이 시스템을 바탕으로 고객이 자신의 프로그램을 설계하고 비용을 계산할 수 있는 양방향 양식을 만들었다.
> 4. 현재는 고객과 나의 아바타가 간단한 대화를 나눈 후, 이 대화를 기반으로 개인화된 교육 프로그램 제안서를 생성하고 보내는 시스템을 개발하고 있다.

OHIO는 실제로 어떻게 작동하는가?

- 나는 2분 규칙을 따르며, 어떤 일이든 2분 이내에 끝날 수 있다면 즉시 처리한다. 고객이 전화로 제안서를 보내달라고 요청하면 전화를 끊자마자 그 문서를 보낸 후 머릿속에서 지워버린다.
- 누군가 우리 과정에 대한 질문을 하면, 그 답변을 FAQ 페이지에 추가하고 다음번에는 그 페이지 링크를 보내준다. 이렇게 하면 같은 질문에 반복해서 답할 필요가 없다.
- 비슷한 텍스트를 세 번째 작성할 때는 키보드 단축키에 저장해 마지막으로 작성했음을 확실히 한다.
- 개인 비디오 메시지[7]와 일반적인 프레젠테이션을 결합해 고객에게 새로운 서비스를 소개한다. 이렇게 하면 각 고객을 위한 메시지를 개인화하면서도 효율성을 유지할 수 있다.
- 과정 참가자가 과제를 제시간에 제출하지 않으면, 먼저 직접 알리고 그 후 즉시 자동 설정해 친절한 알림을 자동으로 전송한다.

나는 개인 생활에서도 OHIO 원칙을 적용한다. 스팸 메일이 끊임없이 쏟아지는 것에 지쳐서 전화에 음성 단축키를 설정한 것이다. 음성 단축키에 "발송하지 마세요"라고 말하면 발신자의 메일링 리스트에서 삭제 요청을 담은 미리 작성된 템플릿이 열린다. 이제 내가 해야 할 일은 우편물에 인쇄된 이메일 주소를 입력하는 것뿐이다. 이 간단한 루틴을 3개월 반복한 결과, 문제는 해결됐다.

실전에서 OHIO 원칙을 따르는 것은 가능한 한 많은 작업을 템플릿, 자동화, AI로 대체하거나 단순히 디지털 시스템을 더 잘 정리해 한 번만 수행할 수 있는 작업을 극대화하는 것을 의미한다. 이는 시간을 효율적으로 사용하는 것뿐만 아니라 정신적 에너지도 절약할 수 있다.

일을 제품처럼 여겨라

작업 확장의 마지막 방법은 제품화다. 이 개념은 다소 이상하게 들릴 수 있지만, "제품"이라는 단어는 확장성의 본질을 담고 있다. 우리는 서비스를 고객의 요구에 맞춘 활동으로 보지만, 제품은 일반적으로 미리 생산된 것이다. 서비스를 제품으로 보기 시작하면 이를 표준화할 수 있는 길이 열린다. 그리고 표준화가 이뤄지면 자동화도 가능해진다.

이렇게 해보라.

1. 반복적으로 수행하는 활동, 자주 설명해야 하는 활동, 동료나 고객에게 더 많은 도움이 될 수 있는 활동을 고려하라.
2. 제품으로 전환할 수 있는 것을 선택하라. 예를 들어, 영어 교사는 "완벽한 발음을 위한 일주일 집중 과정"을 만들 수 있고, 재무 부서는 "불확실한 시기의 예산 관리"에 대한 워크숍을 개발할 수 있다.
3. 이를 제품으로 표준화하라. 예를 들어, 동료들에게 ChatGPT 교육을 제공하기 시작한다고 가정하자. 이때 제안을 설명하라. "[주요 주제]를 다루는 2시간 워크숍입니다. 여기에서 등록하세요 [링크]." 이것은 워크숍 내용이 참가자의 필요에 맞게 조정되지 않아야 한다는 의미가 아니라, 매번 처음부터 다시 구축할 필요가 없다는 의미이다. 나의 워크숍에는 하나의 텍스트 버전만 있다. 이름만 조정하고 설명을 약간 수정하지만, 내용은 항상 고객에 맞게 조정된다.
4. 이제 가장 중요한 부분이다. 이 제품에 대해 알려라! 모든 회사 웹사이트에는 제품과 서비스, 주문 방법, 행동을 유도하는 매력적인 내용이 있다. 현재 당신의 부서 인트라넷은 무엇을 보고 있는가? 왜 같은 방식으로 하지 않는가?

> **AI 시대의 디지털 HR**
>
> 판매 전문가들이 미래를 대비할 수 있도록 영감을 주기 위해 설계된 행사.
>
> - AI 시대의 새로운 사고방식, 새로운 기술 및 새로운 업무 방식
> - 워크플로우에서 AI를 활용할 수 있는 최상의 시나리오
> - 현대 디지털 판매를 위한 최신 스마트 도구

고객에게 쉽게 맞춤화할 수 있는 워크숍 설명

"왜 부서가 자체 웹사이트를 가져야 하지?"라는 생각에 의아할 수 있다. 하지만 그 이유는 회사가 웹사이트를 갖는 것과 같다. 고객이나 동료가 필요한 정보를 신속하게 찾고 시간을 낭비하지 않도록 돕기 위해서이다. 조직의 각 팀은 어떻게 운영되는지, 다른 부서에 어떤 서비스를 제공하는지를 명확하게 설명하는 중앙 허브를 가져야 한다. 회사 인트라넷의 페이지든 잘 정리된 공유 문서든 상관없다.

우리는 이 전략이 고객에게 놀라운 효과를 가져온 사례를 여러 번 봤다. 단순히 그들의 삶을 더 쉽게 만들 뿐만 아니라, 그들이 조직에 기여하는 가치를 보여주는 데도 도움이 됐다. 예를 들어, 한 제조 회사의 교육 관리자와는 원스톱 샵을 만들어 강좌 샘플, 컨설팅 시간, 그리고 자신의 서비스를 사용한 동료와의 영감을 주는 인터뷰를 포함시켰다. 또 다른 예로, 한 통신 회사의 공공 입찰 팀과는 FAQ, 주요 문서, 연락처, 공공 입찰 템플릿 및 일반적인 반대 의견과 이를 처리하는 방법을 담은 내부 웹사이트를 구축했다. 이는 더 이상 동료가 반복적으로 질문했던 동일한 질문에 답할 필요가 없다는 것을 의미한다.

소프트웨어 회사 깃랩^{GitLab}은 모든 부서의 활동에 대한 상세한 문서를 통해 이 접근 방식을 한층 더 발전시켰다. 그들의 핸드북^{Handbook8}을 살펴보면 각 팀에 대한 모든 정보를 찾을 수 있다. 여기에는 비전과 사명, 제품, 서비스, 연간 목표, 개별 직원의 연락처, 업무 조직 설명, 심지어 그들이 사용하는 도구 목록까지 포함돼 있다. 이 통일된 정보 출처는 회사 전체의 효율성을 높여줬고, 이전에 누군가가 분명히 물었던 질문을 계속해서 하지 않도록 만들었다.

D-WOW: 디지털 업무 방식

우리 팀은 수년 동안 상당히 놀라운 프로젝트들을 수행해 왔지만, 특히 두드러진 프로젝트는 스코다 자동차를 위한 작업이다. 거의 2만 명의 직원이 마이크로소프트 365 도구를 도입하는 데 도움을 줬기 때문이다. 우리 팀은 고객 측의 훌륭한 인재들과 함께 365 아카데미라는 프로그램을 구성하는 데 성공했다. 이 프로그램은 간단한 아이디어에 기반해 만들어졌는데, 각 팀은 특정 도구에 대한 교육을 받고 이를 즉시 실천에 옮기면 된다. 쉬운 것처럼 들리는가? 그러나 여기에는 함정이 있다. 우리는 거의 *400개*의 아카데미를 조직해야 했다는 것이다. 각 팀별로 하나씩, 그것도 동시에.

하지만 우리의 자동화 및 완전 디지털 접근 방식 덕분에 단 한 명의 추가 팀원을 고용하지 않고도 이 모든 것이 가능했다.

팀의 단 한 사람이 디지털 생산성에 열정을 쏟는다면 다른 모든 사람도 혜택을 본다. 그리고 이것이 회사 전체의 집착으로 발전할 때 마법이 일어난다. 이는 소규모 팀이 새로운 제품을 혁신하고, 뛰어난 고객 서비스를 제공하며, 일반적으로 더 큰 팀이 필요할 프로젝트를 수행할 수 있게 해주는 비밀의 소스이다.

완전 디지털로 전환했을 때의 주요 이점은 다음과 같다. 더 빠르게 작업할 수 있으며 우선순위에 집중할 수 있는 시간이 훨씬 더 많아진다는 것이다.

당신은 생산적인가, 아니면 그저 바쁜가?

이 질문이 적힌 포스터를 내 책상 맞은편에 걸어야 할지도 모르겠다. 가끔 하루 종일 과제로 가득 차 있는데도 불구하고 거의 아무것도 이룬 것 같지 않을 때가 있기 때문이다. 이런 기분을 아는 사람은 많을 것이다. 프로젝트에 매진했으나 몇 주가 지나도 결과가 없는 것, 이것은 몇 주가 일주일의 작업을 의미하지 않는다는 것이다. 회의, 끝없는 논의, 정보나 결정을 기다리는 시간, 그리고 다시 회의. 그러니 우리는 항상 할 일이 목록에 가득 차 있는 것이 놀랍지 않다.

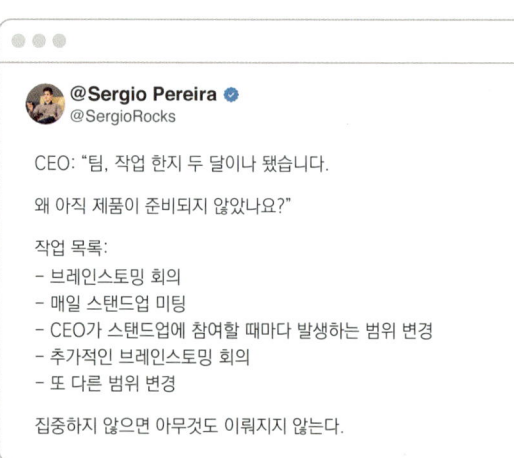

디지털 도구도 이와 비슷하다. 하지만 안타깝게도 대부분의 사람은 이 도구로 무엇을 할 수 있을지, 또는 기능을 탐색하거나 스마트한 추가 기능을

설치해 어떻게 조정할 수 있을지 상상도 못하고 있다. 이메일을 예로 들자면, 사람은 어떤 앱을 사용하든 개발자가 추가한 많은 실용적인 기능을 활용하지 않고 있을 가능성이 높다. 그중에는 더 쉽게 회의를 예약[9]할 수 있는 추가 기능, 문법 수정[10] 기능, 답변이 필요한 사람에게 알림[11]을 보내는 기능, 심지어 AI로 생성한 메시지[12] 기능도 있다. 브라우저의 경우, 자주 반복되는 텍스트를 위한 템플릿[13], 요약 생성기[14], 스마트 음성 인식 보조기능[15] 등이 포함된 확장 프로그램이 있다.

다음 팀 회의에서 작은 연습을 해보라. 바로 서로의 작업 방식을 이메일로 보여주는 것이다. 이때 서로에게서 얼마나 많은 새로운 것을 배울 수 있을지 알면 놀랄 것이다. 당신은 모든 도구에 대해 이 작업을 하는 것이 좋다.

목수, 변호사, 기술자, 부동산 중개인 등, 사람들은 종종 어떻게 작업을 간소화할 수 있을지 나에게 질문한다. 우리는 항상 앱, 온라인 서비스, AI 프롬프트 등의 많은 옵션을 찾아내며, 때때로 그들과 '우리가 유용한 도구를 찾을 수 없는 분야를 제시해 보라'고 내기를 한다. 그리고 나는 항상 이긴다. 왜냐하면 이미 알고 있듯이, 그에 대한 앱이 있기 때문이다.

Loom? Zoom? Room?

룸Loom은 짧은 비디오 메시지를 전송하는 데 훌륭한 도구이다. 줌Zoom은 화상 통화를 위한 플랫폼이다. 그리고 "룸Room"은 단지 직접 만나는 공간을 의미한다. 여기서 말하고자 하는 건 특정 소통 방식이 다른 방식보다 더 낫다는 것이 아니다. 진정한 요령은 현재 작업에 맞는 올바른 도구를 선택하는 것이다.

나는 책 서두에 폴 그레이엄의 기사를 언급하며 관리자와 창작자의 달력의 차이점과 깊은 작업을 위한 방해받지 않는 시간의 필요성을 강조했다.

만약 달력에서 이러한 자유 시간을 찾을 수 없다면 이는 당신이 작업에 의해 감금된 상태가 됐고 자신의 우선순위를 적절하게 관리하는 법을 배우지 못했음을 의미한다.

그렇다면 어떻게 나에게 맞는 시스템을 구축해 더 많은 자유 시간을 확보할 수 있을까? 두 가지 기본적인 결정에 집중하면 된다.

1. 일에 얼마나 많은 시간을 할애할 것인가, 그리고 내 시스템 최적화에 얼마나 많은 시간을 할애할 것인가?

    여기서 "일"은 업무와 의무를 수행하는 것을 의미한다. 반면 시스템을 만들고 최적화하는 것은 노력을 자동화하고 확장할 수 있는 사안을 다루는 것이다. 이는 일 하지 않는 것에 대한 작업과 같다.

2. 동기식 작업과 비동기식 작업에 각각 얼마나 많은 시간을 할애할 것인가?

    동기식 작업은 여러 사람이 동시에 같은 작업을 수행하는 종류로, 클라이언트와의 온라인 통화나 동료와의 회의가 이에 해당한다. 반면 비동기식 작업은 원하는 시간에 작업하고 비동기적으로 소통할 수 있게 하는 것이다.

물론 두 가지 옵션 모두 매우 중요하다. 이것은 당신뿐만 아니라 함께 일하는 모든 사람에게도 마찬가지다. 그러나 만약 내가 12명을 한 시간 동안 회의에 참석하게 해 그들이 스스로 읽고 10분 만에 의견을 제시할 수 있었던 프레젠테이션에 대해 이야기한다면, 나는 다른 곳에 투자할 수 있었던 10명의 한 시간씩을 낭비한 것이다.

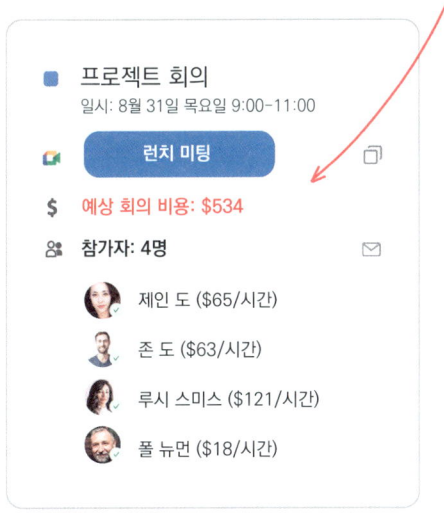

아마도 그들의 실제 인건비를 알았다면 회의를 줄이고 더 직설적으로 이야기했을 것이다.

하지만 그 반대도 마찬가지이다. 때때로 끝없는 이메일 대신 문제를 실시간으로 처리하는 것이 더 낫고, 이 시간을 사용해 시스템을 개선하고 향후 유사한 문제를 피하는 것이 중요하다.

동기식 작업 최적화하기

동기식 작업은 회의, 토론, 전화, 화상 회의, 워크숍 등을[16] 의미한다. 이 경우 소통은 실시간으로 이뤄지며 일반적으로 시작과 종료 시간이 정해져 있다.

기업이 회의를 좋아하는 이유는 사람이 실제로 주어진 작업에 집중할 가능성을 높이기 때문이다. 이러한 이유만으로도 우리 회사는 리더십 프로그램 이벤트의 대부분을 실시간으로 진행한다. 만약 일정이 정해지지 않고 자료만 참가자에게 전달된다면, 대부분은 너무 바빠서 자료를 열어보지도 않을 것이다. 사람에게는 더 긴급한 사안이 항상 우선순위를 차지하게 된다.

하지만 이것은 안타깝게도 많은 사람의 작업량과 회의의 수를 결정하며, 달력에 표시된 회의는 우리가 특정 주제를 실제로 다룰 것이라는 확신을 준다. 이것을 하는 방법은 복잡하지 않고 매우 간단하다! 그저 회의 한번 하고 바로 퇴근하면 된다!

동기식 소통이 무의미하다고 말하는 것은 아니지만, 그렇다고 기본 선택지가 돼서는 안 된다. 개인적으로 나는 창의적인 워크숍, 브레인스토밍 세션 또는 회사 리더십과의 중요한 논의를 위해서만 대면 회의를 선호한다. 고객과의 비공식적인 논의 또한 비정형적이고 쾌적한 장소에서 진행하는 것을 좋아한다. 나는 모든 사람에게 이 방법을 추천한다. 가끔은 환경(그리고 관점)을 바꿔보는 것이다. 이것은 효과가 매우 좋다!

어떻게 하면 소통이 당신에게 도움이 될 수 있을까?

- 회의를 30분과 60분 대신 25분과 50분 정도로 해라. 연구[17]에 따르면, 중간에 휴식 없이 연속으로 진행되는 가상 회의는 스트레스 수치를 높이는 데 기여한다.
- 대부분의 일상적인 일은 반 시간 내에 처리할 수 있다. 그러나 때때로 긴 워크숍 스타일의 회의가 효율적일 수 있으며, 워크숍을 통해 몇 시간 내에 일을 마무리하고 여러 차례의 후속 회의를 피할 수 있다.
- 온라인 근무시간을 시도하라. 정기적인 시간을 설정해 누구나 참여할 수 있도록 하고, 논의하고 싶은 내용을 다룰 수 있도록 하라.
- 고객이나 비즈니스 파트너를 위해 웨비나 형태 같은 방식으로 일을 진행할 수도 있다. 웨비나에서 10명의 잠재 고객과 소통하는 것은 개별 회의보다 10배 더 효율적이다. "우리 서비스는 기밀이 중요하다거

나, 고객이 그룹 설정에 맞지 않다"고 생각할 수도 있지만, 내 경험상 그런 경우는 드물다. 적어도 한 번 시도해 보라.
- 프로젝트 진행 상황을 확인하고 모두에게 정보를 공유하고 싶다면, 서서하는 미팅[18]을 시도하라. 이는 각자가 어떤 작업을 하고 있는지, 목표를 향해 어떻게 진행되고 있는지, 누군가가 막히고 있는 일이 있는지 빠르게 확인할 수 있는 방법이다.

두 가지 보너스 팁은 다음과 같다.

- 원격으로 일하는 경우, "원격 공동 작업"을 시도하라. 동료와 오디오나 비디오로 연결한 후 각자 작업을 진행하는 것이다. 이때 가끔 업무나 다른 주제에 대해 이야기할 수 있다. 이는 모든 사람에게 잘 맞지는 않지만, 많은 팀이 함께 작업하는 데 도움을 준다.
- 어떤 일들은 산책을 하며 해결할 수 있다. 나는 몇 차례 걷기 회의와 자전거 회의를 해본 적이 있다. 비즈니스 파트너와 함께 자전거를 타는 것은 어떤 논의든 훨씬 더 즐겁게 만들어 줄 수 있으며, 자전거 타기에 대한 애정을 공유한다면 더욱 좋다.

비즈니스는 점점 덜 형식적이 돼가고 있다. 심지어 최고 경영자들도 양복을 벗고 등산화를 신으며 자연에 둘러싸인 장소에서 일하기 시작했다. 원격 근무로 인해 아늑한 오두막이나 해변가의 방갈로에서 줌 통화에 참여하는 것이 정상적으로 여겨지게 됐고, 비디오 통화 중에 고양이가 무릎 위에 뛰어오른다 해도 그 누구도 신경 쓰지 않는다. 만약 누군가가 이 행동을 신경 쓴다면, 어쩌면 그 사람은 함께 일하기에 적합하지 않은 사람일지도 모른다.

동기식 협력을 위한 도구들

최근 줌으로 삶을 살고 있다고 느낄 수도 있지만 당신만 그런 것이 아니다. 비디오 통화는 어디에나 있으며, 어쩌면 너무 과도하다고 생각할 수도 있다. 그러나 이 소통 방식도 점점 더 많은 혁신이 나타나고 있다.

- 오늘날의 가상 비즈니스 세계에서 비디오 통화 품질은 새로운 비즈니스 정장과 같다. 다행히도 웹캠의 품질은 계속해서 개선되고 있으며, 훌륭한 액세서리[19]를 사용해 설정을 한 단계 끌어올릴 수 있다. 노트북 카메라는 일상적인 회의에는 충분할 수 있지만, 중요한 프레젠테이션이나 고객 피치를 위해서는 업그레이드해 더 나은 인상을 주는 것이 가치가 있다.
- 가상 웹 카메라[20]처럼 작동하는 앱을 사용하면 슬라이드에 자신의 모습을 투사할 수 있으며 이는 프레젠테이션을 더욱 매력적으로 만들 수 있다.
- 음성 회의 도구[21]는 대면 회의를 대체하거나 보완할 수 있으며, 예전의 음성 메시지도 자동으로 전사될 수 있다.
- 많은 애플리케이션[22]에서는 AI가 지원하는 스마트 기능을 찾아볼 수 있다. 이는 회의록 생성 기능 외에도 다양한 언어로의 번역, 자동 요약 생성, 후속 목록 작성과 같은 기능을 제공한다.
- 온라인 회의 플랫폼은 회의를 보다 인터랙티브하고 생산적으로 만들기 위한 다양한 기능을 갖추고 있다. 참가자는 소규모 그룹으로 나눠 집중 논의를 할 수 있고, 설문조사를 공유해 피드백을 수집하며 가상 화이트보드를 사용할 수 있다.

이는 전통적인 사무실 화이트보드처럼 기능하면서도 온라인에서도 사용할 수 있다. 아이디어를 브레인스토밍하고 프로세스를 스케치하며, 포스트잇을 사용하거나 원하는 디지털 콘텐츠를 붙일 수 있다. 정보를 요약하거나 그룹화하고, 아이디어를 구조화된 모델과 다이어그램으로 변환하거나 자동으로 마인드맵을 생성하는 AI 기능도 사용할 수 있다.

> **실시간 학습의 실제 사례**
>
> 이 모든 스마트 앱을 사용하는 최상의 방법을 어떻게 알아냈는지 궁금한가? 우리는 고객과의 경험 및 우리가 직접 사용하는 것 외에도, 다른 회사가 특정 도구에 열중하고 있다는 소문을 들으면 그들이 어떻게 활용하고 있는지 항상 알아보려 하는 습관을 가지고 있다.
>
> 예를 들어보겠다. 한 번은 피그마(Figma)의 제품 관리자 미히카 카푸르(Mihika Kapoor)의 훌륭한 인터뷰를 듣고 있었는데, 그녀는 자사 화이트보드 도구인 피그잼(FigJam)을 매우 광범위하게 사용한다고 언급했다. 그녀는 이렇게 말했다. "우리는 피그잼을 정말 많이 활용합니다. 우리 회사의 모든 활동이 이 도구로 이뤄져요." 이 말이 내 관심을 끌었고, 나는 더 많은 정보를 알아보고 싶었다. 그들이 어떻게 사용하는지를 보여주는 비디오(사실, 여러 개의 비디오)를 찾는 데는 단 몇 초밖에 걸리지 않았다. 이후 나는 AI 요약 도구[23]를 사용해 핵심 포인트를 추출했고 이러한 도구를 사용하는 방법에 대한 이해를 높였다.

비동기식 작업 최적화하기

비동기식 작업은 사람이 같은 작업을 서로 다른 시간과 장소에서 수행하는 경우를 의미한다. 이들은 이메일이나 채팅을 통해 소통하고, 공유된 디지털 작업 공간을 통해 협력한다.

당신은 주로 비동기식으로 운영하는 회사가 있다는 것을 알고 있는가? 전술한바 있는 65개국 이상에서 2,000명 이상의 직원을 고용하고 있는 소프트웨어 회사 깃랩의 이야기다. 그 회사의 핸드북[24]에는 그들의 비동기 우선$^{\text{async-first}}$ 모델 및 선호하는 소통과 협업 방법이 정리돼 있으며, 이는 비슷한 방식으로 일하지 않는 사람에게도 훌륭한 영감을 준다. 이는 누군가를 맹목적으로 따라 하는 것이 아니라, 각 모델의 가장 좋은 부분을 취하고 시행착오를 통해 자신에게 맞는 방법을 만든다.

비동기식 소통의 핵심 장점은 분명하다.

1. **더 많은 자유와 유연성**: 모든 사람이 같은 장소에 있거나 동시에 온라인일 필요가 없다.
2. **필요한 모든 정보가 손끝에**: 잘 설계된 디지털 작업 공간은 모든 정보를 쉽게 접근할 수 있게 해, 다른 사람을 귀찮게 하지 않고도 필요한 것을 찾을 수 있다.
3. **더 적은 방해, 더 많고 깊은 작업 시간**: 회의가 줄어들면 실제로 작업에 집중하고 일을 마무리할 수 있는 시간이 더 많아진다.
4. **모두가 의견을 낼 수 있다**: 언제 어디서나 작업이 가능하기 때문에 누구나 아이디어를 공유할 수 있으며, 일반적으로 알려진 사람과 가장 목소리가 큰 사람이 아닌 모두가 참여할 수 있다. 이는 해외 동료, 장애가 있는 사람에게도 큰 도움이 된다.
5. **행동 중심**: "항상 행동으로 나아가라"는 원칙 덕분에 누구도 다른 사람이 작업을 할당하거나 제안을 승인하기를 기다리지 않는다. 이는 조직 전체를 더 민첩하고 빠르게 만든다. 축구 팬들은 "공으로 무엇을 해야 할지 모른다면, 골을 넣어라"라는 말뜻을 잘 알고 있다.

깃랩의 원격 근무 책임자 대런 머프Darren Murph[25]에 따르면, 비동기식 운영은 그 자체로 목표가 아니라 목적을 달성하기 위한 수단이라고 말한다. "비동기식은 작업에 관한 것이 아니다. 비동기식은 가족과 함께 오후에 하이킹을 할 수 있도록 하는 것이며 동료의 시간을 더 존중하는 것과 관련이 있다."

이것이 우리가 비동기식으로 운영하는 이유이다. 이는 결코 대면 회의를 하지 않는 것이 아니라, 가능한 한 많은 비동기식 작업 요소를 적용하려고 노력하는 것이다. 심지어 나는 누군가에게 "비동기식으로 조율하자"고 말한 적이 있다(최신 정보를 유지하기 위해 비동기식 소통 도구를 사용하겠다는 의미이다).

다음은 소통과 정보 공유에 있어 내게 도움이 됐던 몇 가지 팁이다.

1. 소통

우리 회사는 서면 소통을 우선시한다. 나는 이것이 모든 시대에서 가장 중요한 기술 중 하나라고 믿는다. 글쓰기는 논점을 명확하게 생각하는 데 도움을 주고, 자신의 생각을 더 잘 표현하게 하며, 가장 중요한 점은 모든 대화를 검색 가능하게 만든다는 것이다. 비정형 데이터로 놀라운 작업을 수행할 수 있는 대형 언어 모델의 시대에 이러한 대화를 하는 것에는 진정한 가치가 존재한다.

또한 글쓰기는 내향적인 사람도 논의에 참여할 수 있도록 하고, 사람이 자신의 생각을 말하기 전에 생각할 수 있는 여유를 준다. 글쓰기를 잘할수록 AI를 활용하는 데에도 더 능숙하다.

그러나 글쓰기가 사고의 흐름을 방해해서는 안 되는데, 속도와 정확성 모두에서 그렇다. 우리는 화면을 보지 않고도 빠르게 글을 쓸 수 있어야 한다. 이에 대한 실험으로 팀과 함께 타이핑 속도 테스트[26]를 실시해 보라. 그리고 분당 200자에 미치지 못하는 사람은 타이핑 강좌를 수강하는 것을 고려하라. 만약 누군가가 속도를 150자에서 최소 200자로 증가시킬 수 있다면, 타이핑은 매시간마다 15분을 절약해 준다. 참고로 이는 우리 아이들에게도 해당된다고 생각한다. 그들이 글쓰기를 제대로 배우는 것은 빠를수록 좋다.

음성 인식 기술의 발전 덕분에 이제 말로 글을 쓸 수 있게 됐다. 이는 타이핑에 어려움을 겪는 사람, 신체적 제한이 있는 사람, 단순히 생각을 소리 내어 정리하는 것을 선호하는 사람에게 큰 변화를 줬다. 나 또한 이것을 많이 사용하며, 미래에는 목소리로 대부분의 앱을 제어할 것이라고 믿는다(아이언맨의 자비스를 기억하는가?). 그래서 나는 가능한 한 음성 인식 기술에 빨리 익숙해지고 싶다.

우리는 휴대폰이나 컴퓨터에 내장된 받아쓰기 기능을 사용할 수 있지만, '콜론'이나 '마침표'와 같은 특정 명령어를 정확하게 사용하는 데 어려움을 겪는다. 그러나 이에 대한 AI 솔루션이 있다. 불확실한 생각을 명확한 텍스트로 변환하는 전문 앱[27]이나, 원하는 결과에 맞게 받아쓰기된 텍스트를 재작성하는 일반 AI 채팅이다. 우리는 원하는 결과를 얻기 위해서는 프롬프트를 다듬는 데 시간을 할애하는 것이 필요하다. 하지만 내가 가장 좋아하는 앱[28]은 음성 전사에 적합한 AI 모델을 선택할 수 있을 뿐만 아니라, 내 프롬프트와 전후 예제를 정의할 수 있도록 도와준다.

비동기식 소통은 주로 이메일, 채팅 또는 공유 문서를 통해 이뤄지지만, 다른 매체와의 커뮤니케이션 형식에서도 사용할 수 있다.

나는 짧은 비디오를 매우 좋아한다. 그래서 필요할 때마다 메시지나 회의 대신 항상 비디오를 사용한다.

- 고객에게 협업 제안 보내기
- 동료에게 과제를 할당하며 그 맥락을 함께 제공하기
- 여러 공급업체에 제안 요청하기
- 누군가에게 앱 사용 방법 보여주기
- 구직자에 대한 정보 수집하기 : 여기서는 비디오 설문 도구[29]를 사용한다.

이렇듯 적절한 도구[30]를 사용하면 우리는 휴대폰이나 컴퓨터에서 비디오를 쉽게 녹화하고 함께 일하는 사람과 이를 원하는 만큼 여러 번 공유할 수 있다. 누군가가 비디오를 보내주면 영상 속도를 조절할 수 있고, AI가 자동으로 전사본을 생성하기 때문에 아예 시청할 필요가 없을 때도 있다.

때때로 나는 이러한 짧은 비디오 중 일부를 AI 아바타로 생성한다. 특히 한 번에 여러 개를 보내야 할 때는 더욱 그렇다. 이 책 출간과 관련된 파트너십 제안을 보낼 때 첫 번째 파트너를 위해 프레젠테이션과 비디오 메시지를 직접 만든 후, 나머지는 AI와 우리의 자동화 도구를 활용해 처리했다.

2. 두 번째 두뇌 구축하기

한번은 소셜 미디어 그래픽을 만드는 앱을 찾던 적이 있다. 나는 그 앱이 '페드로^{Pedro}'라는 이름이었고, 버퍼^{Buffer}라는 회사와 관련이 있다고 희미하게 기억하고 있었다. 그래서 "Pedro by Buffer"라고 검색했더니 그 앱이 있었다. 그러나 앱의 이름은 페드로가 아니라 파블로^{Pablo}였다. 그럼에도 불구하고 파블로는 검색 결과의 맨 위에 나타났다. 나는 생각했다. 우리 자신의 시스템도 이처럼 똑똑할 수 없을까?

정보의 홍수는 엄청나다. 이메일, 채팅, 노트 작성 앱, 프로젝트 관리 앱 등 정보가 사방에서 쏟아져 들어온다. 그렇기에 당신의 두뇌가 일일이 정보를 기억하고 그 정보를 어디서 찾을지 고민할 수는 없다. 하지만 신뢰할 수 있는 정보 시스템을 구축해 당신의 두 번째 두뇌[31]로 활용해야 한다.

목표는 작업을 문서화해 본질적으로 당신을 위해 작동하게 만들어야 한다. 이는 모든 중요한 정보를 한 곳에 보관함으로써, 작업을 쉽게 공유하고 갱신할 수 있다. "그 프레젠테이션이 어디에 있었지?" 또는 "이 작업의 현재 상태는 무엇인가?"와 같은 질문을 계속해서 할 필요가 없다.

깃랩에 따르면 잘 문서화된 시스템의 가장 큰 장점은 지식의 확장에 기여하는 방식이 뛰어나다는 것이다. 이는 전통적인 기업이 정보 전달의 속도를 우선시하는 반면, 깃랩은 정보 획득의 속도에 초점을 맞춘 덕분이다.

이러한 시스템은 실제로 어떻게 운영되는가?

- 우리는 잘 정리된 팀 공간에서 폴더와 문서를 공유한다.
- 우리의 프로세스는 체크리스트와 작업 템플릿으로 문서화돼 있다.
- 정보는 쉽게 갱신되고 공유할 수 있도록 노트 작성 앱에 기록된다.
- 명확히 정의된 채널에서 메시지를 작성해 쉽게 검색할 수 있다.
- 채팅과 이메일에서 정보를 저장하는 간단한 규칙을 따를 수 있다.
- 각 팀은 명확하게 설명된 활동, 목표, 제품 및 서비스를 가지고 있다.

이러한 간소함(모든 것을 쉽게 변경하고 찾을 수 있음), 완벽함(우리가 하는 모든 일에서 더 나아지도록 도움을 줌), 그리고 확장성(한 번만 일을 하면 됨)을 가진 시스템은 우리가 노 워크의 원칙을 일관되게 현실로 만드는 데 도움을 준다.

이러한 시스템은 커뮤니케이션을 용이하게 하고, 여러 가지 추가적인 이점을 제공한다.

1. 직원이 떠나더라도 정보는 회사에 남아 있다.
2. 직원이 입사한 뒤, 교육이 훨씬 수월하고 간편해진다.
3. 질문과 회의가 줄어들어 사람들이 작업할 시간이 더 많아진다.
4. AI를 최대한 활용할 준비가 돼 있다.

마지막 포인트는 매우 중요하다. 아마도 가장 중요한 점일 것이다. 왜냐하면 이러한 시스템을 구축하는 것을 빨리 시작할수록, 고객과 직원의 질문에 답변하는 챗봇처럼 모든 정보를 연결하는 데 도움을 줄 수 있는 AI 도구를 더 빨리 사용할 수 있기 때문이다. 내부 데이터용 ChatGPT와 같은 것이 여기에 속한다.

이것이 바로 우리 고객이 찾고 있는 것이기도 하다. 정보 과부하에서 벗어나고 직원들의 시간과 에너지를 낭비하지 않기 위한 방법 말이다.

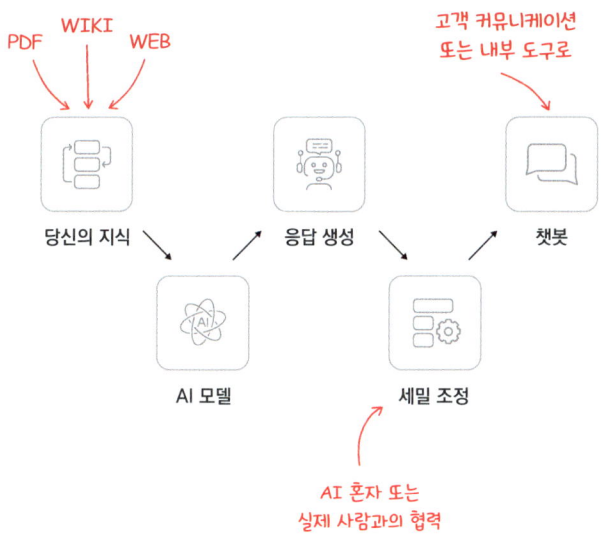

문서와 파일이 정리되면, 우리는 AI를 활용한 고급 시나리오를 생각해 볼 수 있다.

- 해외 사람과 협업하고 싶다면? AI의 도움으로 모든 프로세스와 문서를 외국어로 쉽게 번역할 수 있다.
- 서류에 파묻혀 있거나 규정과 표준에 압도당하고 있는가? 적절한 도구를 사용하면 AI가 문서 작업을 간소화하고 모든 시스템에서 정보를 갱신할 수 있다.
- 고객이 가격 견적을 요청하는가? 몇 문장을 받아쓰기만 하면, 고객은 맞춤형 제안을 받을 수 있다.

AI를 사용할 때 당신이 방해받을 수 있는 것은 단 두 가지다. 당신의 상상력과 데이터의 조직 상태다. 그래서 시스템을 정기적으로 정리하고 데이터를 청소하는 것이 매우 중요하다. 프로그래머들이 말하듯이 쓰레기를 넣으면 쓰레기가 나오는 법이다. 그러나 시스템에 더 많은 시간을 투자할수록, 그 잠재력을 최대한 활용할 수 있는 속도가 빨라진다. 세스 고딘은

「디지털 준비 작업Digital Prepwork」(2023)이라는 훌륭한 글에서 유명한 미국 농구 코치 존 우든John Wooden의 금언을 반복했다. "제대로 할 시간도 없는데, 다시 할 시간은 있겠는가?"

핵심 요약

1. 프로세스를 단순화하고 개선하며 확장해 정말 중요한 것에 집중하라. 자동화와 표준화는 이 과정에서 당신의 가장 좋은 친구가 될 것이다. 이들은 원활하게 운영되는 시스템을 구축하는 데 도움을 줄 것이며, 작업을 완료하는 데 기여할 것이다.
2. AI 시대에 투명성은 핵심이다. 고객과 파트너에게 AI 도구를 사용하고 있다고 말하는 것을 두려워하지 말라. 이는 신뢰를 구축함과 동시에 남들보다 한발 앞서 나가겠다는 당신의 의지를 보여준다.
3. 서비스를 표준화된 제품으로 전환하면 더 많은 고객에게 도달할 수 있으며, 품질을 희생하지 않고도 성장하면서 확장 가능한 비즈니스 모델을 만들 수 있다. 이는 동료에게 내부 서비스를 제공하는 것에도 적용된다.
4. 생산성의 핵심은 수행하지 않는 작업의 양을 극대화하는 데 있다. 모든 것을 하려 하기보다는 가장 많은 가치를 가져다주는 필수 작업에 집중하라. 불필요한 작업을 없애고 저효율적인 항목에 시간과 자원을 낭비하지 않도록 하라. 역설적으로 적게 수행함으로써 더 많은 성과를 내고 지속 가능하며 즐거운 작업 환경을 조성할 수 있다.
5. 새로운 프로젝트나 작업을 평가할 때 "하고 싶지 않다면 거절하라"는 규칙을 준수하라. 만약 기회가 진정으로 당신을 흥미롭게 하지 않거나 목표에 부합하지 않는다면, 거절하는 것이 좋다. 이를 통해 당신은 선택적으로 프로젝트에 집중함으로써, 시간과 에너지를 더 효과적으로 할당하고 궁극적이며 장기적으로 더 나은 결과를 얻을 수 있다.

실천 과제

1. 반복적으로 수행하는 프로세스를 선택하고 이번 주에 이 장에서 배운 방법을 사용해 그 프로세스를 단순화하고, 완벽하게 하며, 확장하는 데 한 시간을 투자하라.
2. 작업 흐름에서 반복적인 작업을 식별하고, 템플릿을 만들거나 자동화를 구축하거나 AI 프롬프트를 작성해 "한 번만 처리하라[OHIO]" 원칙을 적용해 향후 해당 작업을 간소화하라.
3. 다음 두 주 동안 오전에 비동기식으로 작업할 수 있게 스스로 도전하라. 이로써 유연성이 증가하고 방해가 줄어들며 더 깊은 작업을 할 수 있는 기회를 경험할 수 있을 것이다. 회의와 동기식 협업은 오후로 미루라.

15. 이상적인 직업 찾기 창출하기

이상적인 작업은 찾는 것이 아니라 창출하는 것이다. 이는 하고 싶은 일을 위한 시간을 찾는 것과 비슷하다. 우리는 시간을 만들지 않으면 아무런 일도 일어나지 않는다. 이상적인 직업도 마찬가지다. 스마트 앱을 탐색하든 AI를 활용하든 새로운 수익원을 창출하려면 시간과 에너지를 투자해야 한다. 이러한 일을 실현하는 것은 전적으로 당신에게 달려 있으며, 아무도 당신의 일정을 마법처럼 비워줄 수 없다. 작업 생활을 개선하는 데는 항상 큰 변화가 필요하지 않다. 지금 당장 시작할 수 있는 작은 일들이 수십 가지 있다.

나는 초청 연설을 했던 어느 온라인 컨퍼런스에서 다른 연사들을 소개하는 영광을 누린 적이 있다. 그때 모든 연사가 내게 프레젠테이션을 이메일로 보내주길 제안했지만, 나는 즉시 "제발 하지 마세요."라고 말했다. 누가 프레젠테이션을 보냈고 누가 보내지 않았는지 추적하고 싶지 않았기 때문이다.

대신 나는 더 나은 아이디어를 생각해 냈고 바로 실천에 옮겼다. 연사 목록을 간단한 스프레드시트에 복사하고 이름, 발표 주제, 프레젠테이션 다운로드 링크까지 세 개의 열을 추가 저장한 것이다. 이 행동으로 나는 연사들이 슬라이드를 어디에 저장했는지 신경 쓰지 않았고, 모든 링크는 한 곳에 있게 됐다. 단 3분의 작업으로 많은 시간을 절약하고 불필요한 대화를 줄일 수 있게 됐다.

사실 이러한 상황은 불편할 수 있으며 용기가 필요하다. 회의에 집착하는 회사에게 회의를 거절하는 법을 배우거나, 더 나아가 "죄송하지만 이 회의는 저에게 의미가 없습니다. 다른 방법으로 진행합시다"라고 말하는 법을 배워야 하기 때문이다. 변화는 종종 어렵다. 특히 관성에 의해 지배되는 많은 회사와 현상 유지에 익숙해진 사회에선 더욱 그렇다. 게다가 파트너와 고객과의 협업 시스템을 조정하는 것은 더욱 민감한 문제다. 그러나 이러한 경우에도 변화는 가능하다.

원격 근무 배치의 베테랑 전문가인 세르지오 페레이라[Sergio Pereira]는 회의 요청을 처리하는 훌륭한 방법을 가지고 있다. 누군가 회의를 요청하면 그는 자신의 훌륭한 저술[1] 중 하나인 "회의를 줄이는 방법"의 템플릿으로 답변한다.

> 안녕하세요. 연락 주셔서 감사합니다.
>
> 다름이 아니고 저는 회의를 피하기 위해 적극적으로 노력하고 있습니다. 개인적으로 받아들이지는 마세요. 하지만 저는 비동기적으로 일하는 것을 추구하고, 회의는 제 작업의 흐름을 방해합니다.
>
> 부탁드립니다.
> 1. 우리가 가질 예정인 회의의 목표를 말씀해 주세요.
> 2. 회의 중에 발표할 관련 자료를 공유해 주세요. 비동기적으로 검토하겠습니다.
>
> 저는 귀하의 답변을 검토하고 추가 참여에 관심이 있는 경우 다시 연락드릴 것을 약속합니다. 이러한 준비 작업 후에 회의하는 것이 훨씬 더 생산적일 것이라고 약속드립니다.

이는 시간 관리에도 동일하게 적용된다. 상사나 고객에게 변경이 필요한 사항을 말하지 않으면 상황은 그대로 유지될 것이다. 하지만 깊은 작업을 위한 시간을 확보하고 싶거나 프로젝트 관리 방식을 변경하고 싶다면 소통해야 한다. 이때 가장 좋은 점은 이러한 결정이 영구적일 필요가 없다는 것이다. 몇 주 또는 몇 달 동안 실험해 보고, 이 결정이 당신을 더 생산적이고 행복하게 만들지 않는지 확인해 보면 된다.

하지만 우선 작업 방식 조정을 시작하기 전에 먼저 한 가지 중요한 결정을 내려야 한다. 무슨 작업을 할지 파악하라. 아무리 좋은 시스템이라도 올바른 작업을 하지 않으면 쓸모가 없다.

올바른 일에 집중하기

인생에서 가장 중요한 기술 중 하나는 어디 집중할지 선택하는 방법을 아는 것이다. 우리는 실제로 중요하지 않더라도 "긴급한" 것처럼 보이는 다양한 것들에 쉽게 주위가 산만해질 수 있다. 게다가 돈이나 지위 때문에 "아니오"라고 말하지 못해 수많은 다른 의무를 수용할 수도 있다.

예를 들어 온라인 과정을 만들고 싶지만 매일 상담하느라 바쁘다면 계속해서 시간과 돈을 교환할 것인지, 아니면 당신을 위해 돈을 벌어줄 무언가에 착수할 것인지 선택해야 한다. 마찬가지로, 새로운 일에 도전하고 싶지만 매일 반복되는 일에 갇혀 있다고 느낀다면, 당신은 선택해야 한다. 한번 생각해 보라. 마지막으로 당신을 흥분시킨 작업을 해본 것은 언제인가?

나는 우선순위를 결정할 때 간단한 아이디어 하나에서 시작하기를 추천한다. 당신의 작업이 모두 동등한 중요도를 가진 것이 아니다. 어떤 일들은 목록에서 완료했다고 체크할 때 기분이 뿌듯할 수도 있겠지만 장기적으로 보면 실제로 아무것도 바뀌지 않는 것도 있다.

하지만 모든 다른 것을 더 쉽고 빠르게, 잘 수행할 수 있도록 도와주는 작업이 있다. 이러한 작업은 종종 "고수익 작업"이라고 불리며, 바로 당신이 목록의 최상단에 두고 싶은 작업이다. 이러한 작업은 새로운 스마트 도구를 마스터하거나, 더 나은 작업 방식을 찾거나, 프레젠테이션 기술을 완벽하게 하는 것이(또는 원어민이 아니라면 영어 능력을 향상시키는 것과 같은) 포함될 수 있다. 이러한 일은 당신이 원하는 것을 훨씬 더 많이 성취할 수 있게 해준다.

> **모든 작업이 평등한 것은 아니다: 간단한 LNO 프레임워크**
>
> 우선순위를 생각할 때 내가 사용하는 프레임워크 중 하나는 LNO[2]이다. 이 강력한 프레임워크는 스트라이프, 트위터, 구글에서 성공적인 제품을 만들어 온 경력 있는 제품 관리 전문가인 쉬레야스 도시(Shreyas Doshi)가 만들었다. 이 프레임워크가 제품 관리자를 위해 설계됐다고 해서 오해하지 말라. 나는 이 프레임워크가 원칙들이 올바른 작업을 하고 있는지 확인하고자 하는 누구에게나 사용될 수 있다고 확신한다.
>
> 이 프레임워크는 간단한 아이디어에 기반하고 있다. 당신의 작업은 모두 동일한 중요성을 가지지 않는다. 따라서 도시는 작업을 세 가지 범주로 나누는 것을 추천한다.
>
> **L (Leverage, 부가가치)** — 가장 높은 부가 가치를 지닌 중요한 작업으로, 다른 작업보다 훨씬 더 많은 주의를 기울여야 한다.
>
> **N (Neutral, 중립)** — 표준 품질로 익숙하게 수행하되 불필요하게 많은 시간을 할애하지 않도록 한다.
>
> **O (Overhead, 비핵심)** — 노력이나 품질에 대한 추가적인 주의 없이 깊은 생각을 하지 않은 상태에서 수행해야 한다.
>
> 이 LNO 프레임워크를 나의 AAAI 프레임워크와 결합하면, 집중해야 할 영역을 식별하는 데 도움이 될 뿐만 아니라 완전히 AI로 아웃소싱해야 할 작업들도 파악 가능하다.

본질은 "하나를 고용해 열을 고용하라"는 오래된 원칙이다. 예를 들어 영업 부서를 구축할 때, 영업 사원을 하나씩 선발하고 훈련시키거나 당신을 대신해 이를 수행할 영업 책임자를 찾아서 더 잘할 수 있게 만드는 방법이 있다. 이 같은 원칙은 당신의 기술과 작업 과제에도 적용될 수 있다.

유지보수의 중요성

생물 오염biofouling에 대해 들어본 적이 있는가? 나는 범선이 왜 시간이 지남에 따라 느려지는지 알아보다가 이 개념을 알게 됐는데, 이는 해조류, 갑각류 및 기타 해양 생물이 배의 선체에 쌓이게 되고 이 층이 점차적으로 속도를 최대 50%까지 줄이게 만들기 때문이다. 그래서 때때로 배를 물 밖으로 꺼내어 철저하게 청소해야 한다고 한다.

이와 마찬가지로 디지털 도구도 같은 관리가 필요하다. 때때로 이들을 세밀하게 조정하고 새로운 기능을 탐색하며 현재의 필요에 맞게 조정해야 한다. 하지만 우리는 종종 이를 잊곤 한다. 그러다가 돛에 바람이 붊에도 불구하고 우리는 느리게 떠다니고 있다는 사실에 놀라게 된다.

경험은 반복적으로 내게 다음과 같은 사항이 직무나 사용하는 도구와 관계없이 가장 효과적이라는 것을 보여줬다.

1. 디지털 정리
2. 작업 흐름 매핑 및 시각화
3. 작동하는 것(또는 작동하지 않는 것)에 대한 회고 및 열린 논의
4. 원칙 및 팀 합의

1. 디지털 정리

파일, 폴더, 작업 및 노트 작성 앱과 같은 디지털 생활을 정리하라. 자주 사용하는 애플리케이션이나 문서에 대한 접근을 간소화하고, 더 이상 필요하지 않은 모든 것은 버려라. 이는 오래된 팀 채팅 채널이나 더 이상 사용하지 않는 브라우저의 즐겨찾기 링크도 포함된다. 특히 반복적으로 수행하는 작업에 대해서 모든 정보를 한 곳에 통합할 수 있는 방법을 고려하라. 또한 항상 도입하고 싶었지만 시간이 없어 미루었던 앱들을 살펴보

라. 여기에는 비밀번호 관리자, 휴대폰용으로 나온 빠른 가상 키보드 등이 있다.

자주 사용하는 것과 단순히 공간을 차지하는 것을 찾아라. 여기서 내가 말하는 것은 하드 드라이브의 물리적 공간만이 아니다. 정신적 공간에 대해서도 이야기하는 것이다. 화면에서 볼 수 있는 것은 적을수록 좋다. 과도하게 고민하지 말고 과감한 변화를 두려워하지 말고, 모든 것을 보관 폴더에 넣고 처음부터 다시 시작하라.

클리프 해젤Cliff Hazell은 여러 해 동안 스포티파이에서 코치 팀을 이끌며, 자사가 개발자 요청을 관리하는 데 사용했던 티켓팅 앱*을 정리하는 과감한 조치를 취했던 유사한 사안에 대해 블로그 글을 남겼다[3]. 이때 거의 14,000개의 열린 티켓이 있었고, 그중 대부분은 6개월 이상 손을 대지 않았다. 그는 어떤 티켓이 중요한지 아닌지를 파악하는 데 몇 달을 보낼 수도 있었지만, 위험을 감수하기로 결정했다. 어느 오후 그는 모든 티켓을 닫아 버렸다. 그리고 팬들에게 필요하다면 다시 열어달라고 요청해 달라고 했지만, 단 한 통의 메시지만 받았다. "왜 이렇게 많은 알림이 온 거죠?"

어떤 시기든 항상 봄맞이 정리를 할 좋은 시점이다.

2. 작업 흐름 매핑 및 시각화

젠의 복잡한 신입교육 프로세스나 리맥스의 다양한 자동화 기회를 기억하는가? 당신은 프로세스가 실제로 단계별로 어떻게 작동하고 있는지, 그

---

* 스포티파이의 티켓팅 앱은 팬들이 라이브 이벤트를 더 쉽게 찾고 참여할 수 있도록 돕는 기능을 가졌으며, 앱 내에서 팬들이 좋아하는 아티스트의 공연 일정을 확인하고 직접 티켓을 구매할 수 있게 만든 서비스이다. - 옮긴이

리고 개선하거나 자동화할 수 있는 부분이 어디인지 확인할 수 있었을 것이다.

최근에 한 고객이 자신이 직원을 잃었고, 그의 대체자를 찾기 시작하면서 비로소 그가 실제로 무엇을 했고 어떻게 했는지 자세히 살펴봐 주기를 의뢰해 왔다. 우리가 발견한 것은 무엇이었을까? 그의 작업 중 70% 이상은 자동화될 수 있었으며, 나머지는 추가 수입을 원하는 팀원에게 넘길 수 있다는 것이다. 좀 웃기지만 이해하기 쉬운 일이다. 동료가 함께 있을 때는 그가 일을 어떻게 처리하는지, 혹은 더 나은 방법이 있을지에 대해 아무도 의문을 제기하지 않기 때문이다.

솔직해져 보자. 오늘 당신이 직장을 떠난다면 당신의 작업 중 얼마나 많은 부분이 자동화되거나 AI를 통해 대체될 수 있을까? 이 질문은 불편할 수 있지만, 나중에 경영진이 대신 대답하게 만드는 것보다 지금 스스로에게 물어보는 것이 낫다.

우리의 프로세스를 매핑하고 시각화하며 그 약점을 수정하는 능력은 매우 유용하다. 이는 배울 수 있으며, 이때 많은 도구들이 도움이 될 수 있다[4]. 우선 팀원들과 작업 흐름에 대해 이야기하고 개선할 방법을 브레인스토밍하기 시작하라. 이후 자주 수행하는 활동이나 가장 많은 가치를 가져오는 활동에 집중하라. 사무실 앱이 무엇을 할 수 있는지 아는 것이 좋으며, 그렇게 될 시 훨씬 더 빠르게 개선 아이디어를 떠올릴 수 있을 것이다.

우리는 거의 모든 것을 매핑하고 시각화할 수 있다. 여기에는 당신의 직업 개발, 경력 성장, 심지어 노 워크로의 여정도 포함된다. 일주일 동안 노 워크 탐색기를 사용해 보라("디지털 사고방식의 기초"라는 장에서 이에 대해 이야기했다). 이는 즉각적인 개선 아이디어와 장기 목표, 그리고 추가 교육을 받아야 할 차이를 기록하기에 완벽한 장소이다.

> **더 나은 프로세스의 설정에 도움이 되는 질문들**
>
> - 만약 당신에게 10배 더 많은 작업이 주어진다면, 이를 따라잡기 위해 무엇을 변경하거나 자동화해야 할까?
> - 만약 당신이 절반의 시간만 일한다면, 어떻게 업무를 마무리할 수 있을까?
> - 만약 당신이 조수를 고용한다면, 어떤 작업을 그들에게 위임할 것인가?
> - 만약 마법의 지팡이를 갖고 있다면, 어떤 작업을 사라지게 할 것인가?
> - 당신이 그냥 하기 싫어서 미루고 있는 것은 무엇인가?
>
> 그리고 나의 가장 좋아하는 질문 중 하나인 팀 페리스가 한 질문은 다음과 같다.
> "만약 이 일이 쉬웠다면 어떻게 보였을까?"

3. 작동하는 것(또는 작동하지 않는 것)에 대한 회고 및 열린 토의

나는 종종 팀에게 속도를 내기 위해 느려져야 한다고 말한다. 이때 회고[5]가 도움을 줄 수 있다. 회고란 기본적으로 지금까지의 작업 방식을 되돌아보는 것을 말한다. 목표는 상황을 개선할 방법을 찾고, 그에 도달하기 위해 필요한 정확한 단계를 파악하는 것이다. 이 작업은 혼자 또는 팀과 함께 수행할 수 있으며, 이를 훨씬 더 쉽게 만들어 줄 수 있는 다양한 도구와 기술이 있다. 내가 가장 좋아하는 방법은 "시작 / 중단 / 계속"이다. 무엇을 *시작*해야 할지, 무엇을 *중지*해야 할지, 무엇이 충분히 잘 작동하고 있어 *계속*해야 할지를 생각하는 것이다.

이때 가상의 화이트보드[6]를 사용할 것을 추천한다. 여기서 모든 팀원이 자신의 의견을 표현할 수 있기 때문이다. 이는 내성적인 사람이 기여할 수 있게 해주며, 냉정하고 솔직한 피드백을 주고받는 열린 문화를 조성할 수 있다.

또 다른 유용한 도구는 팀 페리스가 만든 "지난해 리뷰[7]"이다. 자신의 일정과 할 일 목록을 살펴보는 도구인데, 당신은 무엇에 시간을 썼고 누구와 시간을 보냈는지, 어떤 작업이나 프로젝트가 실제로 유용했으며 어떤 것들이 시간 낭비였는지, 단순히 당신이 무엇을 했는지 생각하는 것이 아니라 어떻게 했는지, 무엇을 더 잘할 수 있었고 어떻게 개선할 수 있었는지 고려하게 도와준다.

그뿐만 아니라 실제로 그 작업을 즐겼는지에 대해서도 생각하게 한다. 당신의 작업, 프로젝트, 그리고 함께 일했던 사람을 목록으로 만들어 긍정적인 것과 부정적인 것으로 두 개의 열을 나눈 뒤, 이 작업이 당신에게 에너지를 줬는지 아니면 소모시켰는지, 재미있었는지 그렇지 않았는지를 체크할 수 있다. 이는 당신이 어떤 부분에 집중해야 할지를 파악하는 데 도움이 된다. 나의 멘토 중 한 명은 행복해지기 위해 더 많은 좋은 것들을 추구할 필요는 없으며, 나쁜 것들을 없애는 것만으로 충분하다고 말하곤 했다.

4. 원칙 및 팀 합의

무엇인가 알아내야 할 때, 당신은 시스템에서 뒤적거리거나 누군가에게 물어보는 것을 선호하는가? 어떤 문제에 대해 이야기하고 싶을 때 자동으로 '회의'나 '이메일'을 생각하는가? 이렇듯 우리의 사고방식은 전체 팀의 작업 문화에 영향을 미치며, 이는 다시 일하는 방식에 영향을 준다.

현재 작업 문화의 핵심 요소를 파악하는 데 도움을 줄 수 있는 두 가지 필수 도구가 있다. 바로 원칙과 팀 합의이다. 이 두 가지는 회사의 작업 문화를 명확히 정의하고, 이를 개선하기 위해 어떤 조치를 취할 수 있을지를 파악하는 데 유용하다.

원칙은 조직이 운영되는 기본 토대를 설명한다. 대부분의 사람은 모든 규칙을 철저히 준수할 수는 없지만, 모든 사람이 염두에 두고 있는 몇 가지 핵심 원칙이 있다면, 이를 더 구체적인 규칙으로 발전시킬 수 있거나, 심지어 그 원칙만으로도 운영할 수 있다.

협력의 원칙은 팀이 원활하게 운영되도록 유지하는 기본 가치를 설명하며, 이를 적절히 전달하는 것이 중요하다. 이미 알고 있는 원칙을 사용하거나, 새로운 원칙을 제시할 경우에는 간단하게 하라. 예컨대 다음과 같은 것이 있다.

- 완벽한 것보다 완료된 것이 낫다.
- BHF: 냉정하게 솔직한 피드백.
- 먼저 판매하고, 나중에 구축하라.

팀 합의는 팀 협력, 커뮤니케이션 및 디지털 도구 사용에 대한 팀 합의를 문서화한 것이다. 이는 정기적으로 갱신하고, 새로운 팀원이 합류할 때 사용하는 것이 중요하다.

팀 합의는 다음과 같이 작성될 수 있다.

- 기본 회의 길이는 25분이다.
- 모든 정기 회의를 녹화하고 회의 노트와 함께 보관한다.
- 모든 프로젝트는 노션에 중요한 세부 정보가 포함된 전용 페이지를 가진다.
- 채팅 메시지는 48시간 이내에 응답한다.
- 파일을 직접 전송하지 않고, 저장된 위치에 대한 링크를 공유한다.
- "의제가 없으면 참석하지 않는다": 의제가 없다면 나를 초대하지 마라.

명확한 원칙과 팀 합의는 팀 내 및 리더십 수준에서 사람이 수행하는 작업에 대한 사고방식을 개선하고 소통을 변화시키는 데 매우 중요하다. 원칙은 디지털 전환을 촉진하는 데 중요한 역할을 하며 항상 그 과정에 직접 관여하지는 않더라도 그렇다. 직원의 과중한 업무 문제를 해결한 회사를 보면 이는 새로운 도구 덕분이 아닌 경우가 많다. 거의 항상, 리더십이 더 나은 작업 방식을 찾도록 적극적으로 권장하고 때로는 압박을 가한다.

그중, 불행하게도 변화에 가장 저항하는 경우가 많은 것은 관리자다. 그들은 항상 배우고 성장할 시간이 "너무 없다"고 주장하지만, 사실은 그들이 필요한 경우가 가장 많다. 만약 관리자가 당신의 아이디어를 지지하거나 모범을 보이지 않는다면, 당신은 스스로 나서서 조직을 아래에서부터 변화시키기 위해 노력해야 한다. 이것이 내가 디지 챌린지 프로젝트에

"2% 규칙"을 도입한 이유이다. 이 규칙에 따르면 모든 직원은 자신의 업무 시간의 최소 2%를, 보통 한 달에 약 3시간 정도를 프로세스 개선 및 작업 자동화에 할애해야 한다.

당신은 이 작업에 얼마나 많은 시간을 할애하고 있는가?

> **집안일 및 기타 업무를 위한 앱이 있다**
>
> 이 장에서 언급된 작업 공간을 정리하는 것부터 프로세스를 세밀하게 조정하는 것까지의 모든 내용은 스마트 앱을 통해 지원될 수 있다.
>
> - 팀과의 시각적 맵핑이나 브레인스토밍을 위해 미로(Miró), 뮤럴(Mural) 또는 마이크로소프트 화이트보드를 사용할 수 있다(최고는 아니지만, 최소한 기업이나 공공 기관에서 일하는 사람이 접근할 수 있는 도구이다).
> - 프로세스에 대해 논의하고, 대화를 AI 도구에 붙여 넣으면 워크플로우를 생성할 수 있다. 룸 비디오를 녹화하면 자동으로 SOP(standard operating procedure, 표준 운영 절차)가 생성된다.
> - 프로세스와 워크플로우에 대해 관심 있다면 프로세스 스트리트(Process Street)를 살펴보라. 여기에는 몇 번의 클릭만으로 워크플로우를 구축하는 AI를 활용하는 새로운 기능이 있다.
>
> 곧 대부분의 앱에 'AI 정리' 기능이 탑재될 것이다. 또한, 노력 없이도 정리를 도와주는 다양한 마이크로 앱이 생길 것이다. 내가 선호하는 두 가지는 겟 소티드(Get Sorted, 파일과 폴더를 자동으로 정리해 주는 앱)와 스크린샷매직(ScreenshotMagic, 스크린샷의 내용을 기반으로 이름을 변경하는 'AI 비전' 기능을 사용하는 앱)이다. 두 앱 모두 애플 기기에서 사용할 수 있지만, 윈도우나 안드로이드 기기에서 사용할 수 있는 대체 앱들은 구글이나 AI를 활용해 기능을 조사하고 찾아볼 수 있다.

자신의 디지털 평화 찾기

때때로 누군가 디지털 웰빙 또는 디지털 디톡스detox에 대한 교육을 요청한다. 디지털 디톡스의 개념은 간단하다. 사람과 디지털 기술 간의 건강하고 균형 잡힌 관계를 유지해 디지털에 압도당하고 스트레스를 받지 않도록 하는 것이다. 내가 항상 가장 먼저 알고 싶은 것은 그들의 캘린더와 협업 도구의 모습이다. 이러한 웰빙 감각을 얻는 것은 단일 워크숍의 문제가 아니다. 이는 좋은 시스템을 갖추는 것의 중요성을 이해하는 것과 관련이 있다.

명확한 시스템이 마련돼 있어 모든 것을 주목하고 쉽게 접근할 수 있으며, 대부분이 자동화돼 예기치 않은 일이 발생하지 않는다면 시스템은 수월하게 진행된다. 그러나 시스템이 엉망이어서 알림에 끊임없이 시달리게 된다면 동료의 무해한 질문조차도 압도당할 수 있다.

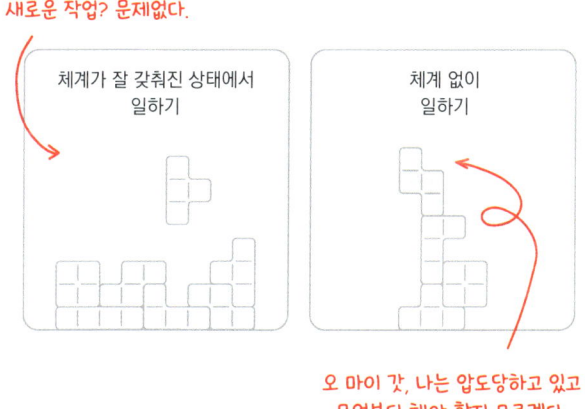

당신의 상황은 어떠한가?

나는 통제를 잃고 있다고 느낄 때마다 마이클 롭(Michael Lopp)의 "바쁨의 일곱 단계[8]"를 떠올린다.

1. **바쁘지 않음**: 일정이 한가하다. 무한한 경로를 선택할 수 있다. 스케줄이 전혀 없다. 주말이다. 나는 아기처럼 잘 잔다. 인생은 좋지만, 나는 최고의 삶을 살고 있을까?
2. **할 일이 있음**: 몇 가지 스케줄이 내 머릿속에 떠돌고 있다. 이 스케줄은 합리적이고 알 수 있으며, 마감일이 없다. 나는 모든 것을 머리로 기억할 수 있다.
3. **중요한 스케줄**: 더 이상 자연스럽게 우선순위를 정할 수 없을 정도로 스케줄이 많아서 이를 추적하기 위한 도구가 필요하다. 가끔 특별한 날을 상기하기 위해 캘린더를 체크한다.
4. **용량 가득**: 내 할 일 목록과 캘린더가 가득 차 있다. 이에 따라 시간을 투자할 곳을 결정하기 위해 "무엇이 더 중요한가?"라는 결정을 자주 내려야 한다. 예정되지 않은 시간은 없으며 여전히 모든 것을 잘 관리하고 있다고 느낀다. 받은 편지함은 비어 있다.
5. **외관의 균열**: 나는 모든 것을 잘 관리하고 있다고 스스로에게 말하지만 과도한 업무의 초기 징후가 보인다. 받은 편지함 비우기는 실패한다. 조금 더 시간이 있었더라면 일상적인 놀람은 피할 수 있었을 것이다. 나는 "죄송합니다"라고 자주 말하기 시작했다. 일이 떨어지지 않고 실행이 엉망이 됐다.
6. **압도적인 스케줄**: 들어오는 일의 양이 내 우선순위를 정할 능력을 초과한다. 변화는 끊임없다. 들어오는 일에 대해 "괜찮습니다"라고 말하지만 괜찮지 않다. 일이 바닥에 쌓이고 있지만 나는 눈치채지 못한다. 근무 시간이 개인 생활 시간으로 흘러 들어간다. 피곤하다.
7. **지속 불가능**: 나는 순간순간 살아간다. 식사와 기타 필수적인 것은 일들 사이에 끼워 넣어지거나 무시된다. 할 일 목록은 유지할 시간이 없

기 때문에 나에게 도움이 되지 않는다. 내 캘린더는 시간마다 바뀐다. 내가 얼마나 바쁜지 걸음걸이에서 명확히 드러난다. 나는 종종 "그는 망했다"는 의도를 모르는 시선을 받는다. 업무와 개인 생활의 균형이 전혀 없다. 이는 지속 불가능하다.

현재 당신은 어느 단계에 있는가? 만약 네 번째 단계 이상이라면, 당신은 속도를 줄이고 다른 일을 하기 전에 상황을 다시 통제하는 데 집중해야 한다.

나는 이 접근 방식이 얼마나 중요한지 다시금 깨달았다. 어느 날, 한 고객이 나에게 무작정 전화를 걸어 비싼 디지털 생산성 과정에 대한 비용을 지불하면서 여기에 참석할 수 없다고 사과했다. 그 이유는 무엇일까? 과도한 업무 때문이다! 그도 그럴 수밖에 없었다. 나는 그를 돕기 위해 그의 직원이 시간을 어떻게 사용하는지 기록하는 2주간의 실험을 제안했다. 실험이 승낙되면 그들은 우리 디지털 생산성 코치 중 한 명과 함께 일해 AI를 활용해 일부 업무를 자동화하는 방법을 알아낼 수 있을 것이다. 그는 그렇게 하고 싶다고 했지만 "정말, 정말 압도당하고 있다"며 불가능하다고 말했다. 나는 할 말을 잃었다. 아마도 그는 "말을 물가로 이끌 수는 있지만…"과 같은 말을 하고 싶었을 것이다.

직원이 끊임없이 바쁠 때, 그들의 고통은 단순히 현재의 업무를 따라잡지 못하는 데서 오는 것이 아니다. 더 큰 문제는 그들이 새로운 기회를 탐색할 시간이 없다는 것이다. 토마스 에디슨$^{Thomas\ Edison}$은 기회는 대부분의 사람이 작업복을 입고 일하는 것처럼 보이기 때문에 놓친다고 말했다. 하지만 어쩌면 그 반대일 수 있으며, 우리 중 일부는 단순히 너무 많이 일하기 때문에 기회를 놓치고 있는 것일지도 모른다.

최고의 도구를 찾는 방법

지금쯤이면 기술 자체에 대한 강조가 지루할 수도 있겠지만 진정으로 중요한 것은 이 기술을 어떻게 활용하느냐이다. 고객과 친구는 나에게 항상 여기나 저기에 적합한 앱에 대한 팁과 추천을 요청한다. 하지만 그들을 탓할 수는 없다. 나는 항상 "그런 앱이 있다"라고 말하는 사람이므로 그들이 질문하지 않을 이유가 없기 때문이다. 하지만 구체적인 팁을 나열하는 대신 나는 더 나은 것을 제안하고자 한다. 바로 당신의 필요에 맞는 완벽한 도구를 찾고 선택하는 방법 말이다.

자영업자라면 규제된 환경에서 운영되는 기업에 비해 일반적으로 선택할 수 있는 옵션이 훨씬 더 많다. 내 좋은 친구인 필립 하이젝 Filip Hajek 은 거대 은행의 학습 및 개발 부서의 책임자로 일하고 있는데, 그는 이를 정확히 설명했다. "이상적인 조건에서 무언가를 테스트하는 것과 누적된 기술 문제와 절차적 비효율이 상당하고 보안, 법률, 윤리 및 기타 많은 제한을 받는 대기업의 복잡한 현실 내에서 이를 배포하는 것은 완전히 다른 게임이다. 코로나19 이전에는 대부분의 사람이 원격으로 일하는 것에 불가능을 내비쳤다. 하지만 오늘날 원격은 절대적인 기준이다. 그렇다. 불가피한 성장 통증이 있었지만 근본적인 AI는 게임의 규칙을 변화시켰다."

그리고 디지털 환경의 현재 상태는 그의 주장을 입증해 줬다. 모든 것이 내 경력에서 본 것보다 더 빠르게 변화하고 있다. 여기에는 기업이 디지털 도구를 사용하는 방식도 포함된다.

하지만 적절한 기술을 찾을 때 따라야 할 몇 가지 일반적인 원칙이 있다.

1. 당신은 아마 필요한 것을 이미 가지고 있을 것이다

내가 가장 좋아하는 운동 프로그램 중 하나는 교도소 운동법Convict Conditioning*9이다. 이는 간단한 아이디어에 기반하고 있다. 수감자는 운동할 수 있는 옵션이 매우 제한적이지만, 장비 없이도 최소한의 공간에서 할 수 있는 운동이 많다는 것이다.

작업 도구도 마찬가지다. 그러나 매일 몇 시간씩 사용하는 사무용 앱의 모든 기능에 대해 전혀 알지 못하는 사람이 얼마나 많은지 놀라울 따름이다.

AI에서 나쁜 결과를 얻고 있는가? 더 나은 지침을 주는 방법을 배워라. 같은 지루한 작업을 반복하고 있는가? 자동화를 시작하라. 현재 사용하고 있는 전화기, 컴퓨터 및 기타 도구가 이미 이를 수행할 수 있을 가능성이 높다.

2. 질문하는 법을 배우라

누군가 나에게 무언가에 대한 앱이 있는지 물어볼 때마다 나는 그들이 스스로 찾아봤는지 궁금해진다. 그러면서도 그 사람의 질문을 이해한다. 사람들은 신뢰할 수 있는 추천을 원하기 때문이다. 끝없는 옵션을 스크롤하고 싶지 않거나, 직접 조사하는 것이 귀찮을 수도 있다. 하지만 중요한 점은 한 사람에게 효과가 있는 것이 다른 사람에게는 효과가 없을 수도 있다는 것이다. 내가 특정 도구를 추천할 때면 종종 많은 질문이 뒤따른다. '유료인가, 무료인가?' '윈도우용인가, 맥용인가?' 그래서 우리는 프로그램에서 단순히 답변을 제공하는 것이 아니라, 사람들이 필요할 때마다 올바른 앱을 찾을 수 있도록 하는 방법을 가르친다.

---

* 교도소 운동법은 교도소에서 몸을 단련하는 방법을 기반으로 한 체력 훈련 프로그램이다. 이 프로그램은 기구나 헬스장 없이도 신체를 단련할 수 있도록 하는 점에서 주목받고 있으며, 폴 웨이드(Paul Wade)가 이 프로그램을 책으로 발간하며 널리 알려졌다. – 옮긴이

대면이든 온라인이든 무엇이든 자유롭게 질문하라. 이 책의 목적이 바로 그것이니까! 하지만 질문하기 전에 몇 분간 스스로 검색해 보는 것은 어떨까? 이는 AI가 도와줄 수 있다. 어쩌면 생각했던 것보다 더 많은 도움을 말이다.

- 구글이나 AI에 자신의 워크플로우를 설명하거나 원하는 목표를 설명해 분석해 달라고 요청하라.
- 적합하지 않은 도구를 발견하면 대안을 찾아라(이는 "윈도우용 레이캐스트Raycast 대안"을 검색하는 것처럼 간단할 수 있다).
- "There's an AI for That", 프로덕트 헌트Product Hunt 또는 G2와 같은 인기 플랫폼을 둘러보라.
- 특정 도구를 추천하거나 비교하는 비디오를 발견하면 AI를 활용해 간단한 요약을 생성하고, 관심 있는 포인트에 대해 질문할 수 있다.
- 기사나 소셜 미디어에서의 토론에서도 동일한 작업을 수행할 수 있다. 바딘과 같은 도구에서 하나의 프롬프트로 토론을 다운로드하고 AI에 업로드하면 준비 완료다.

당신이 발견하는 것에 당신 스스로가 놀랄지도 모른다. 그러나 거기서 멈추지 말고 다양한 도구를 시도해 보라. 무엇이 당신에게 가장 잘 맞는지 알아보는 것을 두려워하지 말라.

찾은 앱이 원하는 방식으로 작동하지 않더라도 계속 질문하라. 구글을 사용하든 AI를 사용하든 상관없다. 정말 중요한 것은 어리석게 보일 수 있는 질문이라도 계속해서 하는 것이며, 원하는 답변을 얻을 때까지 그 질문을 멈추지 않는 것이다. 최고의 모델은 이미지 분석도 가능하니, 문제가 있는 앱의 스크린샷을 쉽게 업로드하고 관심 있는 사항에 대해 질문할 수 있다는 점을 잊지 말라.

3. 최선의 선택을 하라

하드웨어나 소프트웨어에 돈을 아끼지 마라. 이는 진정으로 가치가 있다. 당신은 매일 생산적인 시간의 대부분을 작업 도구에 사용하므로, 그 시간을 최대한 쾌적하게 잘 사용해야 한다.

나는 AI의 발전으로 개별 도구 간의 차이가 크게 벌어질 것이라고 믿는다. 이미 동일한 분야의 앱들이 완전히 다른 리그에서 경쟁하는 것을 보고 있으며(예를 들어, 마이크로소프트 화이트보드와 미로, 마이크로소프트 리스트와 에어테이블을 비교하라). 이러한 차이는 앞으로 더욱 커질 것이고 일부 앱이 다른 앱보다 상당히 더 많은 가치를 창출하는 지점에 이를 수도 있다. 따라서 일이 제대로 진행되기를 원한다면, 최상의 도구를 갖추는 것이 중요하다.

새로운 도구에 투자할 때마다 이를 제대로 활용하는 방법을 배워라. 가지고 놀아보고, 다른 사람들이 어떻게 사용하는지 관찰하며, AI에게 팁과 요령을 요청하라. 때로는 월별 구독 대신 연간 구독을 하는 것이 도움이 되기도 하는데, 이는 실제로 도구를 사용하도록 강제하기 때문이다. 이상적으로는 도구를 무료로 사용해 보거나 한 달 분만 지불하고 마음에 든다면 더 저렴한 연간 구독으로 전환하면 된다(특히 특별 할인 행사 때가 저렴하므로, 나는 이때 미리 알림을 설정해 둔다).

가끔씩 사용 중인 도구에 대해 지불하는 금액이 적정한지 평가하는 것도 필요하다. 사용하고 있는 앱 목록을 작성하고, 더 이상 실제로 사용하지 않는 구독은 정기적으로 취소하라. 가끔만 사용하는 도구에 대해서는 전체 팀을 위한 하나의 접근 권한을 만들거나 대체 결제 방법을 탐색하라. 때때로 비슷한 앱을 찾아보면 더 저렴하거나 무료인 경우도 있다.

트렌드에 반하는 것을 두려워하지 마라. 베이스캠프 앱의 창립자들은 2023년 초에 클라우드를 버리기로 결정했다. 그들은 아마존의 서버 서비스에 비용을 지불하는 대신 20년 전 기업들이 했던 것처럼 자체 서버를 구매해 연간 수백만 달러를 절약했다.

우리는 새로운 앱의 단순함, 속도, 기능에 매료되기 쉽다. 그러나 비즈니스의 다른 모든 것처럼, 우리는 자신이 지불하는 만큼의 가치를 앱이 실행하고 있는지 확인해야 한다.

그렇다면 최고의 앱과 온라인 서비스를 어떻게 찾을 수 있을까? 디지털 사고방식과 새로운 기술을 개발하는 것과 같은 방식인 IES 프레임워크를 활용하는 것이다.

영감

가끔씩 인기 있는 소프트웨어 카탈로그[10]를 살펴보고, 휴대폰 앱 스토어를 방문하며, 브라우저 확장 마켓extension markets[11]을 확인하고, 디지털 생산성 전문가들을 소셜 미디어에서 팔로우하라. 워크숍이나 웨비나에 참석할 때는 질문하는 것을 주저하지 말라.

실험

새로운 기술과 관련된 실용적인 실험을 위해 시간을 따로 마련해 이들이 어떻게 유용할 수 있는지를 확인하라. 해커톤을 조직하고, Poe.com에 한 달간 구독해 다양한 AI 모델의 결과를 비교해 보라. 또한 자동화 전문가를 몇 시간 고용해 AI를 당신의 프로세스에 통합하는 방법을 함께 탐색하라. 한 달 동안 가능한 한 많은 새로운 도구를 심층적으로 조사할 수도 있고, 한 달에 하나의 작은 실험만 조심스럽게 진행할 수도 있다.

공유

동료와 경험에 대해 이야기하고, 기술 애호가가 활동하는 모습을 관찰하며, 그들 커뮤니티의 적극적인 구성원이 돼라. 실패에 낙담하지 말고, 목표를 달성할 때까지 계속 나아가며 다른 사람에게 조언을 구하라. 디지털 코치나 기술 스타트업의 인물을 회사로 초대해 그들이 당신의 문제를 어떻게 해결할지 배워라. 본질적으로 당신은 혼자가 아니다. 지식을 공유함으로써 막다른 길을 피하고 더 큰 성공으로 가는 지름길을 찾을 수 있다.

잊지 말라. 당신이 하고 싶었던 모든 것에 뛰어들기에 더 좋은 시기는 없었다.

당신은 앱뿐만 아니라 AI, 무한한 정보, 그리고 기꺼이 도와줄 사람에게 쉽게 접근할 수 있다.

그렇다면, 어디서 시작할 것인가?

핵심 요약

1. 사람들은 꿈의 직업을 우연히 발견하지 않는다. 적극적으로 구축하는 것이다. 자신이 좋아하는 업무 생활을 만들기 위해서는 시간, 에너지, 그리고 작은 변화조차 받아들일 수 있는 의지가 필요하다.
2. 올바른 일에 집중하고, 모든 것을 더 쉽게 만드는 고효율 작업을 우선시하라. LNO$^{\text{Leverage, Neutral, Overhead}}$와 같은 프레임워크를 사용해 장기적으로 가장 큰 이익을 가져올 활동을 식별하라.
3. 디지털 도구와 프로세스를 정기적으로 "유지 관리"하라. 모든 소프트웨어를 최신 상태로 유지하고 파일과 폴더를 잘 정리하며, 앱의 새로운 기능을 탐색하고 도구를 현재의 필요에 맞게 조정하라. 비효율성을 찾아내기 위해 워크플로우를 매핑하고 이상적인 협업 및 커뮤니케이션을 위한 명확한 원칙을 설정하라.
4. 업무와 개인 생활의 균형의 중요성을 기억하고 과중한 업무에서 오는 스트레스를 피하라.
5. 새로운 도구를 찾을 때는 먼저 이미 가지고 있는 것을 최대한 활용하는 데 집중하라. 필요하다면 자신의 요구에 맞는 최고의 하드웨어와 소프트웨어에 투자하라. 이를 최상의 방법으로 사용하는 방법에 대한 영감을 지속적으로 찾아라.

실천 과제

1. "시작/중단/계속" 기법을 사용해 시작하고 싶은 일, 완전히 중단해야 할 일, 잘 진행되고 있는 일을 목록으로 작성하라. 이때 도구와 작업 방식 모두에 집중하라.
2. 현재 팀 내에서 프로젝트를 완료한 후에 회고, 반성 세션을 진행해 다음번에 개선해야 할 분야를 파악하라.

3. 디지털 정리를 하라. 폴더와 문서를 정리하고 브라우저에서 자주 사용하는 링크를 정리하라(이상적으로는 가장 많이 사용하는 링크를 주요 툴바에 배치하라). 또한 가장 자주 사용하는 도구를 조직하라.

미래의 도전과제

16. 미래의 도전 과제

친구들은 기술에 관한 책을 쓰는 것이 가능할지 자꾸 묻는다. 모든 것이 변하고 있기 때문이다. 매일 수백 개, 수천 개의 새로운 앱이 출시되고, 소셜 미디어는 사람들이 AI를 활용하는 대담한 새로운 방식에 대한 이야기로 끊임없이 떠들썩하며, 매달 새로운 AI 혁신이 등장한다. 새로운 AI 혁신은 여전히 가능할 수도 있으며, 어쩌면 빠른 변화의 속도가 오히려 이를 더 쉽게 만들 수도 있다. 이러한 변화는 나로 하여금 변하지 않는 원칙에 더 집중하게 하고, 오늘이 아닌 내일의 시각으로 세상을 바라보게 만든다.

미래학자가 아니더라도 사태의 방향을 예측할 수 있다. AI를 구동하는 칩을 개발하는 기업인 엔비디아는 이 기술이 현재보다 백만 배 더 강력해질 수 있다고 말한다. 백만 배라니, 상상할 수 있는가? 솔직히 나는 상상할 수 없다. 그러나 그들의 홍보 담당자가 조금 흥분해 숫자를 하나나 두 개 더 추가했더라도, 한 가지는 확실하다. 오늘 사용하는 도구는 앞으로 몇 년 안에 기대할 수 있는 것들의 가장 지능이 낮은 버전을 나타낸다는 것이다.

거의 모든 기술 기업이 바로 이 이유로 인해 AI 개발에 막대한 자본을 투자하기 시작했다. 그리고 기술 기업뿐만 아니라, 컨설팅 회사, 소비자 브랜드, 심지어 모든 국가도 이에 동참하고 있다. 개인적으로 나는 이 경쟁으로 인해 많은 이가 혜택을 받을 것이라고 믿는다. 지난 세기 동안 냉장고의 진화는 혁신자에게만 이익을 안긴 것이 아니라, 차가운 음료와 포장식품 같은 새로운 시장도 창출했다. 이는 인터넷, 컴퓨터 및 기타 발명품에 대해서도 동일하게 적용된다.

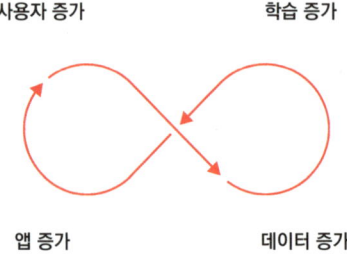

이 때문에 대기업에서 독립 해커에 이르기까지 개발자들은 AI와의 통합 기회를 신속하게 포착해 이들 앱의 한계를 확장하고 있다. 새로운 앱은 고객을 끌어들이고 그들의 데이터를 통해 앱을 학습시키며 추가 개발에 기여한다. 이는 더 많은 개선과 활용 방식을 낳고, 더 많은 앱으로 이어지며, 이러한 과정은 계속해서 반복된다. 그리고 우리는 결코 멈추지 않을 무언가의 시작에 서 있다.

거대한 도전 과제

새로운 기술이 항상 긍정적인 결과와 밝은 미래를 가져오는 것은 아니다. AI는 이전에 봤던 어떤 "기술"보다도, 많은 사람이 상상할 수 있는 것보다도 더 강력할 수 있다. 또한 AI는 우리 사회와 인류 전체에 심각한 위험을 초래할 수 있다. 현재 AI 개발에 대한 투자[1]를 주도하고 있는 것은 비즈니스 분야이고 연구자들은 점점 더 능력 있는 시스템을 만들기 위해 경쟁하고 있지만, 아무도(그들의 창조자조차도!) 이를 완전히 이해하거나 예측하거나 신뢰성 있게 제어할 수 없다.

그 결과, 일반인과 전문가 모두 AI의 영향에 대해 유효한 우려를 가지고 있다. 많은 유명 인사와 비즈니스와 학계에서는 안전 프로토콜과 엄격한 규칙이 확립될 때까지 모든 연구를 중단할 것을 촉구하기 시작했다[2]. 개별 국가들도 규제 작업에 집중하기 시작했다.

나 역시 AI가 여러 가지 위험이 존재한다는 것을 인식하고 있지만 발전이 중단될 수 있다고 생각하지는 않는다. 주요 기업의 대규모 AI 모델을 설계하고 운영하는 방식을 규제할 수는 있지만 지금 우리는 수십만 개의 모델을 이용할 수 있으며(그중 많은 모델은 인터넷 연결 없이도 로컬에서 실행할 수 있다), 여기에는 더 이상 우리가 통제할 수 없는 많은 측면이 존재한다. 따라서 AI는 계속해서 우리 곁에 있을 것이며 그 영향을 예측하기 어려운 만큼 우리가 직면할 도전 과제로 놔두는 것이 좋다.

마이크로소프트가 실시한 설문 조사[3]에 따르면 참가자의 87%가 생성형 AI 사용의 최소 한 가지 측면에 대해 우려하고 있다고 응답했다. 첫 번째 든 나의 생각은 나머지 13%는 AI가 할 수 있는 일에 대해 전혀 모르고 있다는 것이다. 일부 사람은 나쁜 경험으로 인해 AI의 도전 과제와 잠재력을 모두 과소평가한다. 그들은 나쁜 결과의 예시를 기쁘게 공유하는데, 이는 그들 자신의 전문 지식 부족을 드러내는 것과도 같다. 그러나 그들의 말도 맞다. AI는 완벽하지 않다. AI는 여전히 많은 결함을 가진 기술일 뿐이며, 때때로 말도 안 되는 생각을 하거나 물리 법칙을 위반하는 디자인을 만들어내는 행태를 무한히 반복할 수 있다.

새로운 스마트 도구를 개발하는 기업도 부정적인 여론이나 법적 문제를 피하기 위해 시스템을 더욱 제한하고 있다. 이로 인해 AI는 때때로 지나치게 신중하거나 조심스럽게 표현된 답변을 제공하게 돼 사실상 쓸모없게 되기도 한다.

이러한 단점에 집중하는 것은 유용할 수 있어도, 결국 모든 건 단기적 관점에 불과하다. AI는 빠른 속도로 발전하고 있으며, 수백만의 똑똑한 사람이 매일 이를 개선하기 위해 노력하고 있다.

이것이 AI의 발전과 함께 수반되는 여러 질문, 도전 과제 및 우려 사항을 다뤄야 하는 또 다른 이유이다. 모든 문제를 해결할 수는 없더라도, 우리가 위험에 대해 아는 것은 이러한 기술을 보다 안전하고 적절하게 활용하는 데 도움이 될 것이다.

1. 개인에 대한 영향

우리 아이들은 우리보다 덜 지능적이 될 것인가? 우리는 복잡한 작업을 수행하는 능력을 잃게 될 것인가? 우리는 인터넷 사기의 희생양이 될 것인가? 우리의 민감한 데이터와 개인 정보는 어떻게 될 것인가? 사람들은 어떠한가? AI가 우리의 일자리를 빼앗을 것인가?

사람들은 새로운 기술이 자신의 기술에 영향을 미칠 것에 대해 오랫동안 두려움을 가져왔다. 계산기가 처음으로 학교에 등장했을 때 교사들도 비슷한 반응을 보였다. 일부는 흥분해서 수업에 포함시켰고, 다른 일부는 아이들이 더 멍청해지고 게을러질까 걱정하며 주저했다. 하지만 정말 계산기가 그렇게 만들었다고 정말 생각하는가?

AI는 새로운 도구의 긴 줄에서 파생된 또 하나의 기술일 뿐이다. 학생들이 이를 사용해 부정행위를 할 것인지 궁금하다면, 지금 바로 얘기할 수 있다. 그들은 할 것이다! 항상 그랬다. 하지만 동시에 AI는 우리가 받는 교육의 목적, 학습에 사용하는 도구, 그리고 교사의 역할에 대해 재고하게 만들 수 있다. 교사의 역할은 단순히 칠판 앞에 서서 숙제를 내주는 것이 아니다. 교사는 영감을 주고, 실험하고 학습할 수 있는 안전한 공간을 만들며, 학생이 새로운 방식으로 자신의 재능을 개발할 수 있도록 도와주는 역할을 한다.

당신은 현대 기업에서 관리자의 역할과의 유사성을 눈치챘는가? 오늘날의 관리자는 모든 답을 알고 부하직원을 지시하는 대신 동료가 성장하고 성공할 수 있는 환경을 조성해야 할 필요가 많아졌다.

깃허브 코파일럿을 사용하는 프로그래머들 중에서는 더 이상 큰 문제는 해결하지 않는다고 말하는 이는 없을 것이다. 그들은 일상적인 업무에서 벗어나 마침내 적절한 도전 과제[4]를 수행할 수 있게 됐다. 이와 같은 생각은 우리 모두에게 적용된다. 새로운 스마트 도구 덕분에 우리는 더 흥미로운 질문을 하기 시작하고 새로운 시각에서 문제를 바라볼 수 있게 됐다.

AI의 발전에 따라 데이터 프라이버시와 사이버 보안도 유사한 도전에 직면해 있다. 오늘날, 민감한 정보를 어디에 저장할지, 어떤 링크를 클릭할지 신중하게 고려해야 한다. 이러한 고려 사항은 새로운 스마트 도구의 유혹적인 기능이 우리의 주의를 뺏어가면서 점점 더 어려워질 가능성이 있다. 친구 중 한 명은 새로운 사업을 시작하고 싶어 했고, AI 없이 모든 것을 처리하겠다고 고집했다. 그는 "AI가 아닌 인간이 만든 것"이라는 라벨을 만드는 것도 고려했다. 하지만 그에게 웹사이트를 어떻게 번역할 계획인지 물었을 때, 그는 DeepL을 통한 기계 번역을 이용할 계획이라고 대답했다.

우리는 검색이나 소셜 미디어에서 보는 모든 것을 믿어서는 안 된다. 사실, 우리는 온라인에서 보는 거의 모든 것을 믿지 말아야 한다. AI로 생성된 딥페이크 오디오, 비디오, 사진은 현실과 거의 똑같아 보이지만 다르다. 이들은 기존의 사진이나 몇 초의 녹음을 바탕으로 생성될 수 있으며, 생성하는 데 거의 비용이 들지 않기 때문에 점점 더 자주 등장할 것이다. 사기꾼은 이를 이용해 돈이나 민감한 데이터를 훔치려 할 것이며, 친구나 동료를 모방할 수도 있다.

그래서 이런 최신 정보를 유지하면서도 사랑하는 사람들에게 알려주는 것이 중요하다. 부모님, 자녀, 친구들과 이러한 위험에 대해 정기적으로 이야기할 수 있도록 몇 분의 소중한 자유 시간을 기꺼이 투자해야 한다. 그렇게 함으로써 그들을 재난이나, 과거에는 존재하지 않았던 상황에 빠지지 않게 도와야 한다.

우리에게 유리하게 사용될 수 있는 거의 모든 것(예: 훈련, 콘텐츠 생성 및 판매를 위한 아바타)은 악의적인 목적(예: 사기, 데이팅 사기 및 남용을 위한 아바타)으로도 사용될 수 있으므로, 그 위험을 과소평가해서는 안 된다. 그러나 이러한 위협이 존재한다는 사실이 전혀 나쁜 소식만은 아닐 수도 있다. 뉘앙스를 이해하고, 정보를 검증하며, 비판적으로 사고하는 것이 우리의 역할이기 때문이다. 이는 우리를 노동 시장에서 대체할 수 없는 존재로 만들어주는 중요한 요소이기도 하다.

2. 기업에 미치는 영향

기업이 이러한 기술에 더욱 의존하게 될 것인가? 이로 인해 그들은 더욱 취약해지고 민감한 데이터 유출에 노출될 가능성이 있는가? 그들이 실제로 생산할 것이 있을까? 직원은 AI가 그들의 일자리를 빼앗기 시작하면 충격을 받지 않을까?

대항해 시대와 산업 혁명 이후로 기업들은 끊임없이 새로운 조건에 적응해야 했다. AI는 이러한 자연 선택 과정에 아무런 변화를 주지 않았다. 그러나 이를 잘 활용할 방법을 찾지 못한 기업은 어떻게 될까? 그들은 AI가 해로운 콘텐츠를 생성하고 잘못된 결정을 내리는 상황에 처하게 될 것이다. 이를 완전히 피하려고 하는 기업은 경쟁사나 새로운 스타트업에 의해 뒤처질 가능성이 높으며, 그들의 직원은 저조한 임금과 열악한 환경에서 고통받게 될 것이다.

결국 모든 것은 기업 소유자와 리더의 접근 방식에 달려 있다. 그들은 AI의 잠재력, 중요성 및 긴급성을 인식할 수 있는가? 새로운 기술 개발에 투자하고 있는가? 또한 그 과정을 안내할 수 있는 전문가를 고용하고 있는가?

만약 그들이 AI에 대한 접근 방식을 기본 디지털 기술 개발에 대한 접근 방식과 유사하게 한다면, 그들은 곤경에 처하게 될 것이다. 나는 이를 직접 목격했다. 나의 경험 이외에도 많은 리더가 현재 가능한 것에 대해 전혀 알지 못하고 있다. 그들은 기본 사무 소프트웨어를 간신히 사용할 수 있을 뿐, AI가 구동되는 세상에서 자신의 새로운 역할을 이해하지 못하고 있다. 하지만 앞서 논의했듯이, 그들은 기술적 경계를 확장하고 팀이 실험하고 혁신하며 자신의 재능을 활용할 수 있는 환경을 조성해야 한다.

다행히도 이는 해결할 수 있는 문제다. 그러나 이를 위해서는 변화에 적응할 용기와 에너지가 필요하다. 만약 소유자나 경영진이 행동을 취하는 것을 거부한다면, 적극적인 직원이 책임을 지고 상황을 개선할 수 있다. 만약 당신이 이러한 상황에 처해 있다면, 당신이 나서서 빛날 기회일 것이다.

하지만 우선 조직은 팀이 성공에 필요한 AI 도구에 접근할 수 있도록 보장해야 하며, 이를 사용하는 방법을 알아야 한다. 일부 기업은 민감한 데이터 유출의 위험 때문에 직원이 내부 정보를 AI에 입력하는 것을 금지하고 있다. 그러나 이러한 접근 방식은 역효과를 낳을 수 있다. 직원은 최상의 AI 모델이 어떤 능력을 가지고 있는지 알고 있지만 덜 효과적인 도구를 사용해야 한다면 "그림자 IT"가 성장할 수 있다. 사람은 항상 금지된 도구를 사용해 업무를 더 쉽게 만드는 방법을 찾았다. "사용자 경험을 희생한 보안은 결국 보안을 해친다"는 말처럼 말이다. 요약하자면 디지털 보안은 현재와 미래에도 가장 중요한 주제이자 기술 중 하나이며, 기업은 이 문제를 피하기 위해 어느 정도의 노력을 투자해야 한다.

그들이 다뤄야 할 주제는 더 많다. AI 모델의 광범위한 발전 덕분에 오늘날 우리는 상업용 모델, 개방형 모델을 활용하거나 심지어 자체 모델을 훈련할 수 있다. 하지만 여기에는 여러 질문과 결정이 따른다. 어떤 모델이 우리에게 적합할까? 고객의 데이터를 사용해 AI를 훈련할 수 있을까? 우리에게 가장 중요한 것은 가격, 속도, 성능 중 어떤 것인가? 프롬프트 소유권, 법적 규제 및 개별 모델 사용을 위한 라이센스는 어떻게 될까? AI가 수십 또는 수백 명의 업무를 대체하는 프로젝트에 대해 직원 및 고객과 어떻게 소통해야 할까?

이는 AI가 어떻게 작동하는지, 어떻게 학습하는지, 그리고 이를 작업 흐름에 어떻게 통합하는지 이해하는 사람을 고용하는 것이 필수인 이유다. 이때는 조직과 브랜드에 안전한 결정을 내리는 데 도움을 줄 수 있는 사람이 필요하다.

마지막 질문인 AI가 우리의 일자리를 빼앗을 것인지에 대해서는, 가능성이 있다. 더 정확히 말하자면 그럴 가능성이 매우 높다. 하지만 걱정하지 마라. 이 책을 읽고 있다면, 가까운 미래에 AI가 당신이 원하지 않는 지루한 작업을 대신할 것이라는 것을 알고 있을 테니.

3. 사회에 미치는 영향

우리는 가짜, 사기성 및 기타 유해한 콘텐츠에 압도당할 것인가? 허위 정보와 사이버 범죄가 급증할 것인가? 우리는 좌절한 실업자들로 가득한 광경을 보게 될 것인가?

기술은 사람을 도울 수 있지만, 여기에는 나쁜 의도를 가진 사람도 포함된다. 단 한 번의 클릭으로 유익한 기사를 생성할 수 있지만, 반대로 끝없는 양의 허위 정보를 공급할 수도 있다. AI가 채팅에서 실제 사람처럼 의사소통할 수 있기 때문에, 일부는 이 능력을 부끄럼 없이 이용해 외롭거나 취약한 사람으로부터 돈을 뺏을 수도 있다.

그러나 가짜 사진, 비디오, 음성의 범람은 반대의 효과를 가져올 수도 있다. 우리가 인터넷에서 보는 것과 듣는 것을 신뢰할 수 없다면, 전통 미디어의 중요성이 다시 부각될 수도 있는 것이다. 아주 긍정적으로 생각해 본다면, 사람은 비판적으로 사고하기 시작할 수도 있다. 사람들이 인터넷에서 보는 것에 대해 가장 비판적으로 생각하는 날이 언제인지 아는가?

4월 1일 만우절이다.

우리는 저작권 자료, 지적 재산, 프라이버시 권리, 손해에 대한 책임 및 기타 광범위한 법률 분야와 관련된 AI 문제를 다뤄야 한다. 따라서 잘 설계된 정책을 수립하고 이를 제대로 시행하는 것이 매우 중요하다. 각국과 국제기구는 법률과 규정을 재작성해야 하며, 향후 법원 판결에 의해 다른 안전장치들을 구축해야 한다. 그러나 안타깝게도 정치인들은 그다지 열정적인 혁신가가 아니다. 내가 그들 중 몇몇 앞에서 발언할 기회를 가졌을 때, 그들은 자신이 행동을 취하는 것이 다음 선거에서 기회가 될지 해가 될지 여부에만 관심이 있었다. 나조차도 AI 규제가 어떤 방향으로 나아갈지 궁금하다. 그저 내가 확실히 아는 것은, 잘못된 정치적 결정이 백만 단위의 전체 공동체를 느리게 만들 수 있다는 점이다.

실업 문제에 관해서는, 이전 장에서 인간의 일자리를 대체하는 방법과 새로운 일자리를 창출하는 방법 두 가지 측면을 살펴봤다. 중요한 것은 하나의 본질적인 사실을 깨닫는 것이다. 세상일은 끝이 없다. 경제학에서는 이를 "일자리 총량lump of labor의 오류"[5]라고 부르며, 이는 새로운 노동자(또는 우리의 경우 자동화)가 노동 시장에 진입함으로써 기존 노동자에게 불리한 영향을 미칠 것이라는 잘못된 가정을 반박한다. 이 주장은 여성의 노동 시장 진입과 경제 이민자들에 대해서도 사용돼 왔다. 이제 이는 AI에 대해서 사용되고 있다.

우리는 또한 제본스 역설Jevons Paradox을 잊어서는 안 된다. 이는 영국 경제학자 윌리엄 제본스William Jevons의 이름을 따온 것으로, 석탄 사용의 효율성이 증가함에 따라 다양한 산업에서 석탄 소비가 증가했음을 발견한 역설이다. 이는 자원이 더 효율적으로 사용될 수 있을 때, 우리는 오히려 그 자원을 덜 사용하는 것이 아니라 더 많이 사용하게 된다는 것을 의미한다. 자동차가 연비가 좋아지면 사람은 더 많이 운전하게 돼 궁극적으로 연료를 더 많이 사용할 수 있다. 새로운 물 절약 기술을 도입하면 사람은 물 사용에 덜 신경 쓸 수도 있다.

AI에도 유사한 현상을 볼 수 있다. 박스^{Box}의 공동 창립자이자 CEO인 아론 레비$^{Aaron Levie}$는 그의 깊이 있는 게시물 중 하나[6]에서 이를 완벽하게 요약했다. 그는 10명의 엔지니어가 있는 소프트웨어 회사를 상상했다. AI를 통해 이 엔지니어는 50% 더 생산적이게 돼, 10명의 비용으로 15명의 엔지니어가 내는 출력을 효과적으로 제공하게 된다. 이러한 생산성 증가는 회사가 더 나은 기능을 개발하게 해 수익 성장을 이끈다. 결과적으로, 회사는 경쟁력을 유지하고 지속적으로 성장하기 위해 더 많은 엔지니어를 필요로 하고 원하게 될 것이다.

이 외에도 우리가 종종 잊는 또 다른 주요 고려 사항이 있다. 인구가 고령화되고 있다는 것이다. 인구 곡선은 무자비하며, 새로운 기술 없이는 일할 수 있는 사람이 충분하지 않은 사회로 변해가고 있다. 현재 노동력을 유지하기 위한 대체 출산율 이하인 국가들이 많다는 점은 말할 것도 없다. 이는 앞으로 가용한 노동력이 줄어들 가능성이 있는 미래에 투자해야 하는 중요한 이유 중 하나다.

물론 고급 기술이 사회에 미칠 수 있는 추가적인 위험과 부정적인 영향에 대해서도 잘 알고 있다. 하지만 나는 미래를 비관적으로 바라보는 비관론자가 아니다. 나는 인간의 적응력과 극복할 수 있는 능력을 믿는다. 나는 평생 동안 기술 낙관주의자로 살아왔으며, 당신에게 한 가지 조언을 할 수 있다면, 바로 이것이다. 긍정적인 태도를 유지하라. 상황이 어떻게 전개되든 긍정적인 태도를 유지하는 것은 삶을 훨씬 더 좋게 만든다.

AI가 세상을 구할 수 있는 이유

재앙적인 예측의 물결에 대응해 저명한 기술 투자자 마크 안드레센은 이 장에서 언급된 여러 도전 과제를 다룬 훌륭한 기사[7]를 발표했다. 기사에서 그는 "AI가 우리

> 모두를 죽일까?", "AI가 우리의 사회를 망칠까?", "AI가 우리의 일자리를 모두 빼앗을까?"와 같은 큰 질문들에 대해 깊이 있게 탐구했고, 이러한 우려를 반박하는 설득력 있는 주장을 제시했으므로 반드시 읽어보기를 권장한다.
>
> 만약 당신이 바빠서 직접 기사를 읽을 시간이 없다면 AI를 활용해 읽어보라. 기사를 요약하거나 AI 앱에 붙여 넣고 주요 주제에 대해 대화를 나누거나 텍스트 음성 변환 앱을 사용해 이동 중에 들을 수 있게 하라. 이는 정말로 가치 있는 작업이다.

해결책은 무엇인가?

AI의 부정적인 영향을 예방하는 가장 좋은 방법은 더 나은 기술을 개발하고 세밀하게 조정하는 동시에, 학교, 조직, 정부 기관, 그리고 일반 대중 사이의 모든 수준을 교육에 투자하는 것이다.

기술은 새로운 도전 과제가 종종 기술 없이는 해결될 수 없기 때문에 해결책의 일부분이다. AI가 생성하는 데이터 잡음 속에서 신호를 찾을 수 있는 유일한 지능은 인간이 아닌, 대부분 AI일 가능성이 높다.

교육은 더욱 중요하다. 이는 AI를 안전하게 올바른 일에, 올바른 방법으로 사용하는 방법을 아는 것만을 의미하지 않는다. 우리는 이러한 기술의 모든 잠재적 응용을 이해하기 위해 협력적으로 노력해야만, 그 가능한 결과를 전반적으로 파악할 수 있는 희망을 가질 수 있다. 그렇지 않으면 우리는 단순히 머리를 모래 속에 파묻고 있는 셈이 될 것이다.

ChatGPT가 출시된 지 몇 달 후 학생뿐만 아니라 교사의 사용도 금지한 첫 번째 학교가 나타나기 시작했다. 그와 같은 시기에 내 아들의 학교에서 AI를 교육에 활용하는 가능성에 대해 논의할 수 있는지 문의해왔다. 나는 이것이 우리가 가져야 할 태도라고 진심으로 믿는다.

ChatGPT의 출시로 학생들이 짧은 프롬프트 하나로 전체 최종 논문을 작성할 수 있게 됐다. 다른 한편으로, 교사는 학생과 청소년이 이전보다 훨씬 더 빠르게 배우고 재미있게 학습할 수 있도록 흥미로운 과제를 신속하게 준비할 수 있게 됐다.

따라서 AI에 대한 질문은 "예, 아니오"가 아니라 "어떻게"이다.

새로운 스마트 도구는 현대 교육을 발전시키는 데 여러 가지 방법으로 사용될 수 있으며, 미래에 대해 걱정하는 모든 국가는 이러한 도구를 활용해야 한다. 나는 치열한 국제 경쟁 속에서 성공하고자 하는 한 나라가 새로운 스마트 도구에 대한 접근 방식을 미래 전략의 핵심 영역 중 하나로 삼는 모습을 상상하곤 한다.

상상해 보라. 만약 한 나라가 모든 학생과 노동자를 위해 고품질 AI 도구에 비용을 지불하고, 이를 진정으로 잘 활용할 수 있도록 교육한다면, 그 나라는 얼마나 창의성과 생산성을 높일 수 있겠는가? 이는 어쩌면 매년 수억 달러, 아니, 수십억 달러의 비용이 들겠지만 그와 비교할 수 없는 창의성과 생산성의 성장에 믿을 수 없는 영향을 끼칠 것이다. 만약 이런 일이 당신의 나라 전체에서 일어나고 있지 않다면, 적어도 당신 자신이나 당신이 일하는 조직을 그렇게 만들어야 한다.

AI가 세상을 지배할 것인가? 아마 아닐 것이다. 그와 함께 놀아야 할까? 절대적으로 그래야 한다! 왜냐하면 이 놀이가 AI가 제공하는 놀라운 기회를 발견하는 유일한 방법이기 때문이다.

핵심 요약

1. AI는 빠른 속도로 발전하고 있으며, 그 잠재력은 몇 배 더 강력해질 수 있어, 새로운 기회를 창출하지만 동시에 해결해야 할 중요한 위험도 존재한다.
2. 개인은 AI의 잠재적 영향, 예를 들어 프라이버시 문제, 사이버 보안 위협, 딥페이크와 AI 생성 콘텐츠의 증가로 인한 온라인 정보에 대한 비판적 사고의 필요성에 대해 인식해야 한다.
3. 기업은 기술 개발에 투자하고, AI 전문가를 고용하며, 데이터 보안 및 윤리적 문제를 해결하는 동시에 실험과 혁신을 촉진하는 환경을 조성해 AI 혁명에 적응해야 한다.
4. 사회는 허위 정보의 확산, 사이버 범죄, 잠재적 일자리 대체와 같은 도전에 직면하게 된다. 그러나 AI는 생산성 증가, 새로운 일자리 기회 창출, 고령화로 인한 노동력 부족 해결로 이어질 수 있다.
5. 모든 수준에서의 교육은 AI를 안전하고 효과적으로 사용하고 그 잠재적 영향을 이해하는 데 필수적이다. AI 도구와 교육에 적극적으로 투자하는 국가와 조직은 창의성과 생산성에서 큰 경쟁 우위를 차지할 수 있다.

실천 과제

1. 인공지능의 위험을 두 가지 방식으로 생각해 보라. 인공지능이 주변 세계에 직접적으로 미칠 수 있는 영향(딥페이크와 허위 정보와 같은 것들)은 무엇인가? 그리고 인공지능이 당신의 생계에 어떤 영향을 미칠 수 있을까?
2. 첫 번째 영역(AI가 세계에 미치는 영향)의 위험에 대해 팀이나 사랑하는 사람과 이야기하라. 주변 사람에게 이러한 위험을 인식시키면, 그들

이 이를 대비하는 데 도움이 될 것이다.
3. 기억하라. 당신의 초점은 당신이 통제할 수 있는 것에 맞춰야 한다. 당신의 사고방식, 기술 및 업무에 접근하는 방식, AI와의 여정, 그리고 그와 함께하는 나머지 인생은 이제 막 시작됐다. 그러므로 이를 자신의 이점으로 활용하고 그 과정에서 즐거움을 잊지 말라.

이 책은 디지털 도구에 대한 팁과 사고를 자극하는 읽을거리가 가득 차 있다. 디지털 콘텐츠는 이동할 수 있으며, 새로운 스마트 앱이 등장함에 따라 www.nowork.ai/resources 에서 링크의 최신 버전을 유지하고 있다.

휴대폰으로 QR 코드를 스캔해 이 웹사이트에 접속하라. 만약 어떤 앱이 흥미롭다면, 이를 탐색하거나 AI를 사용해 이 책과 관련된 아이디어를 브레인스토밍하고 다듬어 보라.

링크, 앱 그리고 기타 자료

모든 것이 변할 것이다

1. Joseph Briggs, Devesh Kodnani, "The Potentially Large Effects of Artificial Intelligence on Economic Growth", 2023: https://www.gspublishing.com/content/research/en/reports/2023/03/27/d64e052b-0f6e-45d7-967b-d7be35fabd16.html
2. Tyna Eloundou et al., "GPTs are GPTs: An Early Look at the Labor Market Impact Potential of Large Language Models", 2023: https://arxiv.org/abs/2303.10130
3. Apps for creating virtualavatars: Synthesia.io, Heygen.com, Scena.ai, D-id.com
4. OECD, "Employment Outlook", 2023: https://www.oecd.org/employment-outlook/2023/

1. AI 시대의 일

1. Digital Leadership Masterclass (the training program for the development of digital and AI skills for leaders, managers and innovators) https://drimalka.com/en/masterclass
2. Fortune, "Sam Altman on the One-Person Unicorn Myth", 2024: https://fortune.com/2024/02/04/sam-altmanone-person-unicorn-silicon-valleyfounder-myth/
3. Klarna, "AI Assistant Handles Two-Thirds of Customer Service Chats in Its First Month", 2024: https://www.klarna.com/international/press/klarnaai-assistant-handles-two-thirds-ofcustomer-service-chats-in-its-firstmonth/
4. Apps from Pieter Levels: Photoai.com, Interiorai.com, Therapistai.com
5. Digi Challenge (an initiative designed to empower organizations to embrace and master digital tools): Digichallenge.org
6. Apps for creating presentations: Tome.app, Beautiful.ai, Pitch.com
7. App for working with legal documents: Spellbook.legal
8. Apps for creating virtual avatars: Synthesia.io, Heygen.com, Scena.ai, D-id.com
9. Noah Smith, Twitter, "Remember: Dystopia is when robots take half of your jobs. Utopia is when robots take half of your job.": https://x.com/Noahpinion/status/1367391131495899139

2. 내일의 혁신, 오늘에

1. Andreessen Marc, "Software Is Eating the World", 2011: https://a16z.com/why-software-is-eating-the-world/
2. Website for job automation analysis Willrobotstakemyjob.com
3. Marc Benioff, Twitter, "Just promoted #ChatGPT to the management team at Salesforce": https://x.com/Benioff

status/1614372552025178114

4   Apps for summarizing YouTube videos: Glasp.co, Harpa.ai

5   Apps for AI-assisted message composition and replies: Docgpt.ai, Microsoft 365 Copilot, Superhuman.com, Tryellie.com

6   Apps for creating interactive forms: Fillout.com, Typeform.com

7   Apps for managing information and team know-how: Notion.so, Evernote.com, Microsoft Loop

8   Apps for creating presentations: Tome.app, Beautiful.ai, Pitch.com

9   Apps adding AI capabilities to spreadsheets: Numerous.ai, Gptforwork.com, Rows.com

10 The word "prompt" refers to an instruction that artificial intelligence uses to generate the desired output - text, image, or anything else.

11 Startup developing technology for extracting data from documents: Rossum.ai

12 Startup for detecting defects using sounds: Neuronsw.com

13 AI model for image or video analysis: Segment-anything.com, Chatgpt.com, Google Gemini, Claude.ai

14 App for the blind that analyzes and describes camera images: Microsoft Seeing AI

15 App for creating and editing graphics: Adobe Firefly, Canva.com

16 App for improving eye contact when creating videos: Nvidia.com, Captions.ai

17 App for improving audio quality: Adobe Podcast

18 Resources page for this book: Nowork.ai/resources

19 J.A.R.V.I.S., a character from the Iron Man movie, is an acronym for "Just A Rather Very Intelligent System."

20 Eirini Kalliamvakou "Research: Quantifying GitHub Copilot's Impact on Developer Productivity and Happiness", 2022: https://github.blog/2022-09-07-researchquantifying-github-copilots-impacton-developer-productivity-andhappiness/

21 Evan Armstrong, "What Are AI Agents—And Who Profits From Them?", 2024: https://every.to/napkin-math/what-are-ai-agentsand-who-profits-from-them

22 Autonomous negotiations: Pactum.com, Donotpay.com

23 Marketplaces of AI coworkers: Nexus.snikpic.io, 11x.ai, Taskade.com, Lindy.ai

24 Podcast Gradient Dissent, "Jensen Huang - NVIDIA's CEO on the Next Generation of AI and MLOps", 2022: https://www.youtube.com/watch?v=kcI3OwQsBJQ

25 Startup developing an AI app for healthcare professionals: Carebot.com

26 Association that helps nonprofits to digitize Sdruzenivia.cz

3. 목적지: 노 워크

1   TEDx, "Filip Drimalka - The Future of No Work" (Czech with subtitles): https://www.youtube.com/

watch?v=U8k30ZB95ZE

2 **Apps for automation:** Make.com, Zapier.com, Bardeen.ai, Microsoft Power Automate

3 **Apps for creating virtual avatars:** Synthesia.io, Heygen.com, Scena.ai, D-id.com

4. 기회가 넘치는 세상

1 **App for cleaning sounds:** Adobe Podcast

2 **Apps for creating virtual avatars:** Synthesia.io, Heygen.com, Scena.ai, D-id.com

3 **Scott Galloway, "Luddites", 2023:** https://www.profgalloway.com/luddites/

4 **Noah Smith, American workers need lots and lots of robots, 2023:** https://www.noahpinion.blog/p/americanworkers-need-lots-and-lots

5 Stanford University psychologist Carol Dweck popularized the term "growth mindset," which refers to the belief that abilities can be developed and improved through effort and learning. In contrast, a "fixed mindset" is the view that abilities are unchangeable. https://www.ted.com/talks/carol_dweck_the_power_of_believing_that_you_can_improve?language=en

6 **Apps for improving your presentation skills:** Poised.com, Microsoft Speaker Coach

5. 디지털 사고방식의 기초

1 **Apps adding AI capabilities to spreadsheets:** Numerous.ai, Gptforwork.com, Rows.com Future

2 **Andrew Grove, "High Output Management", 1995:** https://www.amazon.com/High-Output-Management-Andrew-Grove/dp/0679762884

3 **Link for downloading No Work Navigator:** https://www.nowork.ai/no-work-navigator

4 **Copilots for programmers:** Github.com, Replit.com

6. 잠재력을 향상시키는 방법

1 **Wesley Carpenter, "The Aha! Moment: The Science Behind Creative Insights", 2019:** https://www.intechopen.com/chapters/65968

2 **Apps for transcription of voice notes:** Audiopen.ai, Superwhisper.com

3 **Newsletters focused on updates on AI:** Superhuman.ai, Bensbites.co, Therundown.ai

4 **Startup utilizing AI in architecture:** Maket.ai

5 **Linkedin profile of** Maket.ai CEO, Patrick Murphy: https://www.linkedin.com/in/patrick-murphy-2685114a/

6 **Great Ormond Street Hospital for Children, "Ferrari's Formula One Handovers and Handovers From Surgery to Intensive Care":** https://gwern.net/doc/technology/2008-sower.pdf

7 **Apps for diagrams and visual workflows:** Miro.com, Figjam.com, Microsoft Whiteboard, Whimsical.com, Mural.co

8   Apps for automation: Make.com, Zapier.com, Bardeen.ai, Microsoft Power Automate

9   Marketplaces of freelancers and outsourcing services: Upwork.com, Fiverr.com, Toptal.com

10 YouTube, "John Cleese on Creativity In Management.", 2017: https://youtu.be/Pb5oIIPO62g?si=w3Jc_zDaO-iC9c1U

11 Free ebook "2 Second Lean" and Short Videos within the Concept of "Two-Second Innovation": https://www.fastcap.com/content/books-grid

12 Robert Iger, "The Ride of a Lifetime: Lessons Learned from 15 Years as CEO of the Walt Disney Company", 2019: https://www.amazon.com/Ride-Lifetime-Lessons-Learned-Company/dp/0399592091

13 YouTube, "Jeff Bezos discusses what made Amazon so successful, including his key principles", 2017: https://www.youtube.com/watch?v=FJ3jw6TkVmc&t=292s

14 Link for downloading No Work Navigator: https://www.nowork.ai/no-work-navigator

15 Find out more about how to create your own Digital Vision: http://www.nowork.ai/digital-vision

7. 새로운 시대를 위한 역량

1   The importance of an open mind and the ability to learn is summed up by this quote: "The learn-it-all does better than the know-it-all."

2   David Sheff, "Interview with Steve Jobs", 1985: https://allaboutstevejobs.com/verbatim/interviews/playboy_1985

3   How to identify and measure your talents: Wealthdynamics.com, Gallup.com, Red Bull Wingfinder

4   Naval Ravikant: "The Almanack" Navalmanack.com

5   Marketplaces of freelancers and outsourcing services: Upwork.com, Fiverr.com, Toptal.com

6   Marketplaces of AI agents: Nexus.snikpic.io, 11x.ai, Taskade.com, Lindy.ai

7   IBM Institute for Business Value: "Augmented work for an automated, AI-driven world", 2023 https://www.ibm.com/thought-leadership/institute-business-value/en-us/report/augmented-workforce

8   Apps for interior design: Interiorai.com, Reroom.ai

8. 창작자의 황금 시대에 오신 것을 환영합니다

1   Blog post about the challenge of founding 12 startups in 12 months: https://levels.io/12-startups-12-months/

2   Levels calculated that only four out of his more than 70 projects were truly successful. He adds that the key is to keep trying and exploring. https://x.com/levelsio/status/1457315274466594817

3   Derek Sivers, "Make a dream come true", 2019: https://sive.rs/ayw4

4   A podcast by Petr Ludwig, the author of "The End of Procrastination": https://www.petrludwig.com/podcast

5   You can automate this process using the following

    tools: Apify.com for scraping data from the web, Chatgpt.com for analyzing the selected profiles, Videoask.com for conducting video interviews.

6 Lera Boroditsky, TED "How language shapes the way we think", 2018: https://youtu.be/RKK7wGAYP6k?si=0LFbt-kRrXE0WJiu

7 Paul Graham, "Maker's Schedule, Manager's Schedule", 2009: https://paulgraham.com/makersschedule.html

8 Every, "Capability Blindness and the Future of Creativity", 2023: https://every.to/chain-of-thought/capabilityblindness-and-the-future-ofcreativity

9 Digital Leadership Masterclass (the training program for the development of digital and AI skills for leaders, managers and innovators) https://drimalka.com/en/masterclass

10 Digi Challenge (an initiative designed to empower organizations to embrace and master digital tools): Digichallenge.org

9. 기술을 당신의 이점으로 활용하라

1 Apps adding AI capabilities to spreadsheets: Numerous.ai, Gptforwork.com, Rows.com

2 Platform with a wide range of tools, models, and datasets for AI, machine learning and natural language processing: Huggingface.co

3 Tools for quick access to various functionalities and applications on your computer: Raycast.com, Flowlauncher.com

4 Automation can run continuously, 24/7. That's why one of my clients named their robot "Luna".

5 Apps for automating sales communication: Mixmax.com, Mailmeteor.com, Sendspark.com

6 Apps for automating communication on LinkedIn: Octopuscrm.io, Dripify.io, Phantombuster.com

7 Apps for creating graphics and other visual materials: Canva.com, Photopea.com

8 Apps for automated generation of visuals: Bannerbear.com

9 App for text translation and suggestions for text improvement: Deepl.com

10 Apps for generating voices and voice clones: Play.ht, Elevenlabs.io

11 Apps for generating presentations: Tome.app, Beautiful.ai, Pitch.com

12 Apps for generating music: Suno.ai, Aiva.ai

13 Apps for creating virtual avatars: Synthesia.io, Heygen.com, Scena.ai, D-id.com

14 Apps for video generation or editing: Openai.com/sora, Runwayml.com, Krea.ai

15 Apps for automation: Make.com, Zapier.com, Bardeen.ai, Microsoft Power Automate

16 Zapier Editorial Team, "The majority of workers use automation software at work – here's why", 2020: https://zapier.com/blog/automationindex-q3-2020/

17. **Tools and apps for keyboard shortcuts and text replacements:** Text Replacement for iPhone, Tasker for Android, Text Blaze

18. **Apps for creating texts (for inspiration on how to set up the ideal style of generated text, visit** audiopen.ai/styles: Chatgpt.com, Poe.com, Reword.com

19. **My favorite prompts:** http://www.nowork.ai/favorite-prompts

20. **Templates for documents and information management** tools: Notion.so, Microsoft Loop templates

21. **Ready-made app templates:** Glideapps.com

22. **Database templates for use in spreadsheet apps:** Airtable.com/universe, Rows.com

23. **Ready-made prompts:** "Promptbase.com, Snackprompt.com"

24. **Templates for workshop and training activities:** Sessionlab.com

25. **Apps for automation:** Make.com, Zapier.com, Bardeen.ai, Microsoft Power Automate

26. **Portal with a comprehensive overview of AI** apps Theresanaiforthat.com

27. **Platforms with a comprehensive overview of bots:** Gptshunter.com, Poe.com/explore, Chatgpt.com/GPTs

28. **Platform with a wide range of tools, models, and datasets for AI, machine learning and natural language processing:** Huggingface.co

10. AI를 잘 다루는 법

1. It's possible the roles of prompt engineer or prompt librarian may continue to exist, with responsibilities including standardizing and cataloging prompts and educating others.

2. **Guides and tools for writing good prompts:** Best practices for text generation prompts, 10 AI Prompts to Level Up Your Product Work, Getsmartgpt.com, Copilot Lab

3. **Huberman Lab, "Teach and Learn Better with a Neuroplasticity Super Protocol", 2023:** https://www.hubermanlab.com/newsletter/teach-and-learn-better-with-aneuroplasticity-super-protocol

4. You can find plugins in the paid version of the ChatGPT application or on this page: Whatplugin.ai

5. **An AI tool marketplace offering prompts for generating graphics and text:** Promptbase.com

6. **Create custom versions of ChatGPT with GPTs and Zapier:** https://zapier.com/blog/gpt-assistant/

7. **Directory of GPTs:** Chatgpt.com, Gptshunter.com

8. Twitter/X, @tibo_maker, "I am surprised nobody has built an AI agent which: owns an email address, has its own Slack user, runs on GPT-4 / Claude 3, has long-term memory, and is able to create files. Enough to replace 50% of desk jobs.": https://x.com/tibo_maker/status/1768234130142064682

9. Build custom AI Assistants to automate any business workflow —

no code required: Lindy.ai

10 **Marketplaces of AI agents:** Nexus. snikpic.io, 11x.ai, Taskade.com, Lindy.ai

11 Aleksandr Tiulkanov, "A simple algorithm to decide whether to use ChatGPT," 2023: https://www.linkedin.com/posts/tyulkanov_a-simple-algorithm-todecide-whether-to-use-activity-7021766139605078016-x8Q9/

12 Ethan Mollick, "All my classes suddenly became AI classes", 2023: https://www.oneusefulthing.org/p/all-my-classes-suddenlybecame-ai

11. 주도권을 잡아라

1 **Apps for sharing information - the second (digital) brain for your team:** Notion.so, Microsoft Loop, Evernote.com

2 **Motivational posters from the startup world:** https://startupvitamins.com/collections/posters

3 **The UK government's design principles and examples of their application:** https://www.gov.uk/guidance/government-designprinciples

4 You can apply the "replace dozens of small decisions with one decision" rule in your personal life too. Instead of deciding how much to save monthly, set up an automatic savings account transfer. If you and your kids argue about bedtime, agree on a clear time and system for extending it, such as 30 minutes each year.

5 Buffer, "How We Think About Time Off As a Global Team", 2019: https://buffer.com/resources/time-off-globalteam/

6 **HubSpot: Benefits & Perks** https://www.hubspot.com/careers/benefits

7 The "employee value proposition" is essentially everything a company offers its people to attract, retain and motivate them to do great work.

8 "Imposter syndrome" is a psychological phenomenon in which people doubt their knowledge, skills, or accomplishments, often feeling like a fraud despite evidence of their competence.

9 Robert Iger, "The Ride of a Lifetime: Lessons Learned from 15 Years as CEO of the Walt Disney Company", 2019: https://www.amazon.com/Ride-Lifetime-Lessons-Learned-Company/dp/0399592091

10 **Apps for creating presentations:** Tome.app, Beautiful.ai, Pitch.com

11 **Apps for recording and sharing short videos:** Loom.com, Claap.io, Vimeo Screen Recorder, Microsoft Stream

12 IKEA, "VISION, CULTURE AND VALUES": https://ikea.jobs.cz/en/vision-culture-and-values/

12. (거의) 모든 것을 배우는 방법

1 **Apps for using podcasts as form of education:** Sendtopod.com, Podwise.ai

2 Microsoft, "2024 Work Trend Index Annual Report": https://assets-c4akfrf5b4d3f4b7.z01.azurefd.net/assets/2024/05/2024_Work_Trend_Index_Annual_Report_663d45200a4ad.pdf

3. Dina Koutsikouri, "Agile Transformation, How Employees Experience and Cope with Transformative Change", 2020: https://link.springer.com/chapter/10.1007/978-3-030-58858-8_16

4. What is the 'Zeigarnik effect': The phenomenon named after Lithuanian psychologist Bluma Zeigarnik, who found that our brain returns to unfinished tasks more than to things we have already solved.

5. The HMW ("How Might We") method transforms problems into opportunities for creative solutions by asking open-ended questions starting with "How might we...?"

13. 회의 없음. 마감일 없음. 직원 없음

1. An Article About Non-Traditional Methods and Work Organization at Gumroad, Sahil Lavingia: "No Meetings, No Deadlines, No Full-Time Employees", 2021: https://sahillavingia.com/work

2. An Article About Non-Traditional Methods and Work Organization at Gumroad, Sahil Lavingia: "No Meetings, No Deadlines, No Full-Time Employees", 2021: https://sahillavingia.com/work

3. At Gumroad, the Notion app acts as their information system and second brain, much like it does for our own company.

4. Anonymous, Information about personal "overemployed" experience:. https://www.reddit.com/r/overemployed/comments/11m33fi/update_1_month_in_3_js_440k_tc_4_yoe/

5. Studies on what people want in their job: How Americans View Their Jobs, 2023, The Top 6 Things Employees Want in Their Next Job

6. Marcus Buckingham, "Designing Work That People Love", 2022: https://hbr.org/2022/05/designing-work-thatpeople-love

7. In many companies today, employees don't have a fixed workplace. Instead, they alternate desks depending on their current task - whether it's handling an online meeting or focusing deeply.

8. Forbes, "Remote Work Statistics And Trends In 2024", 2024: https://www.forbes.com/advisor/business/remotework-statistics/#sources_section

9. To calculate your cost to your employer, add your annual salary, benefits (e.g., health insurance and retirement contributions), and employer-paid taxes (like Social Security and Medicare). Then, add a portion of overhead costs (office space, utilities, etc.), typically estimated as a percentage of your total salary and benefits. Note that these costs vary significantly by country due to differences in taxation and benefit requirements.

10. CDs (What is a "CD": For younger generations - music used to be sold on so-called CDs (compact discs), for which you even had to go to a brickand-mortar store.)

11. Business Insider, "I made $1.4 million in revenue selling Canva templates working 10 hours a week. Here's

how I've grown my digital product business.", 2022: https://www.businessinsider.com/canva-templateshow-to-make-millions-sellingdigital-products-2022-7

12 Business Insider, "I'm a pastor living in rural Arkansas, and I make up to $3,000 a week with my side hustle using ChatGPT to make pitch decks for startups.", 2023: https://www.businessinsider.com/arkansas-pastormakes-pitch-decks-using-chatgptside-hustle-2023-2

13 Dror Gill, "The One Hour Startup", 2023.

14 Greg Isenberg, LinkedIn, "I think we're going to see many $25M/yr+ revenue, 1 person businesses over the next 5 years", 2023: https://www.linkedin.com/posts/gisenberg_i-thinkwere-going-to-see-many-25myractivity-7029926910142898176-i-hJ?utm_source=share&utm_medium=member_desktop

15 Jason Fried, "On company size", 2022: https://world.hey.com/jason/oncompany-size-8095488d

14. 당신의 일이 일하게 하라

1 In the Czech Republic, "polio" commonly refers to both poliomyelitis and cerebral palsy, despite their different causes. Poliomyelitis, or polio, is a rare viral infection due to widespread vaccination. Contrastingly, cerebral palsy, a more common condition affecting movement and muscle tone, often results from early developmental brain damage.

2 Project Troublegang, an O KROK initiative, promotes workplace inclusion for individuals with disabilities. The team of disabled professionals assesses work environments and provides tailored solutions to create accessible, inclusive spaces. Troublegang breaks down barriers and fosters a diverse, accepting work culture, ensuring individuals with disabilities can thrive professionally. Troublegang website (Translated by Google Translate)

3 Page with an overview of Google's discontinued projects Killedbygoogle.com

4 Podcast (in Czech language), "Collaboration through digital technologies in the company from the HR perspective" (Guest: Martina Suchomelová, Gen Digital, previously Avast): Podcast with Martina Suchomelova (Gen Digital, previously Avast)

5 Airbnb, "The Way We Build (How Rethinking the Airbnb App Changed the Way We Approach Design)", 2016: https://medium.com/airbnb-design/the-way-we-build-511b713c2c7b

6 A "10x employee" is an exceptionally productive and efficient individual who delivers results significantly higher than the average employee in their role. These highly skilled, innovative, and driven employees often go above and beyond job requirements, creating substantial value for their organization.

7 Application for creating and sharing personalized videos: Sendspark.com, Heygen.com

8 GitLab, a well-known software development and collaboration tool provider, offers an extensive online resource called the GitLab Handbook that documents the company's processes, policies, and culture: The GitLab Handbook

9 Add-on(s) for easier meeting scheduling: FindTime for Outlook, Calendly.com

10 Add-on(s) for grammar correction: Grammarly.com

11 Add-on(s) for reminding people who owe you a response: Boomerangapp.com

12 Add-on(s) for AI-generated messages: Microsoft Copilot for Outlook, Tryellie.com

13 Browser extensions for templates for frequently repeated texts: Templafy.com, Textexpander.com, Blaze.today

14 Browser extensions for summary generators: Tldrthis.com, Harpa.ai, Fireflies.ai, Tldv.io

15 Browser extensions for smart voicepowered assistants: Speechify.com, Lipsurf.com

16 Synchronous communication includes real-time interactions like face-toface meetings, phone calls, and video conferences. While company chat tools (e.g., Slack or Microsoft Teams) are sometimes considered synchronous, they often fall into a gray area. I tend to categorize them as asynchronous communication since they allow for delayed responses and don't always require immediate back-and-forth exchanges.

17 Microsoft Worklab, "Research Proves Your Brain Needs Breaks", 2021: https://www.microsoft.com/enus/worklab/work-trend-index/brainresearch

18 Geekbot, "Daily Standup Meetings: Everything You Need to Know", 2024. (Geekbot is a great tool for asynchronous standup sessions or other innovative formats of communication.) https://geekbot.com/blog/daily-standup-meeting/

19 Elgato is a company known for producing high-quality solutions for content creators, including stream decks, lighting, and audio equipment: Elgato.com

20 Apps for creative ways how to present online: Mmhmm.app, Obsproject.com

21 App for asynchronous meetings and voice messaging: Yac.com

22 Apps for transcribing and summarizing online meetings: Fireflies.ai, Tldv.io

23 Apps for summarizing text and other AI-powered tasks: Harpa.ai, Glasp.co

24 GitLab, a well-known software development and collaboration tool provider, offers an extensive online resource called the GitLab Handbook that documents the company's processes, policies, and culture: The GitLab Handbook

25 Twist, "How GitLab's Head of Remote works async", 2022: https://async.twist.com/how-darren-murph-worksasync/

26 How to test your typing

- 27 Go from fuzzy thought to clear text. Fast: Audiopen.ai speed: Typingtest.com, Ratatype.com, TType
- 28 Write 3x faster, without lifting a finger (AI powered voice to text): Superwhisper.com
- 29 Apps for recording and sharing short videos: Loom.com, Claap.io, Vimeo Screen Recorder, Microsoft Stream
- 30 Building a Second Brain, "A Proven Method to Organize Your Digital Life and Unlock Your Creative Potential": Buildasecondbrain.com
- 31 Seth Godin, "Digital prepwork", 2023: https://seths.blog/2023/04/digital-prepwork/

15. 이상적인 직업 찾거 창출하기

1 Sergio Pereira, "How To Reduce Meetings", 2022: https://medium.com/@sergiopereira/how-toreduce-meetings-f90aa21f622f

2 LNO Framework for Product Managers by Shreyas Doshi: https://www.aakashg.com/lno-framework-forproduct-managers/

3 Cliff Hazell, "What's the use of 14,000 open Jira tickets? A quick story.", 2023: https://medium.com/@cliffhazell/whats-the-use-of-14-0000-open-jira-tickets-a-quickstory-662e9e3cc6a

4 Apps for diagrams and visual workflows: Miro.com, Figjam.com, Microsoft Whiteboard, Whimsical.com, Mural.co

5 In Agile project management, a retrospective is a meeting where the team reflects on their work process, identifies areas for improvement, and plans to implement those improvements.

6 Apps for diagrams and visual workflows: Miro.com, Figjam.com, Microsoft Whiteboard, Whimsical.com, Mural.co

7 Tim Ferriss, "Forget New Year's Resolutions and Conduct a 'Past Year Review' Instead", 2021: https://tim.blog/2021/12/27/past-year-review/

8 Michael Lopp (Rands), "The Seven Levels of Busy", 2022: https://randsinrepose.com/archives/theseven-levels-of-busy/

9 Paul Wade, "Convict Conditioning: How to Bust Free of All Weaknesses Using the Lost Secrets of Supreme Survival Strength", 2012: https://www.amazon.com/Convict-Conditioning-Weakness-Using-Survival-Strength/dp/0938045768

10 Recommended catalogs of software, applications, and online services Producthunt.com, G2.com

11 Browser extension marketplaces: Google Chrome Extensions, Microsoft Edge Plugins

16. 미래의 도전과제

1 Our World in Data, "Affiliation of research teams building notable AI systecof publication": https://ourworldindata.org/grapher/affiliation-researchersbuilding-artificial-intelligencesystems-all

2 Future of Life Institute, "Pause Giant AI Experiments: An Open Letter":

https://futureoflife.org/open-letter/pausegiant-ai-experiments/

3 Microsoft, "Global Online Safety Survey 2024": https://news.microsoft.com/wp-content/uploads/prod/sites/40/2024/02/Microsoft-Global-Online-Safety-Survey-2024.pdf

4 GitHub, "Research: Quantifying GitHub Copilot's Impact on Developer Productivity and Happiness", 2022: https://github.blog/2022-09-07-research-quantifying-githubcopilots-impact-on-developerproductivity-and-happiness/

5 The lump of labor fallacy is the mistaken belief that there is a fixed amount of work within an economy and that increasing labor productivity or the number of working people must lead to job losses. In other words, it assumes that if some individuals work more or more people enter the workforce, they take jobs from others. https://en.wikipedia.org/wiki/Lump_of_labour_fallacy

6 Aaron Levie, Twitter, "One of the most common concerns about AI is the risk that it takes a meaningful portion of jobs...": https://x.com/levie/status/1776673128573284523

7 Marc Andreessen, "Why AI Will Save the World", 2023: https://a16z.com/ai-will-save-the-world/

| 찾아보기 |

ㄱ

가면 증후군　242
가이디　258
가트너 하이프 사이클　93
거대 언어 모델　206
검로드　102, 276
고스트라이터　63
공유　114, 352
교도소 운동법　349
구글 무덤　304
그래멀리　258
글락소스미스클라인　251
긱 경제　236
깃랩　315

ㄴ

나발 라비칸트　139
노아 스미스　45
노 워크　30
노 워크 탐색기　107
노코드　161, 174

ㄷ

다크 팩토리　93
댄 시퍼　159
데렉 시버스　150
두낫페이　65
듀오링고　257

디즈니플러스　125
디지스킬 평가　138
디지털 리더십 마스터클래스　38
디지털 비전　94
디지털 사고방식　108
디지 하벨　231
딥엘　162

ㄹ

라마　51
라이프스타일 비즈니스　279
래스크　60
로버트 아이거　125
로우코드　38, 174
리맥스　38
리프릿　63
린디　212
링크드인　60

ㅁ

마블 코믹스　63
마이크로소프트　51
마이크로카피　305
마크 베니오프　50
마크 안드레센　48
메이크　162
무용 계층　85
미스트랄　51

ㅂ

바드   51
바딘   250
뱀테크   125
비디오애스크   166
빙   51

ㅅ

사힐 라빙기야   102
샘 알트먼   40
생물 오염   337
생성형 AI   59
서클   275
성장 마인드셋   88
세스 고딘   97
세일즈포스   50
스콧 갤러웨이   85
스크래치   151
스테이블 디퓨전   162
스트라이프   162
스트림야드   295
스티븐 코비   307
스포티파이   50
스픽   257
승인   219
시리   63
시민 개발자   172
실험   114, 352

ㅇ

아서 C. 클라크   53
알렉사   63
앤드류 그로브   105
앤스로픽   51
업무 흐름 속 학습   256

업워크   100
에반 암스트롱   64
에이전트   63, 210
엔비디아   68
영감   114, 352
옥토푸스   250
위스퍼   194
유발 하라리   85
유아이패스   49
이메일 비서   213
이케아   251
일레븐랩   162
일자리 재구성   280

ㅈ

자비스   63
제미나이   51
젠슨 황   68
지식 AI   54

ㅊ

창작   219
챗베이스   162
최고 디지털 책임자   171

ㅋ

캡슐 옷장   303
코더패드   295
코드 인터프리터   209
코파일럿   63
코호트 기반 학습   261
콘텐츠 분석   60
콘텐츠 생성   60
콘텐츠 향상   61
콜드스트림 가드   95

찾아보기   387

클로드 51

ㅌ

타비두 304
타입폼 166
텍스트-투-플랜 117
티-모바일 38
틴더 50
팀 페리스 74

ㅍ

파워 오토메이트 179
패스트캡 123
퍽업 나이츠 264
포이즈드 258
폴 그레이엄 157
프로덕트 헌트 350
프롬프트 공학 199
프롬프트 배틀 264
프리플라이 257
피버 100
피터 레벨스 41, 148
핀터레스트 273

ㅎ

해커톤 42
핸드북 315
허깅 페이스 52
헤이젠 60
환각 206
휨시컬 250

A

AAAI 126

AI 219
AI 위스퍼러 199
Alexa 63
Andrew Grove 105
Anthropic 51
Arthur C. Clarke 53
Autho 219
Authorization 219

B

BAMTECH 125
Bard 51
Bardeen 250
BFF 107
BHF 107
Bing 51
biofouling 337
Brutally Frank Feedback 107
Brutally Honest Feedback 107

C

capsule wardrobe 303
CDO 171
Chatbase 162
Circle 275
citizen developer 172
Claude 51
Code Interpreter 209
CoderPad 295
Cohort 261
Coldstream Guard 95
Convict Conditioning 349

D

DALL-E 50

Dan Shipper 159
dark factory 93
DeepL 162
Derek Sivers 150
Digi Havel 231
Digiskills Assessment 138
Disney+ 125
DoNotPay 65
Duolingo 257
D-WOW 315

E

ElevenLabs 162
Evan Armstrong 64
Experimentation 114

F

FastCap 123
Fiverr 100
Fuckup Nights 264

G

G2 350
Gartner Hype Cycle 93
Gemini 51
Ghostwriter 63
Gig Economy 236
GitLab 315
GlaxoSmithKline 251
Google Graveyard 304
GptsHunter 116
Grammarly 258
Guidde 258
Gumroad 102

H

hackathon 42
hallucinate 206
Handbook 315
Hell yeah or no 305
Heygen 60
Hugging Face 52

I

IES 124
impostor syndrome 242
Inspiration 114

J

J.A.R.V.I.S. 63
Jensen Huang 68
job crafting 280

L

learning in the flow of work 256
Lindy 212
LinkedIn 60
Llama 51
LLM 206
LNO 336
Loom 317
LowCode 38

M

Make 162
Marc Andreessen 48
Marc Benioff 50
Marvel Comics 63

masterclass 38
microcopy 305
mindset 108
Mistral 51

N

Naval Ravikant 139
Noah Smith 45
nocode 161
No Work Navigator 107
Nvidia 68
N-WOW 301

O

Octopus 250
OHIO 310
OpenAI 40

P

Paul Graham 157
Perplexity.ai 51
Pieter Levels 41, 148
Pinterest 273
Poised 258
Power Automate 179
Preply 257
Product Hunt 350
prompt battle 264
Prompt Engineer 199

R

Rask 60
RE/MAX 38
Replit 63

Robert Iger 125

S

Sahil Lavingia 102
SalesForce 50
Sam Altman 40
Scott Galloway 85
Scratch 151
Seth Godin 97
Sharing 114
Siri 63
Speak 257
Spotify 50
Stable Diffusion 162
Stephen Covey 307
StreamYard 295
Stripe 162

T

Tabidoo 304
text-to-plan 117
ThereIsAnAIForThat 116
There's an AI for That 350
Tim Ferriss 74
Tinder 50
T-Mobile 38
Typeform 166

U

UiPath 49
Upwork 100
useless class 85

V

VideoAsk   166

W

Whimsical   250
Whisper   194
Whisperer   199

Y

You.com   51
Yuval Noah Harari   85

Z

Zoom   317

번호

2초 린   123
2 Second Lean   123

AI 시대의 노워크 혁명
크리에이티브하고 혁신적으로 돈 버는 방법

발   행 | 2025년 2월 17일

지은이 | 필립 드리말카
옮긴이 | 이 병 욱

펴낸이 | 옥 경 석
편집장 | 황 영 주
편   집 | 임 지 원
         임 승 경
디자인 | 윤 서 빈

주식회사 에이콘온
서울특별시 양천구 국회대로 287 (목동)
전화 02-2653-7600, 팩스 02-2653-0433
www.acornpub.co.kr / editor@acornpub.co.kr

Copyright ⓒ 주식회사 에이콘온, 2025, Printed in Korea.
ISBN 979-11-9440-920-5
http://www.acornpub.co.kr/book/no-work

책값은 뒤표지에 있습니다.